동영상 강의 및 감수 고종훈
서울대학교 동양사학과를 졸업했습니다. 한국사검정시험에서 수많은 합격자를 배출, 메가스터디 한국사 9년 연속 유료 수강생 1위, 누적 수강생이 70만 명 이상인 검증된 한국사 대표 강사입니다. 검증된 역사 지식을 바탕으로 많은 사람들에게 올바른 역사 인식을 심어주고자 노력하고 있습니다.

기획 및 감수 최인수
이화여자대학교에서 지리교육 및 역사교육을 전공, 구리 인창중학교에서 역사를 가르쳤습니다. 많은 아이들이 바른 역사를 알기를 바라는 마음으로 어린이 도서 전문 기획자로 활동하고 있습니다.

감수 공미라
이화여자대학교에서 역사교육을 전공, 교육대학원에서 석사학위를 받았습니다. 현재 남양주시 주곡중학교에서 역사를 가르치고 있습니다.

글 심선민
중앙대학교에서 역사학과 문예창작학을 공부했습니다. 문화예술교육진흥원의 〈꿈다락 토요문화학교〉 문학예술강사로 활동 중입니다. 아이들과 어울리고 배우는 일이 좋아 역사와 문학, 글쓰기를 함께 공부하며 글을 쓰고 있습니다.

그림 박종호
동아, LG 국제만화페스티벌에서 〈세상에서 가장 행복한 날〉, 〈여섯 번째 손가락 이야기〉로 상을 받았습니다. 어린이들에게 가장 좋은 작품을 선보이기 위해 노력하고 있으며 재미있는 캐릭터와 생동감 넘치는 연출이 매력적입니다. 대표작으로는 〈이이화 선생님이 들려주는 만화 한국사〉, 〈바로 보는 세계사〉, 〈세계대역사 50사건〉, 〈Hello! MY JOB〉 등이 있습니다.

 생방송 한국사 근대·현대

글 심선민   그림 박종호
감수 고종훈 공미라 최인수

1판 1쇄 발행 2017년 1월 20일
1판 4쇄 발행 2021년 1월 5일

펴낸이 김영곤
키즈융합부문대표 이유남   **키즈융합부문이사** 신정숙
키즈사업본부장 김수경   **에듀1팀** 김지혜 윤수지   **기획개발** 탁수진
영업본부장 김창훈   **영업1팀** 임우섭 송지은   **영업2팀** 이경학 오다은
마케팅본부장 변유경   **마케팅1팀** 김정은 문윤정 구세희
표지·본문디자인 씨디자인_조정은 이수빈
본문편집디자인 02정보디자인연구소
사진 제공 이뮤지엄(국립중앙박물관 외), 문화재청, 5.18 기념재단, 이한열기념사업회, 부산민주항쟁기념사업회, 국립중앙박물관 도록, 연합뉴스, 위키피디아, 위키미디어, 구글, 플리커

펴낸곳 (주)북이십일 아울북
주소 (우 10881)경기도 파주시 회동길 201
연락처 031-955-2100 (대표) 031-955-2445(내용문의) 031-955-2177(Fax)
홈페이지 www.book21.com
〈생방송 한국사〉 오류 및 수정 내용은 네이버 '웃찾공' 카페 도서 관련 공지사항을 통해 확인하실 수 있습니다.

등록번호 2000년 5월 6일 제 406-2003-061호
이 책 내용의 일부 또는 전부를 재사용하시려면 반드시 (주)북이십일의 동의를 얻어야 합니다.
잘못 만들어진 책은 구입하신 서점에서 교환해 드립니다.

- 제조자명 : (주)북이십일
- 주소 및 전화번호 : 경기도 파주시 회동길 201(문발동) / 031-955-2100
- 제조연월 : 2021년 01월 05일
- 제조국명 : 대한민국
- 사용연령 : 8세 이상 어린이 제품

한국사, 더 쉽고 재밌고 생생하게!

생방송 한국사

글 심선민 **그림** 박종호 **기획** 최인수 **강의** 고종훈

08 근대·현대

아울북

구성과 특징

역사의 주요 사건과 업적이 한눈에 보기 쉽게 그림과 연표로 구성되어 있어요.

역사 현장이 한눈에!

그 시대의 다양한 뒷이야기를 통해 지루한 역사가 더욱 재미있어져요.

뒷이야기가 궁금할 땐, 스페셜 뉴스

타임라인 뉴스 ▶ 주요 뉴스 ▶ 스페셜 뉴스

한반도에 생긴 두 개의 정부, 두 개의 나라
역사 현장을 취재하다!

교과서 핵심 개념을 뉴스 취재 형식으로 보여주어 쉽게 이해하고 깊이 생각할 수 있게 해요.

역사적 사건을 하나하나 연결하면서
시대의 흐름을 쉽게 이해해요.

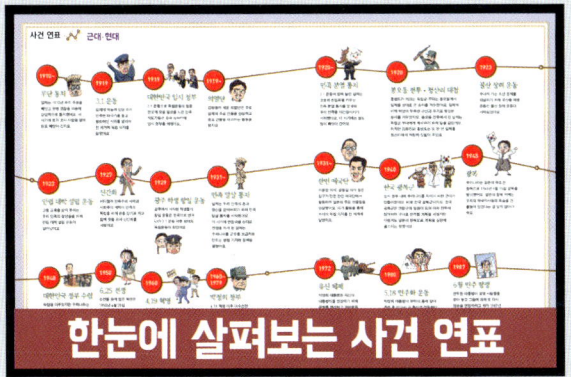

한눈에 살펴보는 사건 연표

"역사 현장 어디든 출동!"

"바쁘다 바빠!"

고종훈의 한국사 브리핑 → 사건 연표 → 동영상 강의

고종훈 선생님의 핵심 콕콕!

고종훈 선생님과 함께 역사적 사건의
핵심 내용을 알기 쉽게 다시 한 번 요약해요!

동영상 강의로 다시 한번 정리

고종훈 선생님의 각 사건별 5분 동영상 강의로
22개의 사건을 완벽하게 정리해요!
('고종훈의 한국사 브리핑' 상단의 QR코드를 찍으면 영상
을 볼 수 있어요.)

▶ 방송 순서

생방송 한국사 소개 … 4
구성과 특징 … 6

근대

일제에 나라를 잃다! 국권을 빼앗긴 그날

01 무단 통치 일제가 총과 칼로 우리나라를 지배하다 … 14
1 헤드라인 뉴스 – 일제에 나라를 잃다! 국권을 빼앗긴 그날
2 인물 초대석 – 헌병 경찰이 나타났다! 겁에 질린 백성들
스페셜 뉴스 ▶ 취재 수첩 – 조선 총독부의 이모저모
고종훈의 한국사 브리핑

한국의 땅과 회사 경영권을 일제에 빼앗기다

02 토지 조사 사업 일제가 우리 경제를 수탈하다 … 25
1 심층 취재 – 한국의 땅과 회사 경영권을 일제에 빼앗기다
2 인물 초대석 – 국내외에서 독립운동이 계속되다!
스페셜 뉴스 ▶ 인물 인터뷰 – 광복을 위해 한평생 모든 것을 바친 이시영 가문
고종훈의 한국사 브리핑

2.8 독립 선언, 조선의 독립을 외치다

03 3.1 운동 민족의 독립 의지를 전 세계에 널리 알리다 … 35
1 헤드라인 뉴스 – 2.8 독립 선언, 조선의 독립을 외치다
2 심층 취재 – 대한 독립 만세! 3.1 운동이 전개되다!
스페셜 뉴스 ▶ 인물 포커스 – 한국을 사랑했던 선교사, 스코필드
▶ 인물 인터뷰 – 서대문 형무소에 수감된 유관순을 만나다!
고종훈의 한국사 브리핑

상하이, 대한민국 임시 정부가 수립되다!

04 대한민국 임시 정부 대한민국의 바탕이 되는 망명 정부 수립 · 45
1 헤드라인 뉴스 – 상하이에 대한민국 임시 정부가 수립되다!
2 심층 취재 – 독립운동의 중심이 되고자 노력한 임시 정부
스페셜 뉴스 ▶ 취재 수첩 – 가난한 이민자들이 만들어 낸 기적, 대조선 국민군단
고종훈의 한국사 브리핑

더욱 교묘해졌다! 일제의 민족 분열 통치

05 민족 분열 통치 겉과 속이 다른 통치 방식으로 우리 민족을 분열시키다 … 56
1 헤드라인 뉴스 – 더욱 교묘해졌다! 일제의 민족 분열 통치
스페셜 뉴스 ▶ 10분 토론 – 친일파로 변절한 사람들, 그들의 선택은 옳았는가?
고종훈의 한국사 브리핑

산미 증식 계획으로 우리의 쌀을 가져가다!

06 산미 증식 계획 일제가 우리나라의 쌀을 수탈하다 ······ 63
1 인물 초대석 – 산미 증식 계획으로 우리의 쌀을 가져가다!
스페셜 뉴스 ▶ 체험! 역사 현장 – 1920년대 우리 민족의 애환이 담긴 전군가도와 군산항
고종훈의 한국사 브리핑

독립을 위해 실력을 키우자!

07 실력 양성 운동 일제에 맞서 우리의 것을 지키다 ········ 71
1 인물 초대석 – 독립을 위해 실력을 키우자!
2 헤드라인 뉴스 – 민족 문화 수호 운동, 우리 역사와 문화 지킴이
스페셜 뉴스 ▶ 인물 포커스 – 죄수 번호 264번, 저항 시인 이육사
고종훈의 한국사 브리핑

독립을 위해 하나가 되다! 신간회 창설!

08 신간회 일제에 맞서 단결하자! ························ 81
1 심층 취재 – 독립을 위해 하나가 되다! 신간회 창설!
2 인물 초대석 – 농민과 노동자들, 참을 만큼 참았다!
스페셜 뉴스 ▶ 현장 브리핑 – 여성들이여 깨어나라! 근우회
고종훈의 한국사 브리핑

학생들이 독립운동에 나서다. 6.10 만세 운동

09 광주 학생 항일 운동 다시 한 번 전국 규모의 항일 운동을 이끌어내다 ···································· 91
1 헤드라인 뉴스 – 학생들이 독립운동에 나서다. 6.10 만세 운동
2 인물 초대석 – 광주 학생 항일 운동이 일어나다!
스페셜 뉴스 ▶ 취재 수첩 – 여성 독립운동가들을 현상 수배합니다!
고종훈의 한국사 브리핑

독립군의 빛나는 첫 승리! 봉오동 전투

10 무장 독립 전쟁 무력으로 일제에 맞서 싸우자 ········ 101
1 헤드라인 뉴스 – 독립군의 빛나는 첫 승리! 봉오동 전투
2 심층 취재 – 독립 투쟁 사상 가장 큰 승리! 청산리 대첩
3 헤드라인 뉴스 – 연이은 시련, 간도 참변과 자유시 참변
스페셜 뉴스 ▶ 비하인드 뉴스 – 독립군의 영웅 홍범도, 그의 인생 스토리
고종훈의 한국사 브리핑

일제의 침략 전쟁, 언제까지 계속될 것인가?

11 민족 말살 통치 일제가 우리의 민족성을 없애려고 하다 ·· 114
1 헤드라인 뉴스 – 일제의 침략 전쟁, 언제까지 계속될 것인가?
2 인물 초대석 – 더욱 뻔뻔해진 일제의 민족 말살 통치
3 심층 취재 – 국민학교 3학년 임조선 군의 하루
스페셜 뉴스 ▶ 취재 수첩 – 일제 강점기 한 노름꾼의 대반전 이야기, 파락호 '김용환'
고종훈의 한국사 브리핑

▶ 방송 순서

일제, 우리나라를 전쟁에 이용하다

12 병참 기지화 정책 일제의 침략 전쟁에 동원되다 ····· 125
1 심층 취재 – 일제, 우리나라를 전쟁에 이용하다
스페셜 뉴스 ▶ 체험! 역사 현장 – 뻔뻔한 일본의 두 얼굴 – 일본 야스쿠니 신사, 우토로 마을, 군함도
▶ **비하인드 뉴스** – 전쟁터로 끌려간 여성들
고종훈의 한국사 브리핑

의열단, 일제를 처단하고 파괴하라!

13 의열단과 한인 애국단 의열 투쟁으로 독립운동의 불씨를 되살리다 ·· 135
1 헤드라인 뉴스 – 의열단, 일제를 처단하고 파괴하라!
2 심층 취재 – 한인 애국단, 임시 정부를 되살리다!
스페셜 뉴스 ▶ 체험! 역사 현장 – 김역사 기자가 간다! 서대문 형무소에서의 하루
▶ **인물 인터뷰** – 우리 민족을 울린 한 노인의 뜨거운 애국심, 강우규
고종훈의 한국사 브리핑

우리의 손으로 독립을 이루자! 한국 광복군

14 한국 광복군 연합국의 일원이 되어 일제와 맞서다 ····· 149
1 심층 취재 – 우리의 손으로 독립을 이루자! 한국 광복군
스페셜 뉴스 ▶ 문화계 소식 – 당신에게 최신 유행을 제안한다! 1930년대 경성 거리 스케치
▶ **인물 인터뷰** – 민족의 혼을 깨운 백범 김구
고종훈의 한국사 브리핑

현대

건국을 준비하는 사람들

15 광복과 정부 수립 독립 국가를 세우는 데 어려움을 겪다 ·· 160
1 심층 취재 – 건국을 준비하는 사람들
2 헤드라인 뉴스 – 미군과 소련군이 한반도를 점령하다
3 헤드라인 뉴스 – 한반도에 생긴 두 개의 정부, 두 개의 나라
스페셜 뉴스 ▶ 10분 토론 – 반민족 행위 처벌법, 제대로 이루어졌는가?
고종훈의 한국사 브리핑

한반도 전체를 휩쓴 민족의 전쟁

16 6.25 전쟁 한 민족이 두 개의 이념으로 나뉘어 싸우다 ····· 173
1 심층 취재 – 한반도 전체를 휩쓴 민족의 전쟁
2 헤드라인 뉴스 – 민족의 아픔이 되어 버린 6.25 전쟁
스페셜 뉴스 ▶ 현장 브리핑 – 크리스마스의 기적, 흥남 철수 작전!
▶ **비하인드 뉴스** – 이산가족을 찾습니다!
고종훈의 한국사 브리핑

17 4.19 혁명 최초로 독재에 저항하여 민주주의의 새 역사를 열다 ········ 185

1 심층 취재 – 이승만의 독재 정권, 언제까지 계속될까?
2 인물 초대석 – 독재를 무너뜨린 최초의 혁명! 4.19 혁명
스페셜 뉴스 ▶ 비하인드 뉴스 – 4.19 혁명을 둘러싼 말말말!
고종훈의 한국사 브리핑

18 박정희 정부와 유신 체제 20년 가까이 독재 정치가 이어지다 ········ 195

1 심층 취재 – 민주주의에 찾아온 18년의 어둠
2 헤드라인 뉴스 – 경제 성장에 온 국민이 힘쓰자!
스페셜 뉴스 ▶ 문화계 소식 – 대중가요도, 짧은 치마도, 늦게 돌아다니는 것도 무조건 금지!
▶ 취재 수첩 – 뒤처진 농촌 환경을 새마을 운동으로 바꿉시다!
고종훈의 한국사 브리핑

19 5.18 민주화 운동 광주 시민들의 희생이 민주화 운동의 불씨가 되다 ········ 205

1 헤드라인 뉴스 – 군사 독재를 막기 위한 광주 시민들의 저항
2 인물 초대석 – 다양한 정책으로 국민의 눈과 귀를 막다
스페셜 뉴스 ▶ 인물 인터뷰 – 진실을 알린 푸른 눈의 목격자, 위르겐 힌츠페터
고종훈의 한국사 브리핑

20 6월 민주 항쟁 마침내 대한민국이 민주화를 이루다 ···· 215

1 헤드라인 뉴스 – 민주화를 실현시킨 6월 민주 항쟁!
2 심층 취재 – 드디어 대통령 직선제가 실시되다!
스페셜 뉴스 ▶ 인물 포커스 – 민주화 운동의 불씨가 되었던 사람들
고종훈의 한국사 브리핑

21 민주주의의 발전 대한민국에 주어진 새로운 과제들 ···· 225

1 인물 초대석 – 대한민국의 전직 대통령들을 만나다!
스페셜 뉴스 ▶ 취재 수첩 – 청년 전태일, 노동 운동의 영원한 불꽃이 되다!
고종훈의 한국사 브리핑

22 통일을 위한 노력 한반도의 평화를 위한 협력의 길 ··· 233

1 헤드라인 뉴스 – 가깝고도 먼 나라, 북한 이야기
2 헤드라인 뉴스 – 민족의 오랜 과제, 평화 통일
스페셜 뉴스 ▶ 비하인드 뉴스 – 독도를 지켜 주세요!
고종훈의 한국사 브리핑

사건 연표 ··· 240
찾아보기 ··· 242

근대

근대화에 성공한 일본은 자국의 발전을 위해 조선을 지배하고자 했습니다.
강화도 조약 이후 일제는 서서히 조선을 식민지로 만들기 위해 노력했지요.
을미사변 때 명성 황후를 잔인하게 죽인 후 실권을 장악한 일제는
을사늑약으로 대한 제국의 외교권을 빼앗고 차츰 한민족의 목을 조였어요.
을사늑약 이후 우리 민족의 역사는 어떻게 전개되었을까요?
일제는 우리나라를 식민지로 만들기 위해 어떻게 했을까요?
그리고 우리 민족은 일제에 맞서 자유와 독립을 되찾기 위해
어떤 투쟁을 벌였을까요?

김역사 기자가 전국 및 해외까지 누비며 취재한 내용을
여러분께 들려 드립니다.

1910년대

우리나라가 사라진 세계 지도를 생각해 본 적 있나요?
1910년 일본이 순종 황제를 압박해 강제로 한일 병합 조약을 체결한 후
정말 우리나라는 사라지고 말았어요.
일제는 헌병 경찰을 동원해 우리 민족을 억눌렀지요.
또 토지 조사 사업을 벌여 우리 땅을 빼앗아 갔어요.

하지만 우리 민족은 위대했어요.
그 암울한 순간에도 무너지지 않고 일제를 향한 투쟁을 시작한 거예요.

이 시기에 관련된 소식을 김역사 기자가 전해 드립니다.

01 무단 통치

일제가 총과 칼로 우리나라를 지배하다
시대 1910년대

타임라인 뉴스

1910.8. 한일 병합 조약이 체결되다

1910.9. 헌병 경찰 제도를 실시하다

1910.12. 헌병대장에게 재판 없이 바로 처분할 수 있는 권리를 주다

1911 105인 사건을 빌미로 신민회를 없애다

1912 조선 태형령이 시행되다

1 헤드라인 뉴스

일제에 나라를 잃다! 국권을 빼앗긴 그날

1910년 8월 29일 우리 역사에서 가장 비극적인 일이 벌어졌습니다! 바로 일제에게 나라를 빼앗긴 사건인데요. 지금 막 **통감** 데라우치가 한일 병합 조약서를 발표한 상황입니다. 현장에 나가 있는 김역사 기자에게 자세한 상황을 들어보시죠!

이렇게 슬픈 날이 또 있을까요? 1910년 8월 29일부터 세계 지도에서 우리나라는 더 이상 볼 수 없게 됐습니다. 대한 제국의 짧은 역사는 끝나고 나라를 통치할 수 있는 힘인 주권은 일제에게 넘어갔습니다. 이 날을 경술년에 일어난 나라의 치욕이라고 하여 '경술국치'라고도 부른답니다.

나라를 완전히 잃게 된 것은 1910년이지만, 대한 제국은 그 이전부터 일제에게 차츰차츰 권리를 빼앗겨 왔어요. 일제가 처음 침략의 발판을 마련했던 것은 1876년에 체결된 강화도 조약 때부터였지요. 이 조약으로 조선에 있는 일본인들은 죄를 지어도 조선의 관리가 아닌 일본 관리의 심판을 받게 되었답니다. 이후 일제는 1905년 을사늑약으로 대한 제국의 외교권을 빼앗고 지배권 마저 독점했답니다. 을사늑약이 체결되자 온 나라의 백성들이 울부짖고, 의병과 유생들의 반대 투쟁이 일어나기

대한 제국은 나라의 모든 것을 일제에게 빼앗겼습니다. 대체 무슨 일이 있었던 걸까요?

김역사 기자

통감

을사늑약 때 생긴 일본 관청의 대표자에요. 대한 제국의 외교 문제를 대신 처리할 뿐만 아니라, 정치를 간섭할 수 있는 막강한 권한이 있었어요.

늑약

강제로 맺은 조약

조칙

임금의 명령을 일반에게 알릴 목적으로 적은 문서

이왕(李王)

이씨 성을 가진 왕이라는 뜻입니다. 더 이상 대한 제국의 황제가 아닌, 한낱 식민지의 왕으로 얕잡아 부른 말이에요.

도 했지요. 1907년에 일제는 고종 황제를 강제 퇴위시키고, 대한 제국의 군대를 해산시켰습니다. 이후 일제는 대한 제국의 사법권과 경찰권까지 빼앗았어요.

그러나 그때까지도 대한 제국은 엄연히 독립 국가로 남아 있었는데요. 도대체 누가 언제 우리나라의 주권을 일제에게 넘긴 것일까요?

한일 병합 조약 발표가 있기 일주일 전이었던 8월 22일, 통감 데라우치와 친일파인 내각 총리 대신 이완용은, 이미 '대한 제국의 통치권을 완전히 그리고 영원히 일본 천황에게 넘긴다.'라는 충격적인 내용의 조약에 도장을 찍은 상황이었죠! 데라우치와 친일파 대신들은 일주일 동안 이 사실에 대해 쉬쉬하면서 나라 안의 집회를 금지하고, 조약에 반대하는 대신들을 쫓아내는 등 철저한 준비를 했습니다. 그리고 마침내 8월 29일에 급작스러운 발표를 하게 했어요.

사실 이 조약은 처음부터 무효였습니다. 나라의 대표자인 순종 황제가 그 내용을 확인하고 동의하는 절차가 빠져 있었기 때문이에요. 그러나 29일 발표한 **조칙**에는 순종 황제의 옥새가 아닌, 이미 퇴위한 고종 황제의 옥새를 떡하니 찍어 놓았지요. 고종 황제의 옥새 역시 일제가 강제로 빼앗아 둔 것이었으니 말 그대로 불법 날치기 조약이었던 거예요.

한일 병합 조약이 발표되고 난 후, 대한 제국의 왕실은 일본 왕실에 편입되었습니다. 순종 황제는 '**이왕**'이라고 불리게 됐어요. 나라를 일제에 넘기는 데 큰 역할을 한 친일파 대신들은 일본 귀족 칭호를 받거나, 명예 관직을 받기도 했지요.

경복궁에는 태극기 대신 일장기가 걸렸습니다. 더 이상 우리나라 사

무단 통치 | 일제가 총과 칼로 우리나라를 지배하다

람들은 우리의 국기를 사용할 수 없게 된 거예요. 경복궁 근정전 앞에는 **조선 총독부** 건물을 새로이 짓기 시작했습니다. 그밖에도 일제는 창경궁을 헐어 버리고 창경원으로 바꾸는 등 조선의 궁궐을 훼손했습니다.

나라를 잃은 깊은 절망을 견디지 못한 지식인들이 스스로 목숨을 버린 안타까운 소식도 전해졌습니다. 소설 『임꺽정』을 쓴 홍명희의 아버지이자, 금산 군수였던 홍범식은 목을 매어 자결했습니다. 고종 황제가 헤이그에 특사로 보냈던 사람들 중 한 명인 이위종의 아버지, 이범진 역시 목숨을 끊었답니다. 『매천야록』을 쓴 선비 황현은 「절명시」를 남기고 자결했어요. 4연으로 구성된 절명시 중 3연은 다음과 같아요.

조선 총독부

일제는 우리나라의 국권을 강탈한 뒤 식민 통치의 최고 기관으로 조선 총독부를 설치하였어요. 조선 총독부는 1910년 국권 침탈부터 1945년 광복까지 우리나라에 대한 수탈과 억압을 총지휘하였어요. 일제는 경복궁 앞에 조선 총독부 건물을 짓기 시작하여 1926년에 완공하였어요.

> 새와 짐승도 구슬피 울고
> 강산도 얼굴을 찡그리니
> 무궁화 온 세상이 이렇게 망하고 말았구나.
> 가을 등불 아래 책을 덮고 지난 날 생각하니
> 이 세상에서 지식인으로 살아가기 참으로 어렵도다.

이렇듯 일제 강점기는 온 국민들의 눈물과 절망 속에서 시작됐습니다. 1910년 8월 29일부터 1945년 8월 15일까지 우리 민족은 36년의 시간을 일제의 지배를 받게 된 셈인데요. 우리의 땅은 일제의 영토가 되고, 국민은 착취와 차별에 고통 받는 식민지 노예로 전락했습니다. 이는 어디까지나 일제가 우리나라를 불법적으로 점령하여 통치한 것임을 잊어서는 안 되겠지요?

2 인물 초대석

*생방송*한국사

헌병 경찰이 나타났다! 겁에 질린 백성들

조선 총독부의 첫 번째 총독인 데라우치가 우리나라를 **무단 통치**할 것을 선언했습니다! 그로 인해 우리나라 사람들의 삶 또한 달라졌다고 합니다. 무단 통치에 대한 다양한 의견을 나눠 볼까 하는데요. 스튜디오에서 자세히 전해 드리겠습니다.

데라우치

저는 조선 총독부의 첫 번째 총독인 데라우치입니다. 육군 대장 출신으로 정치를 하거나 나라를 다스려 본 경험이 전혀 없지요. 그런 제가 **조선**을 다스릴 수 있냐고요? 저는 군기를 잡듯 조선인들을 혹독하게 다룰 예정입니다. 총독은 입법권, 사법권, 행정권을 모두 가지고 있음은 물론 모든 것을 자기 마음대로 결정할 수 있습니다. 이런 막강한 권력을 이용하여 무력으로 조선을 다스리려고 합니다!

말씀하신 대로라면 무단 통치를 하시겠다는 건데요. 왜 처음부터 이렇게 강압적인 방식으로 조선을 다스리려고 하시나요?

어느날 갑자기 나라를 빼앗기고 일제의 식민지가 되었다고 하면 조선 사람들이 순순히 인정할 수 있겠어요? 그러니 하루 빨

18 무단 통치 | 일제가 총과 칼로 우리나라를 지배하다

리 모든 조선 사람들이 말을 잘 듣게 하기 위해 그런 방식을 택한 거예요.

무단 통치의 또 다른 말인 헌병 경찰 통치는 무엇인가요?

일반 경찰만으로는 부족해 군인인 **헌병**까지 동원해 조선인들의 삶을 통제하겠다는 겁니다. 조선 총독부는 재정의 30~40%를 헌병 경찰 제도에 투자했습니다.

말씀을 들으니 헌병 경찰들이 어떤 일을 하는지 궁금해지는데요. 헌병 경찰 구라다 씨에게 말씀 들어보겠습니다.

구라다
헌병 경찰들은 늘 제복을 입고 긴 칼을 차고 다닙니다. 팔에는 헌병 경찰임을 알아볼 수 있도록 완장을 차고요. 우리의 역할은 한마디로 조선인들이 대일본 제국에 얼마나 복종하는지 확인하는 것입니다. 특히 헌병 경찰은 뭔가 수상쩍은 행동을 하다가 적발된 조선인을 그 자리에서 즉시 처벌할 수 있는 '즉결 처분권'을 가지고 있어서 재판 없이 벌금을 매기거나 **태형**으로 혼을 낼 수도 있지요.

태형이라는 게 대체 뭡니까?

형판에 사람을 묶고 몽둥이로 때리는 형벌로, 최대 100대까지 집행할 수 있었습니다. 갑오개혁 때 폐지되었던 제도를 일부러 부활시켜서 조선인들에게 수치심을 주는 형벌로 사용했습니다. 원래는 큰 죄를 지은 사람에게만 주었던 벌인데, 무단 통치 때는 헌병 경찰의 눈 밖에 나기만 해도 태형을 행하곤 했습니다.

무단 통치
일제가 우리나라의 국권을 강탈하고 우리 민족을 무력으로 다스린 정치를 말해요. '무단'은 무력이나 억압을 써서 강제로 행한다는 뜻이에요.

조선
일제는 우리의 국권을 강탈한 후 공식 문서에 대한 제국이라는 이름 대신 한반도를 '조선', 우리나라 사람은 '조선인'이라고 불렀어요.

헌병
군대 안에 있는 경찰

태형
무단 통치 시기에 계속 유지되다가 3.1 운동 이후 문화 통치 시기에 폐지된답니다.

지금까지 일본인들과 이야기를 나눠 봤는데요. 무단 통치를 겪어야 했던 한국인들도 할 말이 많을 것 같습니다. 지식인 김애국 씨, 헌병 경찰이 이렇게 제멋대로 할 수 있었던 이유가 뭐라고 생각하십니까?

김애국

그건 일제가 우리나라의 사법권을 장악했기 때문입니다. 일제는 법 대신 총독의 명령이나 그 자리에서 즉결 처분으로 우리를 다스렸습니다. 재판과 법은 그냥 형식적인 절차로 남아있을 뿐이었고요. 당연히 모든 게 제멋대로일 수밖에 없었던 겁니다.

무단 통치로 인해 독립운동은 더욱 힘들어졌겠군요.

그렇습니다. 일제는 신문지법, 출판법, 보안법 등을 만들어 우리들이 자유롭게 발언할 수 없도록 했어요. 민족 신문을 폐간시키고 「매일 신보」 같은 친일 신문만 남겼지요. 게다가 정치 단체를 만들거나 집회를 여는 일 또한 금지됐습니다. 데라우치 총독 암살 미수 사건을 빌미로 벌어진 105인 사건이 그 대표적인 예지요. 그로 인해 애국 계몽 단체였던 **신민회**가 해산되고 말았죠. 점점 독립운동을 하기가 어려워졌습니다.

신민회
안창호, 양기탁 등 민족 지도자들이 참여한 비밀 결사 단체였어요. 민족 교육과 산업 발전을 준비하면서 독립운동 기지를 건설하기 위해 노력했어요.

중추원
조선 총독부의 자문 기구로, 우리나라의 통치를 위해 필요한 자료를 제공하는 역할을 했어요. 친일파들을 위한 명예 기관이었다고 보면 됩니다.

게다가 일제는 한국인들이 정치에 참여할 수 없도록 했다면서요?

높은 직책은 전부 일본인의 차지였습니다. 한국인은 일부 하급 관직을 맡을 뿐이었죠. 극소수의 친일파 지주들과 관리들만 **중추원**에 들어갈 수 있었는데요. 실제로 정치적인 역할을 했다기보다는 참여시키는 것처럼 보이기 위한 수단에 불과했답니다.

20 무단 통치 | 일제가 총과 칼로 우리나라를 지배하다

정말 숨막히는 시대가 아닐 수 없군요. 한편 무단 통치가 시작되면서 어린 학생들 역시 두려움에 떨며 학교를 다니고 있다고 합니다. 너무나도 달라진 보통학교의 풍경을 나학생 군에게 들어보겠습니다.

보통학교

한국인들을 교육시키기 위한 학교로, 지금의 초등학교로 보면 되어요. 일본인들은 보통학교와 다른 소학교를 6학년까지 다닐 수 있었답니다.

나학생

글쎄, 학교에 갔더니 선생님께서 제복을 입고 칼을 차고 수업에 들어오시는 게 아니겠어요? 교장 선생님도 일본 사람으로 바뀌었고요. 수업 내용도 일본어와 일본의 역사에 대해서 배우는 걸로 바뀌었어요. 얼마 전에 어떤 일본인 선생님은 저희 더러 멍청한 조선인이라고 하면서 공부를 열심히 할 필요가 없다고 했어요. 대일본 제국의 위대함을 깨닫고 일본의 말을 잘 듣는 사람으로 크는 게 가장 중요하다고 하면서요. 이러다가 제가 한글과 한국사에 대해서 잊어버리면 어쩌죠?

가장 어린 학생들이 다니는 보통학교에서조차도 일제의 강압적인 통치 방식이 느껴지네요. 게다가 학교를 다니는 학생이 무척 드물다는데 그건 어떻게 된 일인가요?

일본 사람들은 친일 성향의 학교만 남겨 두고 다른 학교들은 없애고 있어요. 성균관도 없어졌고, 대학교도 없어졌어요. 보통학교는 4학년까지밖에 다닐 수 없어서 더 배우고 싶어도 일찍 졸업해야 해요.

일제의 무단 통치는 이렇게 한국인들의 일상생활까지 철저하게 감시하고 지배하고 있습니다. 헌병 경찰들의 무단 통치가 언제까지 이어질까요?

조선 총독부의 이모저모

시청자 여러분, 안녕하세요. 저는 지금 천안 독립 기념관 한쪽에 잔해들과 함께 있는데요. 제 모습이 처음부터 이랬던 것은 아니에요. 아마 여러분 중에서는 저를 매우 싫어하는 사람들도 있을 거예요. 어쩔 수 없지요. 저는 일제의 식민 통치 기관으로 많은 한국인들을 슬프게 했으니까요. 그래도 나중에는 제 건물이 국회 의사당과 박물관으로 쓰이기도 했답니다. 제가 누군지 짐작이 가시나요? 바로 저는 조선 총독부랍니다. 제 모습이 왜 이러냐고요? 궁금하시죠? 제 이야기 한번 들어 보실래요?

제가 처음 생겨난 건, 한일 병합 조약이 발표되고 난 직후인 1910년 10월 1일이었어요. 일본 사람들이 저를 세운 이유가 뭘까요? 저는 한마디로 한반도 지역을 일제의 식민지로 다스리기 위해 세워졌답니다. 어떻게 하면 식민지 조선에서 더 많은 권리를 빼앗고, 이익을 얻을 수 있을지 고민하는 곳이라고 볼 수 있어요.

일제는 저를 세우기 위해 대한 제국에 있었던 다양한 관청과 정부 조직을 일제의 입맛대로 바꾸고, 대한 제국에서 일하던 사람들을 모조리 다 해고했답니다. 그 자리를 대신 차지한 건 일본인들이었어요. 조선 총독부의 총사령관을 총독이라고 하는데요. 저를 거쳐간 총독들은 모두 다 일본 육·해군 대장 출신이었답니다. 이들은 입법, 행정, 사법, 군사 등 한국을 다스리기 위한 모든 권한을 가지고 있었어요. 이러한 무관 출신의 총독들은 한국인들을 너무 혹독하게 다스렸어요. 그러자 사람들의 원성은 날로 높아졌어요. 나중에 문관 출신들도 총독의 자리에 앉을 수 있도록 법이 바뀌기도 했지만, 사실 저는 한 번도 문관 출신의 총독을 본 적이 없어요. 일제가 한국인들을 기만한 거지요.

이제 제가 했던 일에 대해서 알려 드릴게요.

▼ 옛 조선 총독부 건물

1. 식민지 경제 체제를 만들었어요.
2. 가장 중요한 일 중 하나는 한국 사람들이 독립운동을 할 수 없도록 감시하는 거예요.
3. 한국 사람들의 문화 자체를 없애버리기 위해 많은 정책을 만들었어요.

일본 사람들은 앞으로도 오랫동안 한국을 지배할 거라고 생각했어요. 그래서 저를 좀 더 크고 멋지게 짓기로 결심했지요. 저를 짓기 위해 얼마나 많은 돈이 들었는지, 얼마나 많은 한국인 노동자들이 고생을 했는지 몰라요. 독일인 건축가가 유럽 스타일로 설계를 시작했고, 엘리베이터를 설치했으며, 화강석과 대리석 재료를 사용했어요. 1916년에 시작된 공사는 1926년에 끝이 났답니다. 저는 당시 동양에서 가장 큰 서양식 건물이었어요.

저는 조선의 궁궐이었던 경복궁을 가리도록 세워졌어요. 심지어 흥례문 구역을 철거하고 그 자리에 저를 세워 일제가 한국인들의 자존심을 훼손시키려고 했죠.

일제의 식민지 지배가 끝나고 마침내 광복이 찾아왔어요. 그 후 제가 어떻게 됐냐고요? 저는 중앙청이라는 이름으로 바뀌어 국회 의사당 등으로 계속 사용됐답니다. 나중에 정부 종합 청사 건물이 따로 생기고 나서부터는 국립 중앙 박물관으로 사용되기도 했지요. 어떻게 식민 지배 기관이었던 저를 그대로 사용하게 된 걸까요? 당시 한국에서는 정부 기관으로 사용할 만한 건물이 없었거든요. 게다가 저를 부수고 그 잔해를 치울 만한 기술도 없었고요. 저를 잘못 부쉈다간 그 진동으로 가까이에 있던 경복궁이 훼손될 수도 있었거든요. 그러나 결국에는 1995년 김영삼 대통령 때 식민 지배의 상징이자, 경복궁을 가로막는 위치 등을 이유로 해체되었답니다. 19년을 조선 총독부 건물로, 51년을 중앙청 건물로 지내고 딱 70년 만이었어요.

 **고종훈의 한국사 브리핑**

사건 핵심 분석 ▶ 무단 통치

QR 코드를 찍으면 고종훈 선생님의 강의를 볼 수 있어요.

시기 ▶ 1910년~1919년
주요 인물 ▶ 일본과 일본 헌병
당시 조선의 거리 풍경 ▶ 칼을 찬 사람들이 많았음
일본 헌병들이 자주했던 말 ▶ 조선인, 너 맞아볼래?
일본인들의 심정 ▶ 조선은 이제 우리 것!
조선인들의 심정 ▶ 일본인이 다스리는 나라라니… 흑흑.
역사적 중요도 ▶ ★★★★☆
시험 출제 빈도 ▶ 높음

1910년 우리나라는 일제에게 국권을 강제로 빼앗겼어요.

일본은 조선을 지배하기 위해 조선 총독부를 설치했어요. 조선 총독부의 초대 총독은 데라우치였는데 **조선의 입법권, 사법권, 행정권, 군 통수권까지 가지고 있는 절대 권력자였어요.**

일제는 헌병 경찰제를 이용해 우리 국민을 강압적으로 지배했어요.

일본의 헌병 경찰은 사법이나 행정에 관여했을 뿐 아니라, 조선인들의 언론·출판·집회·결사의 자유까지 제한했어요. **심지어 관리나 교사까지도 제복을 입고 칼을 차게 해 조선인들을 억눌렀습니다.**

데라우치 총독 암살 미수 사건을 빌미로 105인 사건이 벌어졌어요.

일제는 데라우치 총독 암살 사건을 조작했어요. 그리고 일제는 이것을 구실로 기독교계 인사들을 대거 검거하고, 이 중에서 105인을 재판에 기소했어요. 이를 105인 사건이라 해요. 이후 **일제는 조선의 정치 단체가 집회를 여는 일을 금지했어요.**

02 토지 조사 사업

일제가 우리 경제를 수탈하다

시대 1910년대

타임라인 뉴스

1905 통감부에서 토지 관련 업무를 파악하다

1906 토지 매매 등과 관련된 법적 기초를 마련하다

1910 정부 안에 토지 조사국을 설치하다

1912 토지 조사령을 발표하다

1918 토지 조사 사업을 마치다

1 심층 취재

얼마 전 조선 총독부에서 개인이 가진 땅을 신고해야 한다는 발표가 있었습니다. 농민들은 어떻게 해야 할지 몰라 어리둥절한 표정인데요. 한편, 일본 관리들은 전국을 돌아다니며 땅을 조사하고 있다고 합니다. 그들의 진짜 의도는 무엇일까요?

일제는 본격적으로 한국의 경제를 침탈하기 위해 1910년~1918년까지 토지 조사 사업을 실시하게 됩니다.

김역사 기자

토지 조사 사업이란 간단히 말해서 우리나라에 있는 모든 땅을 조사하는 거예요.

그런데 왜 일제는 토지 조사를 하려고 하는 걸까요? 문제는 당시 우리가 시대에 맞는 토지 소유 제도를 가지고 있지 못했기 때문이에요. 이를 이용해 일제는 한국인들이 가진 땅의 소유권을 명확하게 해 준다는 명분을 내세워 토지 조사 사업을 진행하였습니다.

자신이 가진 땅을 신고해야 한다는 소식을 듣고 많은 농민들은 우왕좌왕하였습니다. 신고 절차도 복잡하고 일제가 하는 일에 협조하기 싫다는 사람들이 많았지요. 그러다보니 신고를 하지 않는 사람들이 많았지요. 필요한 서류 또한 굉장히 많았답니다.

또한 일제는 신고를 하려면 그 땅의 주인이라는 정확한 증거를 요구했어요. 하지만 농민들은 그저 대대로 그 땅에서 농사를 지어 왔을 뿐이었고, 가문이나 마을 사람들이 공동으로 가지고 있었던 땅은 어느 한 사람이 주인이 아니라 모두가 주인이라는 생각을 막연하게 가지고 있었어요. 당연히 일제는 그런 것들을 인정해 주지 않았습니다. 시간은 흘러 신고 기한이 끝나 버리고 말았지요. 조선 총독부는 기간 내에 신고하지 않은 사람들의 땅은 물론, 왕실이나 관청 같은 공공 기관이 가지고 있던 땅 역시 주인 없는 땅으로 결정하고 일제가 차지하였어요. 그 결과 토지 조사 사업으로 전국 토지의 약 40%가 조선 총독부의 소유가 되었어요. 그 직후 조선 총독부는 그 땅들을 **동양 척식 주식회사**와 일본인에게 헐값으로 넘겼다고 하네요.

동양 척식 주식회사는 한국으로 이민 오고 싶어 하는 일본인들에게 한국의 땅을 싸게 팔았습니다. 덕분에 많은 일본인들은 넓은 땅과 소작농을 거느린 지주로 살게 됐지요.

동양 척식 주식회사

일본인들이 우리나라를 개척하고 식민지로 만드는 것을 돕는 회사였어요. 조선 총독부 소유의 토지를 넘겨 받아 우리나라 최대의 지주가 되었어요.

▲ 동양 척식 주식회사

공포
이미 확정된 법률, 조약, 명령 따위가 일반 국민에게 널리 알려짐.

한편, 일제는 땅뿐만 아니라 산업 분야에도 손을 대기 시작했는데요. 조선 총독부는 얼마 전 다음과 같은 '회사령'을 **공포**했습니다.

> 제1조   회사의 설립은 조선 총독의 허가를 받아야 한다.
> 제5조   회사가 본령이나 혹 본령에 의거하여 발하는 명령과 허가 조건에 위반하거나 또는 공공질서와 선량한 풍속에 반하는 행위를 할 때 조선 총독은 사업의 정지, 지점의 폐쇄 또는 회사의 해산을 명한다.

회사령의 목적은 결국 일제가 한국인의 기업을 통제하려는 것이었어요. 이뿐만이 아닙니다. 소금, 인삼, 담배 같이 큰돈이 벌리는 물건은 조선 총독부에서만 판매가 가능하고요. 큰 기업은 일본인만 운영할 수 있게 되었습니다.

광산에서 광물을 캐거나 어장에서 물고기를 잡는 것도 일본인이 관리하고, 산림에서 나무를 베는 것도 마찬가지예요.

또한 일제는 한국인들에게 수탈한 쌀, 광물 등의 자원을 철도와 도로를 통해 손쉽게 빼돌렸습니다. 그러면서도 일제는 한국의 경제를 발전시켜 준다는 명목을 내세웠지요. 결국 이러한 경제 수탈을 견디다 못한 농민들이 농촌을 벗어나서 도시나 광산에서 일하는 노동자로 떠돌게 됐는데요. 심지어 국경선을 넘어 연해주나 만주 같은 춥고 척박한 지역으로 이주해 버려진 땅을 일구어 살기도 한다고 합니다.

2 인물 초대석

시청자 여러분, 이곳은 독립운동 기지 건설이 한창인 만주입니다. 이곳에서 독립운동가들은 독립군을 양성할 신흥 무관 학교를 설립하고 있는데요. 과연 일제의 억압을 벗어나 좋은 성과를 낼 수 있을까요? 김역사 기자가 독립운동가를 모시고 이야기해 보겠습니다!

일제의 무단 통치로 인해 국내에서는 도저히 독립운동을 이어갈 수가 없다고 하는데요. 대체 어떻게 된 상황인가요?

일제는 헌병 경찰을 동원하여 정치 단체를 만들거나 집회를 여는 일을 철저하게 감시했고, 105인 사건을 빌미로 신민회를 해산시키기도 했지요. 또한 '남한 대토벌 작전'을 벌여 항일 투쟁을 벌였던 의병들을 모조리 색출해 없애버렸답니다.

독립운동가

그런 분위기 속에서 어떻게 독립운동을 이어나갈 수 있었을까요?

무단 통치 시기의 독립운동은 비밀리에 진행될 수밖에 없었습니다. 겉으로는 한국인들을 교육하고, 산업을 발전시키는 단체인 것처럼 해놓고는 실제로는 독립운동을 준비하는 경우가 많았지요.

무장
전쟁에 필요한 준비를 갖춤

경작권
농민이 다른 사람의 땅에 농사지을 수 있는 권리

국내의 독립운동 단체에 대해 소개해 주세요.

 우선 고종 황제의 비밀 지령을 받아 생겨난 독립 의군부가 있는데요. 이 단체는 대한 제국을 부활시키고 고종 황제를 다시 복위시키려고 의병 전쟁을 준비하였지요. 그러나 일제에 들통나 지도부가 체포되고 말았답니다. 한편, 대한 광복회라는 단체는 일제가 수탈한 세금을 다시 빼앗거나, 친일파 지주들을 처단하는 등 활발하게 **무장** 투쟁을 했는데요. 이들 역시 일제에 발각되어 해체된 이후 조직원들 중 일부는 만주로 넘어가 독립운동을 지속했지요.

다양한 노력에도 불구하고 국내의 독립운동은 어려운 분위기였던 것 같군요.

 그렇습니다. 결국 수많은 독립운동가들이 국외에 독립운동 기지를 건설하여 무장 독립운동을 이어나갈 수밖에 없었습니다. 그리하여 만주(간도), 러시아의 연해주, 중국 본토의 상하이 등 다양한 지역에 독립운동 기지들이 세워졌답니다. 그 무렵에는 토지 조사 사업으로 **경작권**을 빼앗긴 농민들이 많았는데요. 이들이 일제의 수탈을 피해 국외에 세운 한국인 마을에 독립운동 기지도 함께 들어서곤 했지요.

국외의 독립운동 기지에서는 주로 어떤 활동을 했나요?

 국외로 망명한 독립운동가들은 앞으로 우리나라가 독립하기 위해서는 일본군과 맞설 독립군이 필요하다고 생각했어요. 그래서 독립군을 키워낼 학교를 세웠어요. 또 부당하게 국권을 빼앗긴 사실을 해외에 알리기도 했지요.

학교의 설립이나 운영은 어떻게 이루어졌나요?

 국내 독립운동 단체로부터 일부 자금 지원을 받고, 직접 농사를 지어 스스로 식량을 해결하기도 했습니다. 특히 가문의 재산을 독립운동에 모두 쏟아부은 애국지사들의 헌신이 큰 역할을 했답니다.

대표적인 국외의 독립운동 기지는 어떤 것들이 있나요?

 서간도의 삼원보에서는 신민회의 독립운동가들과 이시영, 이회영 형제가 중심이 되어 경학사가 설치됐고, 신흥 무관 학교가 설립되어 독립군을 양성했습니다. 북간도에서는 헤이그 특사였던 이상설 등이 서전서숙이라는 학교를 세웠지요. 북간도의 북로 군정서와 대한 독립군은 이후 청산리 대첩을 이끄는 최정예 부대로 성장한답니다.

한편 연해주 블라디보스토크의 신한촌에서는 성명회와 권업회가 결성되었고, 중국 상하이의 신한 청년당은 김규식을 파리 강화 회의에 파견하는 역할을 했습니다.

▲ 1910년대 만주와 연해주의 독립운동 기지 건설

비록 일제의 탄압은 거셌지만, 다양한 독립운동이 국내외에서 계속되었음을 확인할 수 있었습니다.

스페셜뉴스 인물 인터뷰

광복을 위해 한평생 모든 것을 바친 이시영 가문

우리나라가 광복을 맞이했던 그날 고국으로 돌아와 눈물을 흘린 한 사람이 있었습니다. 그는 1910년 한일 병합 조약이 체결되자 만주로 망명하여 1945년 8월 15일 광복이 되어 돌아올 때까지 국외의 독립운동 현장에서 보낸 애국지사 이시영이었지요. 함께 떠났던 6형제 중 살아서 돌아온 사람은 유일하게 이시영 밖에 없었으니 그의 마음이 얼마나 미어졌을까요? 독립을 위해 모든 것을 바쳤던 이시영 가문의 이야기를 만나보시죠.

앵커: 이시영 선생님, 반갑습니다. 먼저 어떻게 독립운동에 참여하게 되셨나요?

이시영: 우리 가문은 조상 대대로 높은 벼슬을 차지했던 명문가였지요. 저 역시 만 22세에 과거 시험에 합격하여 대한 제국의 중요한 직책들을 두루 맡았답니다. 그런데 제가 관직 생활을 하던 중 을사늑약이 체결되고 말았어요. 그 후 저는 다양한 독립운동에 참여하며 나라의 힘을 되찾기 위해 노력했어요.

가문의 모든 영광을 버린 채 온 가족이 만주로 망명하셨다면서요?

우리가 만주로 떠난 가장 큰 이유는 국내에서 이루어지는 독립운동만으로는 역부족이라고 생각했기 때문입니다. 일제를 물리치기 위해서는 독립 전쟁에서 싸울 군사력이 필요했지요. 그래서 저와 형제들은 해외에 독립군 기지를 건설하기로 마음먹게 됩니다.

만주에서는 주로 어떤 일들을 하셨나요?

신흥 무관 학교를 세우고 독립군을 길러 냈습니다. 그 밖에도 독립운동에 필요한 무기, 식량 등을 지원했어요. 또한 만주에 살고 있는 우리 동포들을 위한 사회를 운영해 나가기도 했지요.

국내에서 3.1 운동을 계기로 중국 상하이에 대한민국 임시 정부가 수립되었는

토지 조사 사업 | 일제가 우리 경제를 수탈하다

데요. 선생님께서 임시 정부를 꾸려나가는 데도 큰 역할을 하셨다고 들었습니다.

저는 임시 정부를 수립하는 데에도 참여했을 뿐만 아니라, 항상 같은 자리에서 임시 정부를 지키고 그 활동을 이어 나가는 데에도 큰 노력을 기울였답니다.

마침내 대한민국의 광복 후 고국으로 돌아올 수 있었겠군요. 소감이 남다르시겠어요.

함께 떠난 형제들이 독립운동 중에 하나둘 세상을 떠나 저만 조국으로 돌아올 수 있었다는 사실이 무척 가슴 아픕니다. 가문의 모든 재산과 형제들의 목숨을 바쳐 얻은 광복 앞에, 제가 어찌 눈물을 흘리지 않을 수 있었을까요?

독립을 위해 헌신한 신생님의 공이 인정되어 대한민국의 첫 번째 부통령으로 임명됐다지요?

광복 후에도 대한민국의 앞날은 그리 순탄하지만은 않았습니다. 6.25 전쟁이 벌어졌고, 이승만 대통령의 독재 정치는 계속됐지요. 저는 부통령직을 내려놓고 정부를 떠나면서 「대국민성명서」를 발표했습니다. 대한민국의 미래를 걱정했기 때문이에요.

마지막까지 조국을 위해 모든 것을 바쳤던 이시영과 그의 가문 사람들 이야기를 우리는 잊지 못할 것 같습니다.

고종훈의 한국사 브리핑

사건 핵심 분석 ▶ 토지 조사 사업

QR 코드를 찍으면 고종훈 선생님의 강의를 볼 수 있어요.

- 시기 ▶ 1910년~1918년
- 사건의 주모자 ▶ 일본인
- 사건의 대상 ▶ 순진한 조선 백성들
- 사건의 방향 ▶ 무조건 복잡하고 어려운 방향으로.
- 일본의 속셈 ▶ 본격적으로 조선 땅을 빼앗아 볼까?
- 백성의 반응 ▶ 그렇게 막무가내로 땅을 빼앗다니…
- 역사적 중요도 ▶ ★★★★☆
- 시험 출제 빈도 ▶ 높음

일본은 '근대적 소유권 마련 제도'를 구실로 1912년 토지 조사령을 발표했어요.

농민들은 당시 토지 조사에 대한 지식도 없었고, 일제에 대한 반발심 때문에 토지 신고를 제대로 하지 않았어요. **이에 일제는 신고가 되지 않은 토지를 백성에게서 빼앗았어요.** 이때 일제가 빼앗은 토지는 무려 전체의 40%였어요.

사건 관계 분석

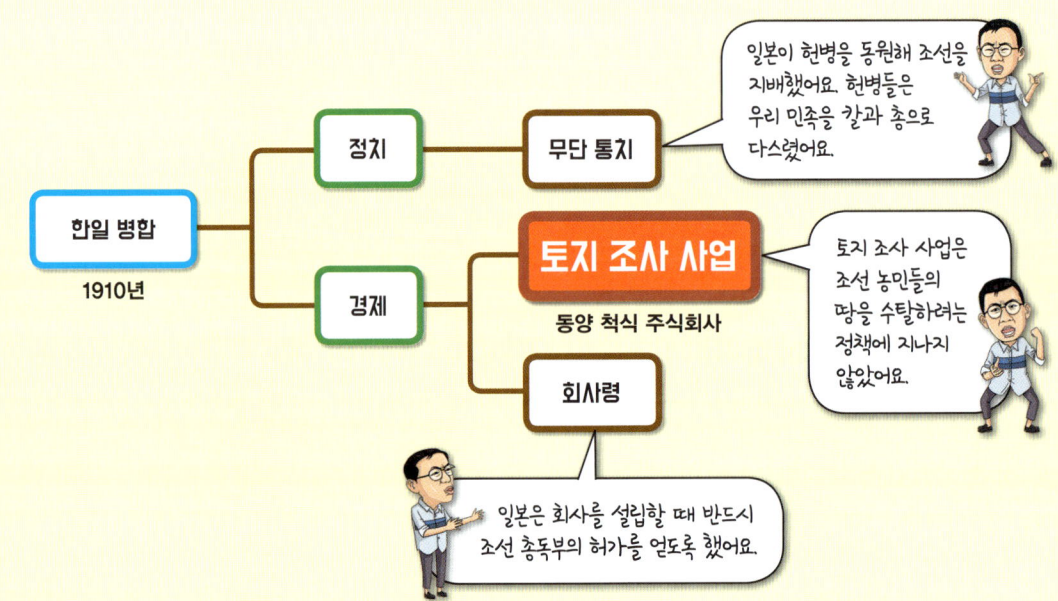

03 3.1 운동

민족의 독립 의지를 전 세계에 널리 알리다

시기 1919년

타임라인 뉴스

1918	1919.2.	1919.3.	1919.4.	1919.5.
윌슨 대통령이 민족 자결주의를 발표하다	도쿄에서 독립 선언서를 발표하다	만세 운동이 전국으로 퍼지다	천안 아우내 장터에서 시위 군중에게 일본군이 총을 쏘다	5.4 운동이 일어나다

1 헤드라인 뉴스

2.8 독립 선언, 조선의 독립을 외치다

속보입니다! 일본의 수도 도쿄에서 한국인 유학생들이 독립 선언을 했다는 소식인데요. 일본 경찰의 진압으로 강제 해산되기는 했지만, 국내외 독립운동가들에게 큰 자극을 주었습니다. 이들이 이렇게 용기를 낼 수 있었던 이유는 뭘까요?

김역사 기자

> 제1차 세계 대전은 많은 식민지를 거느리면서 힘을 키운 **제국주의** 국가들 간의 전쟁이기도 했지요.

전 세계를 충격에 빠뜨렸던 제1차 세계 대전이 끝났습니다. 제1차 세계 대전은 강대국들끼리 연합을 맺고 싸웠던 엄청난 규모의 전쟁이었습니다. 결국 영국, 프랑스, 러시아의 연합국이 독일, 오스트리아-헝가리, 오스만 제국의 동맹국을 물리치고 승리했습니다.

전쟁이 끝난 후 국제 정세 또한 상당히 달라졌습니다. 각 나라들은 평화로운 세계 질서를 다시 세우기 위해 '파리 강화 회의'를 열었어요. 그곳에서 미국의 윌슨 대통령은 세계의 여러 민족은 자신의 운명을 스스로 결정해야 한다는 민족 자결주의를 주장했습니다. 윌슨 대통령의 말은 식민지 나라들에게 큰 희망이 됐습니다.

그 무렵 러시아에서는 노동자 혁명이 일어나 노동자들이 중심이 되는 나라가 탄생했지요. 혁명의 지도자였던 레닌은 전 세계에 노동자 혁명을 퍼뜨리기 위해 강대국들이 지배하는 식민지가 해방되어야 한다고 생각했어요. 윌슨과 레닌 같은 지도자들이 한 목소리를 내자 식민지 국민들은 더욱 힘이 났을 거예요.

그러나 사실 윌슨 대통령의 민족 자결주의는 모든 식민지를 독립시켜 주기 위한 주장이 아니었어요. 단지 전쟁에서 진 나라들이 식민지를 통해 다시 국력이 강해질까봐 염려했던 겁니다. 그 결과, **패전국**이었던 독일의 식민지들은 독립을 할 수 있었지만, **승전국**인 일본의 식민지였던 우리나라는 아무런 변화가 없었답니다.

어쨌든 윌슨의 주장은, 식민지 국가들에게 크나큰 동기 부여가 되었어요. 중국 상하이의 독립운동 단체인 신한 청년당은 영어를 잘 하는 김규식을 파리 강화 회의에 대표로 파견하기도 했지요.

그러던 중에 일본에서 공부를 하고 있었던 한국인 유학생들이 '조선 청년 독립단'이라는 독립운동 단체를 조직했어요. 그들은 일본의 수도인 도쿄 중심부에서 한국의 독립을 요구하는 '2.8 독립 선언'을 발표했지요. 또한 독립 선언서를 여러 나라 대사관과 일본 언론, 조선 총독부 등에 보냈어요. 일본이 독립 선언에 참여했던 유학생들을 감옥에 가두는 바람에 비록 실패하였지만, 독립운동가들은 이 사건으로 큰 감동을 받았어요.

이에 자극을 받은 국내의 독립운동가들은 손병희를 중심으로 33인의 민족 대표를 뽑았습니다. 천도교, 기독교, 불교 등 모든 종교계 지도자들이 하나로 모인 거예요. 이들은 독립 선언서를 작성하고 전국의 주요 도시에서 만세 시위 운동을 계획하게 된답니다.

제국주의
특정 국가가 강한 군사력과 경제력으로 다른 나라나 민족을 군사적, 정치적, 경제적으로 지배하여 식민지로 삼으려는 정책 또는 사상을 말해요.

패전국
전쟁에서 진 나라

승전국
전쟁에서 이긴 나라

2 심층 취재

대한 독립 만세! 3.1 운동이 전개되다!

속보입니다. 종로에 모인 사람들이 독립 선언서를 낭독한 후 만세 시위를 하고 있다는 소식인데요. 학생, 독립운동가, 선비, 농민, 기생들까지 다양한 사람들이 참여한 전 민족적인 시위로 퍼져 나가고 있습니다. 일본은 매우 당황한 것으로 보이네요.

1919년 3월 1일은 고종 황제의 장례식 이틀 전으로, 장례식에 참석하기 위해 지방에서 많은 사람들이 올라와 있는데요. 고종의 죽음이 일본에 의한 독살이라는 소문이 돌고 있었습니다.

 손병희

우리 **민족 대표** 33인은 원래 탑골 공원에서 독립 선언서를 낭독한 후, 만세 시위를 하려고 했습니다. 1919년 3월 1일로 날짜를 잡았어요. 하지만 저희가 군중 앞에 나서면 시위가 격렬해질까 두려워 근처의 태화관에 모였죠. 그럼 독립 선언서의 앞부분을 함께 읽어봅시다!

김역사 기자

> 우리는 조선이 독립한 나라이며, 조선 사람이 스스로 주권을 행사할 수 있는 민족임을 선언하노라. 또한 세계 모든 나라에 이 선언을 알려 모든 인류가 평등하다는 것을 똑똑히 밝힌다. 그리하여 자손 대대로, 민족의 정당한 권리를 누리도록 할 것이다!

3.1 운동 | 민족의 독립 의지를 전 세계에 널리 알리다

그 후 우리들은 조선 총독부에 스스로 독립 선언식 신고를 했어요. 그러자 일본 경찰 80명이 태화관으로 들이닥쳤어요. 민족 대표자 한용운이 먼저 만세 구호를 외치고 모두가 만세 삼창을 한 후에 순순히 일본 경찰에 **연행**되었습니다.

한편 탑골 공원에서는 사람들이 당황한 눈치입니다. 민족 대표들이 갑작스럽게 시위 장소를 변경했을 뿐만 아니라 경찰에 스스로 연행되었기 때문이죠. 결국 학생들은 민족 대표들에게 독립 선언서만 건네받고 직접 움직이기로 결정했다고 하네요. 학생 대표의 연설을 들어볼까요?

일제의 무단 통치와 경제 수탈로 고통받은 여러분, 이제 때가 왔습니다. 우리 민족의 힘을 보여 줍시다! 대한 독립 만세!

학생 대표

학생 대표가 선언서를 낭독하고 난 후 곳곳에서 만세 함성이 터져 나오고 있습니다. 본격적으로 3.1 운동이 시작된 겁니다. 한편 3.1 운동의 물결이 전국으로 퍼져 나가는 가운데 일본은 무척 당황한 눈치입니다. 일본 헌병과 인터뷰를 해보았습니다.

그동안 우리가 10년 가까이 무단 통치를 해서 독립운동 세력이 거의 사라진 상황이었기 때문에, 조선 총독부에서는 안심하고 있었습니다. 그런데 온 국민이 전국에 걸쳐 대규모의 시위를 벌이다니 깜짝 놀라지 않을 수 없었죠. 조선 총독부에서는 시위에

일본 헌병

민족 대표

3.1 운동이 끝난 후, 민족 대표 33인은 재판에 넘겨졌어요. 그중 어떤 민족 대표는 자신의 신념을 지켰고, 또 어떤 대표는 친일파로 마음을 돌리기도 했답니다. 일본 정부는 3.1 운동을 '조선 만세 소요 사건'이나 '폭동'이라고 불렀다고 해요. 평화 시위이자 대규모 시위였던 3.1 운동을 단순히 소란을 일으킨 사건 정도로 얕잡아 보려고 했던 거지요.

연행

강제로 데려감

가담한 사람들을 모조리 잡아넣기 위해 모든 병력을 동원했습니다. 시위 첫날에만 1만여 명을 체포했을 정도였죠. 헌병 보조원들이 미리 숨어 있다가 시위대에게 경고 없이 총을 쏴 수십 명을 죽이고 주동자는 사형에 처하기도 했습니다. 우리의 무자비한 진압은 이제부터 시작입니다.

일제의 탄압으로 인해 만세 운동은 어떻게 전개되었나요?

독립운동가
심선생

일본 경찰의 거센 탄압에도 불구하고 만세 운동은 도시에서 농촌으로 빠르게 퍼져 나가고 있다고 합니다. 3월에 시작된 운동이 5월 중순까지 이어지면서 전국적인 독립 만세 운동으로 발전했는데요. 운동을 시작할 때는 학생과 지식인, 종교인들이 주축이 되었지만, 이후에는 농민이나 노동자 계층도 참여하게 됐습니다. 토지 조사 사업에 대한 불만 등을 품어왔던 이들은 경찰서 등을 공격하며 무력 저항을 하기도 했지요.

3.1 운동의 열기는 국외의 독립운동 기지에도 퍼져 나갔습니다. 국외 독립운동가를 연결해 보겠습니다. 현재 상황은 어떻습니까?

국외
독립운동가

3.1 운동이 전국적으로 퍼져 나가고 있다는 소식을 듣고 기뻐했던 건 국외 독립군 기지도 마찬가지였습니다. 그래서 우리는 만주와 중국, 미국, 일본 등 다양한 나라에서 만세 시위에 동참했지요. 우리는 3.1 운동의 정신이 이어질 수 있도록 다양한 방식으로 독립운동을 계속할 생각입니다. 그중 하나는 세계 여러 나라의 언론에 3.1 운동의 성과와 우리 민족의 독립 의지를 밝히는 것이고요.

또 한 가지는 일제를 향한 무력 항쟁을 좀 더 본격적으로 준비하는 것입니다. 마지막으로는 상하이에 대한민국 임시 정부를 세워서 흩어진 독립운동 세력을 하나로 모아 우리나라의 독립을 준비하고자 합니다.

3.1 운동에 대한 다른 나라들의 반응은 어떤지 인터뷰해 보았습니다.

외국인 기자

3.1 운동을 무자비한 폭력으로 진압했다는 사실이 국제 사회에 폭로되면서 일본은 크게 망신을 당했습니다.

중국 독립운동가

우리 중국에서는 3.1 운동을 중국 민중들에게 적극적으로 알렸어요. 우리 중국도 일본의 침략을 받고 있거든요. 결국 중국의 3.1 운동이라고 할 수 있는 5.4 운동이 일어났지요.

아, 조선 총독도 할 말이 있다고 하네요. 한번 들어보겠습니다.

조선 총독

어흠, 우리 일본은 이제부터 조선을 다른 방식으로 지배하고자 합니다. 무단 통치는 너무 심했던 것 같네요. 이제 앞으로는 문화 통치로 조선인들을 다스리겠습니다.

3.1 운동을 기점으로 조직적인 독립운동을 위해 상하이에 대한민국 임시 정부가 세워졌지요. 무엇보다 우리 민족이 자발적으로 독립운동에 참여함으로써 스스로의 힘을 깨닫게 되었고, 이후 민족 운동이 더욱 다양하게 전개되었다는 데 3.1 운동의 의의가 있습니다. 이상 심층 취재를 마치겠습니다.

한국을 사랑했던 선교사, 스코필드

1919년 4월 15일. 경기도 화성 제암리의 한 작은 마을 교회당에서 비극적인 일이 발생했습니다. 일본 군경들은 총과 칼을 앞세워 15세 이상의 주민들을 예배당에 모았습니다. 그리고 잠시 후 일본군은 마을 남자들을 향해 총을 쏘기 시작했고, 총을 피해 살아남은 사람들은 다시 칼로 찔러 죽였습니다. 그 후 마을 전체를 불태우고 총을 쏴서 주민 23명

▲ 제암리 학살 사건의 순국 유적

을 학살했습니다. 그들이 이런 일을 저지른 것은 3.1 운동이 퍼져 나가면서 장날에 만세 시위를 했던 마을 사람들에게 보복하기 위해서였죠.

이때 제암리 사건 현장에 직접 찾아가 일제의 끔찍한 행동을 낱낱이 기록한 외국인이 있었습니다. 그의 이름은 스코필드. 세브란스 의학 전문 학교에 선교사로 초청되어 온 캐나다인이었습니다. 그는 파괴된 마을의 모습을 일일이 사진으로 찍고 조사하여 해외 언론에 보도했습니다. 그로 인해 일제의 잔인한 탄압이 전 세계에 널리 알려져 국제 사회에서는 이에 대한 비난 여론이 생겨났습니다. 그 외에도 그는 일본의 지도자들을 찾아가 통치 방식을 바꾸고 한국의 독립을 허락할 것을 요구했습니다.

▲ 스코필드

결국 스코필드는 여러 압력과 세브란스 의학 전문 학교와의 계약 기간 만료 등의 이유로 본국인 캐나다로 돌아가게 됐습니다. 그러나 그곳에서도 다양한 강연과 신문 기고를 통해 한국의 상황을 알리고자 노력했어요. 1945년 광복되고 난 후 스코필드는 한국에 돌아와 대학 교수로 머물면서 사람들이 3.1 운동의 정신을 잊지 않도록 다양한 글을 썼습니다.

1968년 한국 정부는 그에게 대한민국 건국 공로 훈장을 수여했으며, 그가 세상을 떠나자 국립묘지 애국지사 묘역에 그의 유해를 안장했습니다. 힘없는 나라였던 우리나라 사람들을 형제처럼 여기고, 헌신했던 스코필드. 그는 우리에게 오랫동안 기억될 거예요.

3.1 운동 | 민족의 독립 의지를 전 세계에 널리 알리다

서대문 형무소에 수감된 유관순을 만나다!

3.1 운동으로 유명해진 분이죠. 오늘 취재진은 유관순이 수감되어 있는 서대문 형무소를 찾아가 보았습니다. 그녀가 조국을 위해 목숨을 바친 이유는 무엇이었을까요?

김역사 기자

먼저 간단한 자기소개와 함께 평범한 학생이었던 유관순 양이 3.1 운동에 참여한 까닭이 무엇인지 알려 주시겠어요?

유관순

저는 충청남도 천안에서 태어나 이화 학당 2학년에 다니고 있었던 18세 유관순이라고 합니다. 평범한 학생이었던 제가 3.1 운동에 참여했던 것은 우리나라의 앞날이 걱정됐기 때문이에요. 저는 다른 친구들과 함께 탑골 공원에서 벌어진 시위에 참가했어요. 그곳에서 저는 같은 생각을 가진 수많은 청년들을 만났지요. 우리는 함께 만세 운동을 벌였고, 그중에서는 일본 경찰의 총과 칼에 죽음을 맞이한 이들도 있었습니다.

천안에서도 만세 운동을 하게 하셨다면서요?

만세 운동이 계속되자 학교에 휴교령이 내려져서 고향으로 돌아갔어요. 하지만 가만히 있어서는 안 되겠다는 생각이 들었죠. 저는 천안에 있는 다른 학생들과 만세 운동을 계획했어요. 4월 1일 천안 아우내 장터에서 만세 운동이 시작됐지요! 우리 학생들은 장터에 모인 3천 명의 사람들에게 태극기를 나눠 주며 시위대를 이끌었습니다.

유관순 양의 가족들 역시 시위에 참여했다가 희생되었다고 하는데, 어떻게 된 일입니까?

네. 저의 아버지와 어머니가 일본 경찰에 의해 죽임을 당하셨습니다. 오빠 역시 다른 곳에서 만세 운동에 참여했다가 체포되었지요. 일제의 무자비한 탄압으로 희생된 가족을 생각하면 가슴이 미어집니다.

유관순 양 역시 5년형을 선고받고 모진 고문을 받고 있다고 들었습니다. 마지막으로 당부하고 싶은 말은 없습니까?

비록 수많은 학생과 저의 가족이 희생되었지만, 그럼에도 저는 만세 운동에 참가한 것을 후회하지 않고 어떤 고문에도 굽히지 않을거예요. 젊은 여성들과 소녀들이 3.1 운동에 중요한 역할을 했음을 잊지 말아 주세요.

 고종훈의 한국사 브리핑

사건 핵심 분석 ▶ 3.1 운동

QR 코드를 찍으면 고종훈 선생님의 강의를 볼 수 있어요.

시기 ▶ 1919년 3월 1일
사건 장소 ▶ 서울 종로에서 시작
참가자 ▶ 조선의 남녀 노소 모두
사건을 한마디로 표현하자면 ▶ 독립을 위한 평화로운 대규모 만세 운동
해외의 반응 ▶ 정말 위대한 운동이군. 코리아 화이팅!
역사적 중요도 ▶ ★★★★☆
시험 출제 빈도 ▶ 높음

조선의 독립 운동가들은 윌슨의 민족 자결주의에 크게 자극을 받았어요.

민족 자결주의는 미국의 윌슨 대통령이 주장한 것으로 세계 여러 민족은 자신의 운명을 스스로 결정해야 한다는 것이었어요. **민족 자결주의가 발표되자, 해외에서 활동하던 독립 운동가들은 좋은 기회가 왔다고 생각하고 속속 국내로 들어왔어요.**

사건 관계 분석

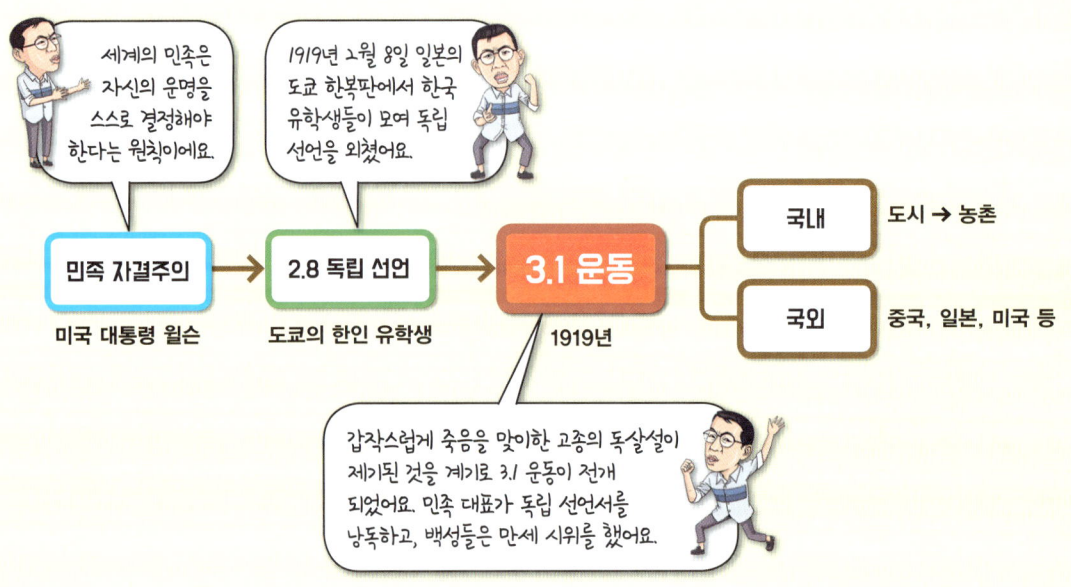

04 대한민국 임시 정부

대한민국의 바탕이 되는 망명 정부 수립

시대 1919년

타임라인 뉴스

1919.3. 3.1 운동이 일어나다

1919.4. 애국지사들이 임시 정부 조직의 필요성에 동의하다

1919.9. 이승만을 임시 대통령으로 추대하다

1932 이봉창, 윤봉길이 의거 활동을 하다

1944 김구를 주석으로 선출하고 한국 광복군의 국내 진입을 계획하다

1 헤드라인 뉴스

생방송한국사

상하이에 대한민국 임시 정부가 수립되다!

3.1 운동을 계기로 국내외에 다양한 임시 정부가 세워졌는데요. 대표적으로 경성의 한성 정부, 연해주의 대한 국민 의회, 상하이의 상하이 임시 정부를 들 수 있습니다. 그런데 이들이 상하이에서 대한민국 임시 정부로 통합되었다고 합니다. 그 과정을 살펴볼까요?

임시 정부가 수립될 수 있었던 것은 3.1 운동 덕분이었답니다!

김역사 기자

3.1 운동으로 국내외의 독립운동은 더욱 활기를 띠게 됐어요. 독립운동가들은 어떻게 하면 3.1 운동으로 뜨거워진 국민들의 관심과 기대를 이어갈 수 있을지 고민했지요. 그중에서 가장 중요하게 논의된 것이 바로 우리나라를 대표할 수 있는 임시 정부를 세우자는 거였어요.

3.1 운동을 전후로 국내외에는 임시 정부의 기능을 하는 다양한 기관들이 생겨났어요. 국내에서는 13도의 대표가 수도 경성에 '한성 정부'를 세웠지요. 연해주의 블라디보스토크에서는 '대한 국민 의회'가 조직되었지요. 그리고 중국 상하이에서는 '상하이 임시 정부'가 세워졌습니다. 그 외에도 만주나 미국 등에서도 임시 정부가 생겨났어요.

그런데 문제는 임시 정부가 너무 여러 곳에 있다 보니 힘을 하나로 모으기가 어렵다는 데 있었어요. 그래서 민족 지도자들은 독립운동 세력들을 하나로 모아 임시 정부를 통합하기로 결정해요. 해외의 주요 독립운동가들이 모두 한자리에 모여 머리를 맞댄 끝에 마침내 상하이에 있는 임시 정부가 대표로 결정됐지요.

그런데 왜 상하이에 임시 정부를 세운 것일까요? 임시 정부를 어디에 세울 것이냐에 따라 장단점이 각각 달랐는데요. 연해주에 세운다면 무장 독립운동을 하기 좋은 대신, 지리적인 위치 때문에 고립되기 쉬웠을 겁니다.

▲ 대한민국 임시 정부와 국무원 기념사진

또한 국내에 세운다면 국민들에게 지침을 내리고 행정을 관리하기 편리한 대신 일제의 감시와 간섭에서 자유롭기 힘들었을 거예요. 그리하여 일제의 영향력이 미치지 않고, 서구 열강의 **조계** 지역이 많아 외교 활동을 전개하기 유리하다는 장점을 가진 상하이에 대한민국 임시 정부가 수립되었답니다.

대한민국 임시 정부는 해외에 세워진 **망명** 정부였지만, 한 나라를 대표할 수 있는 정부임에는 틀림없었어요. 독립운동가들은 훗날 광복을 하게 되면 임시 정부가 대한민국의 정식 정부가 될 수 있도록 국가적인 체계를 갖추기 위해 다양한 노력을 했습니다. 대한민국 임시 정부의 첫 번째 대통령은 이승만, 국무총리는 이동휘였으며, 독립운동가인 안창호가 많은 일을 도맡아 운영했어요.

그러나 그 후 더욱 강해진 일본군이 중국 본토에까지 쳐들어오게 됐어요. 그래서 임시 정부는 상하이를 떠나 여기저기 떠돌다 1940년 '충

조계
19세기 후반에 영국, 미국, 일본 등 8개국이 중국을 침략하는 근거지로 삼았던 외국인 거주지를 말해요.

망명
정치적인 이유로 자기 나라에서 탄압을 받게 되어 이를 피하기 위해 외국으로 몸을 옮김

▲ 대한민국 임시 정부 이동 경로

'칭'에 정착하였어요. 임시 정부는 본 거지를 자주 옮겨 다니게 되면서 제대로 된 활동을 추진하기 어렵게 되지요. 또한 일제의 훼방으로 임시 정부와 국내를 연결해 주던 연결망이 끊기면서 독립운동의 지령이나 자금을 전달받기도 힘들어졌답니다.

그러나 무엇보다도 임시 정부가 중심을 잃게 된 이유 중 하나는, 임시 정부의 주요 인물들의 생각이 서로 달랐기 때문이랍니다. 임시 정부의 요인들은 독립운동의 방법을 두고 다음과 같이 의견이 갈리게 되었습니다.

무장 투쟁 노선	우리의 군사력을 키워 독립 전쟁을 하자.
외교 노선	유럽과 미국 등 서양 강대국들에게 우리의 사정을 알리고 도움을 청하자.
실력 양성 노선	국내 산업을 양성하여 경제력을 키우고, 교육으로 국민들의 생각을 발전시키자.

임시 정부 내에서 독립운동의 방법을 둘러싸고 갈등이 생기자 많은 사람이 임시 정부를 떠나는 등 임시 정부는 어려움을 겪었어요. 그러나 이후 김구가 대표를 맡아 임시 정부를 재정비하여 의열 투쟁을 전개하고, 한국 광복군을 창설하게 됩니다.

2 심층 취재

독립운동의 중심이 되고자 노력한 임시 정부

오늘도 임시 정부의 하루는 바쁘게 흘러가고 있습니다. 서양 강대국들을 향한 외교 선전 활동을 비롯해, 국내외의 연락망을 설치했으며, 독립운동 자금을 마련하기 위해 두 발로 뛰고 있는데요. 김역사 기자와 함께 임시 정부의 활동에 대해 알아보겠습니다.

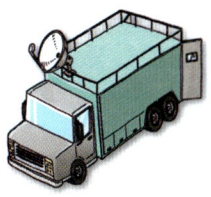

임시 정부는 나라의 이름을 '대한민국'으로 정했습니다. 대한 제국을 잇는다는 뜻에서 '대한'이라는 글자를 따오고, '국민들이 주인이 되어 권리를 행사할 수 있는 나라'라는 뜻에서 '민국'이라는 글자를 가져와 '대한민국'이라는 이름이 탄생하게 됐지요. 대한민국이 대한 제국과 다른 점은 바로 왕이 다스리는 나라가 아닌, 국민이 스스로 다스리는 나라라는 점이에요. 독립운동가들이 3.1 운동을 통해 우리 국민의 의지와 힘을 확인했기 때문에 그렇게 정해질 수 있었던 거랍니다.

또한 대한민국이라는 이름에 걸맞게 민주적인 체제를 갖추었는데요. 임시 정부는 대한민국 임시 헌장 제1조에서 '대한민국은 민주 **공화제**로 한다.'라고 분명히 밝혔어요. 제3조에서도 '대한민국의 모든 국민은 서로 평등하다.'라는 내용을 담고 있지요.

임시 정부는 나라의 새로운 이름을 대한민국으로 정하고, 국가의 체제를 갖추었습니다!

김역사 기자

공화제
'여러 사람이 공동으로 화합하여 다스리는 제도'라는 뜻이에요.

삼권 분립
나라의 권력이 세 곳으로 나뉘어 서로 견제하고 조화를 이루는 정치 체제를 말해요.

연통제
서로 연결하여 통할 수 있게 한다는 뜻이에요. 임시 정부의 지령이나 국내 운동 상황을 서로 긴밀히 보고하는 기관이었지요.

공채
정부가 국민을 상대로 돈을 빌리면서 발급하는 공적인 증명서에요. 독립 공채의 경우, 나라가 독립하면 돈을 돌려주기로 되어 있었어요.

또한 대한민국 임시 정부는 **삼권 분립**을 기초로 기구를 구성하였는데요. 나라의 살림을 챙기고 다스리는 행정권은 국무원이, 나라에 필요한 정책과 법을 만드는 입법권은 임시 의정원이, 법이 잘 시행되나 감시하는 사법권은 법원이 행사하도록 하였어요.

임시 정부와 다른 독립운동 세력들은 어떻게 연결될 수 있었을까요?

임시 정부에서 중요하게 생각한 것은 국내와의 연락이었어요. 그래서 임시 정부에서는 비밀 행정 조직망인 **연통제**와 통신 기관인 교통국을 두었어요. 이들 기관에서는 국내의 행정을 관리하면서 독립운동 정보를 수집했고, 여러 독립운동 단체에 운동 방향을 지시하기도 했지요. 만주에는 무역 회사의 대리점이었던 이륭양행의 2층에 통신 기지가 있었고, 국내의 부산에도 백산 상회라는 거점이 있었어요. 이들을 통해 독립 기관들이 서로 연락하고 자금을 전달받기도 했답니다. 또한, 독립신문을 발행하여 독립운동 소식을 전하였습니다.

한편 임시 정부는 독립운동 자금을 마련하기 위해 한 사람당 1원씩 내는 인구세와 국민 의연금을 거두기도 했습니다. 특히 독립 **공채**를 발행해서 독립운동 자금을 모으기도 했어요.

또한 임시 정부에서는 만주와 간도에 있는 무장 독립 단체들을 아래에 두어 관리했고, 육군 무관 학교 등을 설립해 독립군을 양성하기도 했습니다. 또 전투 공군을 길러내기 위한 한인 비행사 양성소를 세우기도 했지요.

임시 정부는 서양의 여러 강대국들을 대상으로 외교 선전 책자를 발행하여, 대한민국 임시 정부가 수립되었음을 알렸습니다. 사절을 파견

하고 외교 위원부를 두어 일제의 통치가 부당함을 밝히기도 하였지요.

그러나 일제의 방해로 국내와의 연락망이 단절되고, 독립운동 자금 모금이 어려워지면서 임시 정부의 활동이 위축되었어요.

임시 정부의 지도자였던 김구는 이러한 위기를 극복하기 위해 한인 애국단을 결성하여 의거 활동을 하였습니다.

이봉창, 윤봉길 등 한인 애국단의 활약에 크게 감명 받은 중국 정부는 임시 정부의 활동을 지원해 주게 된답니다. 1940년에는 충칭으로 임시 정부를 옮기고 한국 광복군을 조직하기도 하였지요.

임시 정부는 미국이나 영국 같은 강대국들로부터 정식 정부로 승인을 받지 못했을 뿐 아니라, 국내에 있는 민중들을 직접 다스리기 힘들었다는 점에서 그 한계가 있었어요. 그러나 대한민국 임시 정부는 독립운동의 중심적인 역할을 하기 위해 노력했지요. 광복 후 남한에 수립된 정부는 헌법에 대한민국 임시 정부를 계승한 정부임을 밝혔어요. 그래서 국가의 이름 역시 '대한민국'이라고 하였지요.

가난한 이민자들이 만들어 낸 기적, 대조선 국민군단

김역사 기자

일제의 탄압을 피해 낯설고 먼 나라로 떠난 사람들이 있습니다. 이들은 열악한 환경 속에서도 독립운동을 위해 힘을 보탰다고 하는데요. 하와이 농장 이민자들과 하와이 독립운동 단체인 대조선 국민군단의 이야기를 만나 보시죠.

수백여 명의 한국인들이 하와이 이민 수송선에 탄 이유는?

1902년 겨울, 하와이 이민 수송선에 탄 백여 명의 한국인들은 고국을 떠난다는 생각에 눈물을 흘렸습니다. 이들이 한국을 떠난 이유는 먹고 살기가 힘들어서였어요. 당시 한국에는 엄청난 흉년이 들었고, 일제의 간섭으로 인해 국가가 백성들을 챙겨줄 수 없는 상황이었거든요. 그때 한국에는 하와이 사탕수수 농장에만 가면 행복하게 살 수 있다는 소문이 돌고 있었어요. 그래서 한국인들은 고달픈 삶을 피해 지상낙원이라고 소문난 하와이로 떠났던 거예요. 그런 식으로 한국을 떠난 사람은 총 7천여 명에 달했어요. 다양한 계층과 신분, 직업을 가진 사람들이었답니다.

한국인 신부들이 하와이로 찾아오다?

하와이에 온 사람들 대부분이 남자였던 터라 장가를 가기 어려웠어요. 그래서 남자 이주민들은 사진을 보내 한국 신부들을 하와이로 불러들였어요. 그러다 보면 문제가 생길 때도 많았어요. 사진 속 남자가 실제 모습과 다른 경우도 있었고, 신부들이 하와이에서 살기 싫어도 한국으로 돌아가기 쉽지 않았거든요. 그런 식으로 하와이에 온 처녀들은 천 명이 넘었어요. 이들 중에는 여성 독립운동가 이희경 같은 사람도 있었지요.

눈물겨웠던 사탕수수 농장에서의 생활!

한국 사람들이 막상 하와이에 도착해 보니 사탕수수 농장은 꿈꾸던 모습과는 전혀 달랐어요. 한국

52 대한민국 임시 정부 | 대한민국의 바탕이 되는 망명 정부 수립

▲ 하와이 농장에서 일하는 하와이 이민자들

인들은 뜨거운 태양볕 아래에서 하루 18시간 이상 고된 노동에 시달렸어요. 잠시 쉬려고만 해도 감독관에게 채찍질을 당했지요. 젊은 청년들이 금방 노인이 되어버릴 정도로 노예나 다름없는 생활이었어요. 그래도 이주민들은 하와이의 생활을 포기하지 않고 어렵사리 정착할 수 있었답니다.

고달픈 삶 속에서도 독립운동에 참여했던 하와이 이주민들!

사탕수수 농장에서의 고달픈 노동을 끝낸 이주민들은 대조선 국민군단에서 하는 군사 훈련에 참가했어요. 군사 훈련에는 120명에서 3백 명 가까이 되는 사람들이 참여했답니다. 농장일만으로도 너무나 힘든 상황에서 군사 훈련까지 참가할 수 있었던 것은 하와이 이주민들의 독립에 대한 의지 때문이었어요. 또한 이주민들은 농장일을 통해 번 돈을 모아 임시 정부의 독립운동 자금으로 보내기도 했답니다. 이렇게 모인 금액은 1천 달러를 훌쩍 넘기도 했어요.

박용만 선생이 하와이의 독립운동을 이끌다!

하와이의 독립운동을 지도했던 박용만 선생은 이주민들에게 언제 독립 전쟁이 벌어질지 모르니 독립투사 훈련을 계속 해나가야 한다고 강조했어요. 똑똑한 엘리트였던 박용만 선생의 의견에 많은 이주민들이 귀를 기울였지요. 선생은 우성 학교라는 국어 학교를 세워 이주민들을 교육시키기도 했지요. 또한 다양한 기사를 쓰기도 하고, 동포들이 운영할 수 있는 농장을 빌리기도 했답니다.

고종훈의 한국사 브리핑

사건 핵심 분석 ▶ 대한민국 임시 정부 QR 코드를 찍으면 고종훈 선생님의 강의를 볼 수 있어요.

시기 ▶ 1919년 (3.1 운동 이후)
사건 모의 장소 ▶ 중국 상하이
임시 정부의 비밀요원 ▶ 김구를 비롯한 독립운동가들
임시 정부 요원들이 잘 하는 일 ▶ 철저한 보안 유지
임시 정부 요원들이 좋아하는 말 ▶ 대한독립 만세!
임시 정부 요원들이 싫어하는 말 ▶ 배신
역사적 중요도 ▶ ★★★★☆
시험 출제 빈도 ▶ 높음

3.1 운동으로 인해 대한민국 임시 정부가 탄생했어요.

3.1 운동 후 국내외에 여러 임시 정부가 세워졌어요. 경성의 한성 정부, 연해주의 대한 국민 의회, 상하이에 상하이 임시 정부를 들 수 있습니다. 그러다 **민족 지도자들은 이들의 힘을 하나로 모으기로 했고 상하이 임시 정부가 대표로 결정되었어요.**

사건 관계 분석

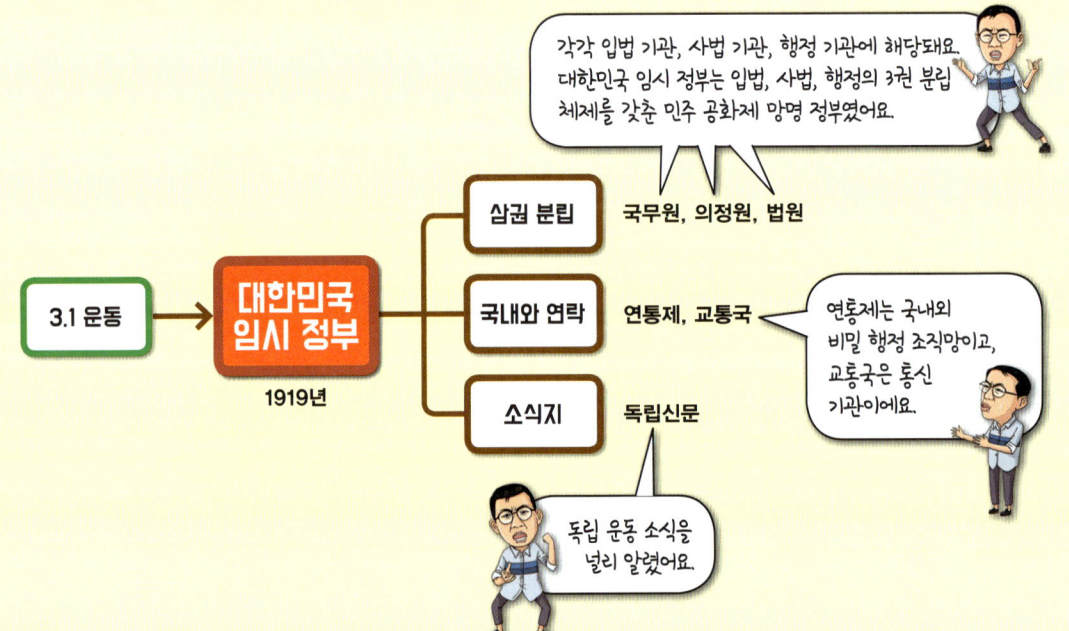

1920년대

1910년 국권을 빼앗긴 이후 억눌려 있던 우리 민족의 독립에 대한 열망이
1919년 전국적인 만세 운동으로 터졌어요.
깜짝 놀란 일제는 민족 분열 통치를 실시하며 교묘하게 친일파를 만들기 시작했어요.
경제적으로는 일본으로 쌀을 수탈해 갔지요.
더 악랄해진 일제 앞에 우리 민족도 조직적으로 대항하기 시작했어요.
임시 정부를 만들어 독립 정신을 하나로 모았고,
만주와 연해주 일대에서 끊임없이 무장 독립 투쟁을 전개해 나갔습니다.

이와 관련된 소식을 김역사 기자가 현장에서 생생히 전해 드리겠습니다.

05 민족 분열 통치

겉과 속이 다른 통치 방식으로 우리 민족을 분열시키다

시대 1920년대

타임라인 뉴스

1919 3.1 운동을 계기로 일제가 통치 방법을 바꾸다

1920 조선일보와 동아일보의 창간을 허가하다

1922 이광수가 친일파로 활동하기 시작하다

1928 최남선이 조선사 편수회에 참여하다

1934 최린이 친일파로 활동하기 시작하다

1 헤드라인 뉴스

더욱 교묘해졌다! 일제의 민족 분열 통치

일본 총독이 우리의 문화를 인정하는 이른바 문화 통치를 실시하겠다고 발표했습니다. 헌병들이 칼을 벗어 던지고 경찰복으로 갈아입고 있는 데요. 하루아침에 돌변한 일제의 태도에 조선인들은 의심의 눈초리를 보내고 있습니다. 일제의 진짜 속내를 파헤쳐 봅시다.

조선 총독부에 새로 부임한 사이토 총독이 지금까지와는 전혀 다른 새로운 방식으로 조선인들을 통치한다고 해서 화제가 되고 있습니다.

3.1 운동으로 나타난 우리 민족의 저항에 놀란 일본인들은 통치 방식을 좀 더 부드럽게 바꿀 거라고 합니다.

사이토 총독

앞으로 우리 대일본 제국은 조선의 문화와 관습을 인정하고, 조선 사람들을 차별하지 않겠습니다. 또한 조선의 문화를 발전시킬 수 있도록 우리 일본이 도와주겠습니다. 어때요? 우리 참 많이 변했죠?

김역사 기자

뜻하지 않은 총독의 발표 내용에 우리나라 사람들은 일본의 속내가 무엇인지 궁금해 하는 눈치입니다. 과연 문화 통치(민족 분열 통치)는 무단 통치와 얼마나 달라졌을까요? 항목별로 점검해 보겠습니다.

- 앞으로는 무관이 아닌 문관 출신도 총독으로 임명할 수 있다.

  그러나 단 한 번도 문관 출신의 총독이 부임한 적은 없었습니다.

- 헌병 경찰은 가라! 이제부터 보통 경찰제를 실시하겠다!

  사실은 헌병들이 그대로 옷만 바꿔 입고 경찰이 된 것에 불과했어요. 오히려 경찰과 경찰서의 수를 늘려서 우리 민족을 더 숨 막히게 했지요. 또한 일제는 '**치안 유지법**'을 만들어 독립운동가들을 찾아내 탄압하였지요.

치안 유지법
일제의 통치 체제를 부정하거나 사유 재산을 부정할 목적으로 단체를 조직하는 것을 단속하기 위해 제정되었어요.

- 언론이나 집회 활동은 모두 자유다! 단, 먼저 일제의 검사를 맡아야 한다.

  일제는 조선일보, 동아일보, 시사신문 등 세 개의 신문을 창간해 주고 자유를 주었다며 큰소리쳤습니다. 하지만 신문의 내용은 일제의 입맛대로 바꾸거나 삭제해야 했어요. 또한 툭하면 신문사를 휴업시키거나 폐간시키는 식으로 협박해 친일 언론으로 길들였지요. 집회를 열거나 단체를 만드는 것 역시 전부 다 미리 일본 측에 알려서 검사를 받아야만 했어요.

- 이제부터 조선인들이 교육받을 수 있는 기회를 확대하겠다!

  일제는 한국인 학교를 추가로 짓게 해 주고, 교육 기간도 4년에서 6년으로 늘렸습니다. 또한 대학을 설립하는 것도 허가해 준다고 했어요. 실제 학교의 수는 늘어났으나 학교에 들어가는 아이들의 비율은 일본 사람들의 1/6 수준 밖에 안 되었지요. 한국어나 한국사 수업도 인정되었지만 수업 횟수는 제한되었습니다.

민족 분열 통치 | 겉과 속이 다른 통치 방식으로 우리 민족을 분열시키다

결국 문화 통치란 겉으로 표현하는 말만 달라졌을 뿐, 뒤에서는 더 치밀하게 우리나라 사람들을 감시하는 통치 방식이었답니다. 독립운동한다고 괜히 서로 힘 빼지 말고 부드럽게 지내자는 게 일제의 속마음이었어요. 게다가 더욱 악랄했던 것은 우리나라 사람들을 서로 편갈라 싸우게 만들기 위해 **친일파**를 길러냈다는 점이에요.

일제는 높은 계층의 주요 한국 인물들 중에서 일본에 충성을 다할 것 같은 사람들을 골라냈어요. 나라를 이끌어 가는 높은 사람들의 생각이 달라지면, 민심 역시 달라질 거라고 생각했던 거예요. 일제는 마음을 바꾼 친일파들에게 다양한 혜택을 주었습니다. 처음에는 일제의 제안에 꿈쩍도 안 했던 사람들이 하나둘씩 넘어가게 됐답니다. 나아가 이들은 친일 단체를 만들고 일제의 앞잡이 노릇을 했어요.

친일파들은 스스로를 일본 사람이라 여기며, 일본 정부에 충성을 바칠 것을 결심했답니다. 이들은 마치 우리나라의 앞날을 걱정하는 척하며 그럴싸한 말로 국민들을 선동했어요.

"독립을 한다는 건 힘들고 어려운 일입니다. 차라리 일본이 우리를 통치하는 것을 받아들이고, 일본에게 협조하여 더 많은 혜택을 받아냅시다."

이와 같은 말도 안 되는 주장을 했지요. 국민에게 존경받았던 최고의 지식인과 민족 지도자들의 배신으로 친일파가 늘어나게 되면서 독립운동 세력은 나뉘었고, 우리 민족끼리는 서로를 믿을 수 없게 됐지요. 3.1 운동 때 하나였던 우리 민족이 일본의 **기만** 전술에 넘어가고 만 거예요. 일제가 주장한 문화 통치의 본질은 가혹한 식민 통치를 감추고 친일파를 키워 우리 민족을 갈라 놓는 민족 분열 통치였던 것입니다.

친일파가 되는 법
1. 조선 총독부의 관리가 되거나 순사 보조원이 된다.
2. 일본 동경 대학을 졸업해 친일 지식인이 된다.
3. 친일 신문의 기자가 되어 일제의 위대함을 찬양하는 글을 쓴다.
4. 친일 예술가가 되어 예술 작품을 통해 사람들을 선동한다.
5. 일본의 군인이 된다.

기만
남을 속여 넘기는 것

 **10분 토론**

친일파로 변절한 사람들, 그들의 선택은 옳았는가?

여러분, 안녕하십니까? 오늘은 요즘 뜨거운 관심을 받고 있는 주제를 다뤄 보도록 하겠습니다. 일제의 이른바 문화 통치로 친일로 돌아서고 있는 사람들이 많은데요. 바로 이들의 선택과 관련된 이야기를 나눠 보도록 하겠습니다. 주제가 주제이니만큼 뜨거운 토론이 예상되는 데요. 대표적인 친일파와 애국지사분들을 모시고 각각의 입장을 들어보는 시간을 가져보겠습니다.

 **친일파 최린**
나는 3.1 운동 때 독립 선언서를 작성한 민족 대표 33인 중 한 사람이었습니다. 3.1 운동에 가담했다는 죄로 재판을 받을 때까지만 해도, 나는 끝까지 독립운동을 할 작정이었죠. 하지만 결국 마음을 바꿔 친일파가 됐습니다. 왜냐하면 일제는 내게 높은 자리를 약속했거든요. 나는 조선 총독부의 신문이었던 매일신보의 사장이 되었고, 일제의 다양한 정책에 적극적으로 참여했어요. 특히 일본이 벌이는 전쟁에 참가할 것을 주장했죠. 그래도 난 나중에 나라가 광복을 맞은 후 그동안의 행동을 후회하여 눈물을 흘리기도 했다고요.

 애국지사 권동진
나중에 후회하면 그게 끝인가요? 민족 대표 33인 중 당신처럼 친일파가 된 사람은 겨우 다섯 손가락 안에 듭니다. 나머지 대표들은 감옥살이로 죽기도 하고, 국외로 망명해 끝까지 독립운동을 했습니다. 저 역시 광복이 되는 그날까지 모든 걸 바쳐 독립운동을 했습니다. 독립운동 단체인 신간회의 부회장이기도 했지요. 당신 같은 사람이 독립 선언서에 서명을 한 민족 대표라니 참으로 부끄러운 일입니다.

 **친일파 이광수**
나는 『무정』이라는 베스트셀러 소설을 쓴 작가입니다. 2.8 독립 선언서도 작성했었고, 대한민국 임시 정부에서 일하며 독립신문의 발행을 맡기도 했죠. 그러나 점점 생각이 달라졌어요. 일본은 아시아에서 제일 빨리 선진 국가가 된 나라입니다. 과연 우리들이 일본

시청자 의견 ▶ [@니이모를 찾아서] 어떻게 자신의 조국을 배신할 수 있지? ▶ [@신밧드의 보험] 하지만 일제의 유혹

 민족 분열 통치 | 겉과 속이 다른 통치 방식으로 우리 민족을 분열시키다

인들만큼 위대해질 수 있을까요? 일본은 미개한 우리나라가 더 발전하라고 도와주고 있는 겁니다. 저는 이러한 생각을 『민족개조론』을 통해 발표했습니다. 또한 스스로 이름을 일본식으로 바꾸고, 대일본 제국의 전쟁을 돕기 위해 조선 사람들에게 일본의 병사가 될 것을 연설하기도 했습니다. 나는 우리 민족의 발전을 위한 마음에 친일파가 된 것뿐입니다.

친일파 최남선

저도 이광수 선생의 생각에 동의합니다. 저 역시 무척 존경받는 작가였지요. 독립 선언서 초안을 쓰기도 했고요. 하지만 막강한 일제와 독립 전쟁을 벌이는 건 무모한 일입니다. 차라리 일본과 하나가 되어서 우리도 일본인들처럼 잘 살고자 노력하는 게 어떻겠습니까? 나는 일본이 역사를 왜곡하기 위해 만든 단체인 조선사 편수회에 참가하기도 했고, 조선 총독부의 중추원에서 참의직을 맡기도 했습니다. 사람들이 저더러 독립운동을 포기했다고 비난하시는데, 저는 학문 연구를 위해서 돈이 필요했기 때문에 어쩔 수 없이 친일을 한 겁니다.

애국지사 한용운

조국을 배신한 걸로도 모자라 민족의 가능성까지 비웃는 한심한 친일파들 같으니! 저를 찾아온 이광수와 최남선을 내쫓은 적도 있었습니다. 그들이 민족을 배신할 사람들이라는 걸 알고 있었기 때문이죠. "내가 알던 최남선은 이미 죽어서 장례를 치렀소!"라고 냉정하게 말한 적도 있지요. 저는 승려이자 시인으로 독립운동을 했답니다. 33인의 민족 대표로 재판을 받을 때에도 "만약 이 몸이 죽어 없어지더라도 정신만은 영원히 독립운동을 할 것이오."라고 말했지요. 『님의 침묵』이라는 시집으로 일제에 저항하기도 했고, 신간회와 불교 항일 단체에 가입해 활동하기도 했습니다. 나라를 진정으로 위한다면 친일파들처럼 일제에 빌붙을 것이 아니라, 스스로 다스릴 수 있는 주권을 회복할 수 있도록 독립운동을 해야 한다고 봅니다.

앵커

이러다가는 밤을 새도 토론이 안 끝날 것 같습니다. 시간이 다 돼서 이쯤에서 마무리하도록 하겠습니다.

들리지 않는다는 게 쉽지 않았을 거 같아. ▶ [@세일러묵] 친일파를 보니 독립운동가들이 더 대단하게 느껴져.

고종훈의 한국사 브리핑

사건 핵심 분석 ▶ 민족 분열 통치

QR 코드를 찍으면 고종훈 선생님의 강의를 볼 수 있어요.

- 시기 ▶ 1920년대
- 사건 주모자 ▶ 일본인들
- 작전명 ▶ (이름만)문화 통치
- 작전 지시 내용 ▶ 철저한 언론 감시, 헌병 경찰 수 늘림
- 작전 성공 여부 ▶ 성공(친일파 양성으로 민족이 갈라짐)
- 연관 검색어 ▶ 분열, 일본 지배, 친일파, 배신자
- 역사적 중요도 ▶ ★★★★☆
- 시험 출제 빈도 ▶ 높음

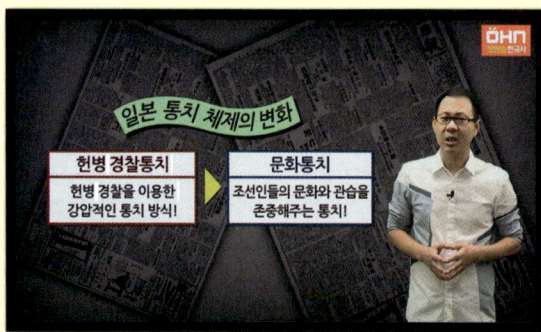

3.1 운동이 어느 정도 잠잠해지자, 일본은 조선 총독을 교체했어요.

조선 총독부에는 사이토 총리가 부임했어요. 사이토 총리는 **조선의 통치 방식을 문화 통치 방식으로 바꾸겠다고 선언했어요.** 조선인들의 문화와 관습을 존중하겠다는 내용을 담고 있었죠. 하지만 결국 사이토 총리의 말은 실현되지 않았어요. 모두 거짓이었습니다.

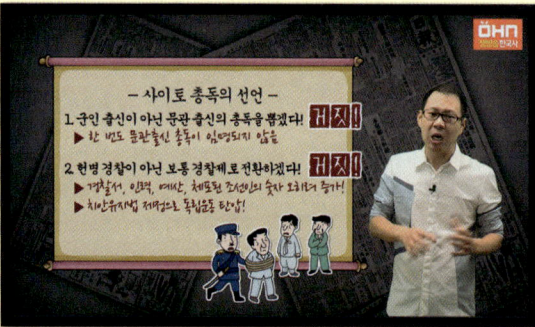

문화 통치는 사실 소수의 친일파 양성을 통한 민족 분열을 꾀하는 민족 분열 통치였어요.

사이토 총리는 문관 총독을 임명하겠다고 했지만, 광복을 맞이할 때까지 한 명도 임명하지 않았어요. 경찰의 권한은 이전과 다름없었고, **오히려 경찰 수가 증가했어요.** 또한 치안 유지법 제정으로 우리 민족에 대한 감시와 탄압을 더욱 강화했답니다.

일부 조선의 지도자들은 '민족 자치론'을 내세워 일제의 지배에 타협했어요.

이광수, 최린 같은 이들은 1920년대까지만 해도 민족 운동가였지만 1930년대 이르러 친일파가 되었어요. 이들은 **자신을 조선 사람이 아닌 일본 사람이라 생각하고 친일 관리가 되어 일본 정부에 충성했어요.**

1 인물 초대석

생방송 한국사

일제가 우리 농민들에게 정해진 만큼의 쌀을 내놓으라고 강요하고 있습니다. 그동안 농사를 잘 지을 수 있도록 일제가 많은 도움을 주었다면서 말이죠! 덕분에 우리 농민들은 먹을 쌀이 없어서 굶주리고 있다는 소식입니다. 여러 인물들을 모시고 이야기 나눠 보겠습니다.

대체 왜 우리나라의 쌀을 일본으로 가져가야 했던 걸까요? 일본에서도 농사를 지을 텐데 말이죠.

반대해

1920년부터 일제는 우리나라에서 산미 증식 계획을 실시했어요. 산미 증식 계획은 '쌀 생산량을 늘리기 위한 계획'이라는 뜻이에요. 말 자체의 뜻만 놓고 보면 일제가 우리나라에 좋은 일을 해 주려는 것처럼 보일지도 모르겠어요. 하지만 바꿔 말하면 우리나라에서 쌀을 더 많이 생산하여 그 쌀을 저렴하게 일본으로 사 가는 그런 정책이라고 이해하시면 돼요.

산미 증식 계획이 시행된 이유를 알기 위해서는 일본의 상황을 자세히 알아볼 필요가 있어요. 당시 일본은 제1차 세계 대전에서 승리한 나라였어요. 이후 나라가 호황을 누리면서 경제가 성장하고 인구가 폭발적으로 증가했죠.

산미 증식 계획 | 일제가 우리나라의 쌀을 수탈하다

일제는 현대적이고 산업화된 나라로 탈바꿈하기 위해 공업을 발전시키고자 노력했어요. 이런 변화에 따라 농민들이 농촌을 벗어나 도시의 노동자로 흘러들어 가게 되면서 일제의 쌀 생산량은 급격히 떨어졌어요. 거기에 흉년까지 겹치고 나니 쌀이 귀해져 쌀값이 점점 비싸지는 거예요. 만약 쌀값이 내려가지 않는다면 많은 일본 국민들이 나라에 불만을 품을 수도 있겠죠? 그래서 이때 일제가 눈을 돌린 곳이 바로 식민지였던 우리나라였습니다.

결국 일본 본국의 문제를 해결하기 위해 식민지였던 우리나라를 이용하기로 한 거군요. 쌀을 가져가기 위해 일제는 어떤 일들을 했습니까?

우리나라의 쌀을 가져가기로 마음먹은 후 일제가 제일 처음 해야 했던 것은 쌀 생산량을 늘리는 일이었어요. 그러기 위해서 가장 먼저 무엇을 해야 할까요? 우선 땅이 많아져야겠죠! 일제는 황무지가 되어버린 땅들을 찾아내 **개간**시켰어요. 또한 밭농사를 짓던 땅을 전부 논농사를 지을 수 있는 땅으로 바꾸게 했고, **간척 사업**을 해서 농토를 늘려 나갔죠. 게다가 지주들과 농민들이 힘을 합쳐 곳곳에 저수지를 건설하고, 논에 물을 댈 수 있는 수리 시설을 지었습니다. 가뭄이 들거나 해도 쌀이 꾸준히 생산되어야 일본으로 가져가는 일에 문제가 생기지 않으니까요. 그 외에도 일제는 비료법을 개발하여 땅을 비옥하게 만든다거나, 벼의 품종을 개량하기도 했고, 최신 농기구를 보급하기도 했습니다. 어떻게든 무조건 우리나라의 쌀 생산량을 늘리고야 말겠다는 것이 일제의 목적이었던 거예요.

개간
거친 땅이나 버려둔 땅을 일구어서 농사지을 수 있는 땅으로 만드는 것을 말해요.

간척 사업
육지 가까이에 있는 바다나 호수를 둑으로 막아 물을 뺀 뒤 그 곳을 육지로 만드는 일을 뜻해요.

어떻게 보면 일제가 우리의 농업 발전을 위해 애쓴 것처럼 보이기도 하는데요?

일제가 절대로 우리를 상대로 손해 보는 장사를 할 리가 없지요! 일제의 기대와 달리 우리나라에서 쌀 생산량을 늘리는 데에는 한계가 있었답니다. 그렇지만 일제는 목표했던 대로 쌀을 가져갔어요. 다음 표를 보시죠!

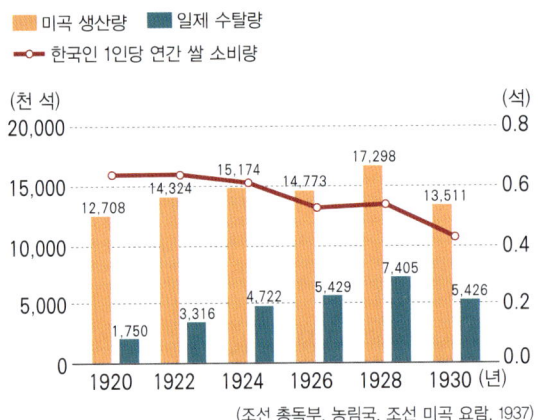

◀ 쌀 생산량과 수탈량의 변화

늘어난 양보다 더 많은 양의 쌀을 일본으로 가져간 것을 알 수 있습니다. 결국 이렇게 일본으로 쌀이 다 빠져나가게 되면서 정작 우리 농민들이 먹을 쌀은 줄어들게 됐어요. 일제는 급한 대로 만주에서 콩이나 수수 같은 잡곡을 수입해 나눠 줬지만 식량난을 해결하지는 못했습니다.

식량 부족 문제 외에도 또 다른 문제는 없었나요?

더 심각한 문제는 우리나라의 수많은 농민이 소작농으로 전락했다는 거였어요. 특히 소작농들은 원래 지주가 내야 할 수리 시설 관리비는 물론, 세금, 비료값 등을 내야 했고, 심지어 소작료까지 내야만 해서 큰 부담을 느꼈지요. 이에 소작농들은 농촌을 벗어나 국외로 빠져나가거나 도시의 **임노동자**가 되기도 했고요. 일제와 지주들을 상대로 **소작 쟁의**를 벌이기도 했습니다.

산미 증식 계획의 결과에 대해 말씀해 주시죠.

산미 증식 계획은 1920년부터 1934년까지 이어진 일제의 경제 침탈 방법 중 하나였습니다. 이로 인해 우리나라는 일제에 쌀을 공급하는 식량 공급 기지로 전락하고 말았죠. 농민들의 삶은 더욱 어려워졌어요.

산미 증식 계획과 더불어 우리나라 사람들을 힘들게 했던 것이 바로 회사령을 철폐한 거라죠?

맞습니다. 경성 방직 회사, 평양 메리야스 공장 같은 민족 회사도 이 시기에 건립됐지요. 언뜻 보면 회사를 자유롭게 세울 수 있으니 우리에게 잘 된 일처럼 보이는데요. 그러나 일제가 회사령을 철폐한 진짜 이유는 따로 있었습니다. 일본 회사들을 아무런 규제 없이 우리나라로 넘어와서 사업할 수 있도록 한 거예요. 왜냐하면 일본 기업으로서는 우리나라에서 사업을 하는 게 유리한 점이 많았거든요. 우리의 노동자들은 일본 노동자들보다 훨씬 더 싼값으로 일을 시킬 수 있고, 물건을 만들 때 쓸 수 있는 재료들도 더 저렴하게 구할 수 있었기 때문이에요.

산미 증식 계획과 회사령 철폐 등 일제가 우리 경제를 침범하는 방법 역시 더욱 교묘하고 치밀해지는 것으로 보입니다.

임노동자
돈을 받고 일을 하는 사람

소작 쟁의
소작농들이 좀 더 나은 조건에서 일할 수 있게 해 달라며 벌인 농민 운동이에요.

회사령
회사를 설립할 때 조선 총독부의 허가를 받도록 규정한 법령이에요. 한국인의 기업 설립을 억제하기 위해 일제가 1910년에 공포하였다가 1920년에 폐지하였어요. 회사령의 폐지로 일본인들이 한국에서 자유롭게 기업 활동을 하게 되어 우리 민족의 기업이 타격을 받았어요.

1920년대 우리 민족의 애환이 담긴 전군가도와 군산항

김역사 기자

산미 증식 계획으로 일제의 쌀 수탈이 심해지는 가운데, 곡창 지대가 있는 전라도 남쪽 지방에는 우리 민족의 눈물이 마를 날이 없다고 합니다. 대체 그곳에서는 어떤 일이 벌어지고 있는 것일까요? 문제의 그 곳, 전군가도와 군산항으로 지금 당장 떠나 보겠습니다!

일제 강점기의 전군가도

전군가도라는 이름은 전주와 군산 두 도시를 잇는 커다란 도로라는 뜻입니다. 일제에 의해 건설된 국내 첫 신작로이면서, 최초의 아스팔트 포장도로이기도 하죠. 총 길이는 무려 46.4km에 달한답니다. 일제가 이러한 대규모 도로 공사를 한 이유는 뭘까요? 그건 바로 김제 평야에서 생산되는 쌀을 수탈하기 위해서였어요. 당시 우리나라는 제대로 포장되지 않은 도로가 많아서 물건을 수송하는 데 어려움이 있었거든요. 마을 주민들이 이용하는 소달구지 길이 대부분이었으니까요. 일제의 입장에서는 우리의 곡식을 대대적으로 싹쓸이해야 하는데 운송 수단이 불편해서는 안 되겠지요? 결국 전군가도는 순전히 일제의 목적을 달성하기 위해 세운 도로였던 거예요. 또한 도로를 만들기 위해 조선 사람들은 많은 피와 땀을 흘려야 했답니다.

▲ 과거의 전군가도

현재의 전군가도

전군가도는 지금도 전라도의 중요 도로로, 26번 국도 4차선 포장도로를 말해요. 과거 쌀을 수송하던 일제 차량이 지나가던 길 위에, 이제는 공장에서 쓰는 물건을 실은 대형 화물차가 지나다니고 있어요. 특히 봄이 되면 길 양쪽에 심어진 벚나무에서 예쁜 벚꽃이 피어나는 걸 보기 위해 많은 사람들이 찾아오는데요. 어떤 사람들은 벚꽃이 일본의 국화라는 이유로 보기 싫다고도 한답니다. 다행히 전군가도의 벚나무는 일제가 심은 것이 아니라, 1975년 도로 확장 공사 때 재일 교포들이 기증한 돈으로 심은 것이라고 하네요. 대규모 수탈이 이루어진 길이라는 가슴 아픈 역사를 품고 지금도 전군가도에는 수많은 차들이 오고가고 있습니다.

▲ 현재의 전군가도

산미 증식 계획 | 일제가 우리나라의 쌀을 수탈하다

일제 강점기의 군산항

전군가도의 끝까지 달려와 마지막 목적지에 도착했습니다. 이곳은 전라북도 군산항입니다. 항구 앞 가득히 쌀 포대가 쌓여 있습니다. 하지만 우리나라 사람들은 먹을 수 없는 쌀이에요. 일본인 관리들이 쌀의 품질을 무사히 검사하고 나면 이 쌀들은 배에 실려 일본으로 보내질 거랍니다. 군산항이 처음 문을 연 것은 1899년이었어요. 일제가 조선의 쌀을 수탈하기 위해 만든 대표적인 항구 가운데 하나였지요. 일제가 전라도에 전군가도와 군산항 같은 대대적인 운송 기반을 마련한 까닭은, 그만큼 전라도의 쌀 생산량이 대단했기 때문이랍니다. 특히 김제평야는 다른 지역의 쌀 생산량을 모두 합친 만큼의 아주 많은 곡식이 나오는 곳이었어요. 결국 이 지역은 일제의 집중 수탈 대상이 될 수밖에 없었지요. 그런데 당시의 도로 사정으로는 목포나 부산의 항구까지 쌀을 옮기기에는 너무 멀었어요. 결국 가까운 군산에 새로이 항구를 열게 된 것이지요.

수탈한 쌀은 농장에 거대한 창고 건물을 지어 보관했지요. 도시의 옛 중심부에는 세관과 조선은행 등의 건물이 일제의 식민지 정책으로 인해 지어졌습니다. 군산시의 마을 이름들 중 '쌀 미(米)'를 쓴 이름이 많다는 것 역시 가슴 아픈 역사의 흔적이지요.

▲ 군산항에 쌓여 있는 쌀 포대

현재의 군산항

일본인 지주들이 살았던 가옥, 수탈용 창고 건물, 조선은행 등의 건물은 여전히 군산시에 남아 있답니다. 겉모습은 그대로지만 내부는 박물관이나 미술관 같은 시설로 바뀐 채 사용되고 있죠. 군산을 방문한 관광객들은 그 건물들을 통해 일제 강점기 때의 역사를 확인할 수 있답니다.

▲ 군산시 신흥동에 남아 있는 일본식 가옥

 **고종훈의 한국사 브리핑**

사건 핵심 분석 ▶ 산미 증식 계획

QR 코드를 찍으면 고종훈 선생님의 강의를 볼 수 있어요.

시기 ▶ 1920년~1934년
사건 주모자 ▶ 일본의 지도자들
작전 지시 내용 ▶ 쌀 생산량을 늘려 조선을 일본의 식량 공급지로 만들자.
사건의 결과 ▶ 한국 농민들의 삶은 더 어려워짐
연관 검색어 ▶ 헝그리 코리아, 수탈, 황무지 개간
역사적 중요도 ▶ ★★★★☆
시험 출제 빈도 ▶ 높음

일본은 쌀 부족 문제를 해결하기 위해 산미 증식 계획을 세웠어요.

일본은 제1차 세계 대전이 끝난 후 인구가 증가하고, 도시로 이주하는 사람도 많아졌어요. 이에 따라 쌀이 부족해졌어요. 결국 일제는 조선 쌀을 수탈하기로 하고 산미 증식 계획을 세웠어요. 황무지를 개간하고 저수지와 수리 시설을 건설했지요.

사건 관계 분석

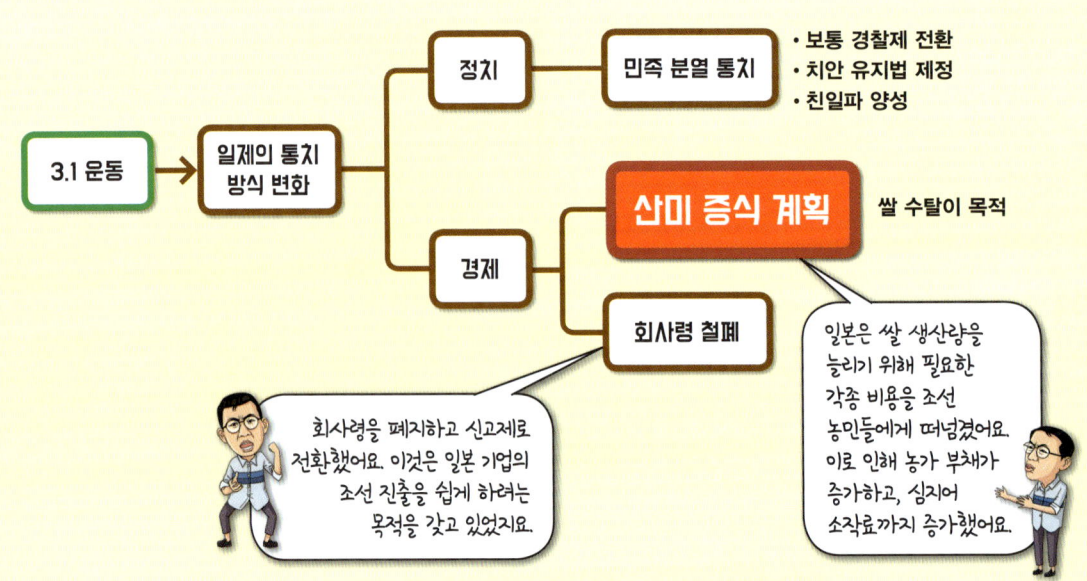

1 인물 초대석

일제가 회사령을 철폐하면서 일본에서 건너온 물건과 우리나라 기업에서 생산한 물건이 경쟁을 벌이게 됐지요. 지금 저는 우리 자본으로 설립된 국내 기업인 '경성 방직 주식회사' 앞에 나와 있습니다! 민족주의자 조만식 선생과 이야기 나눠 보도록 하죠.

실력 양성 운동이란, 우리가 일제로부터 벗어나기 위해서는 경제를 부강하게 하고, 사회·문화적으로 더 발전해야 한다는 운동입니다. 특히 선생님께서는 실력 양성 운동 중 하나인, '물산 장려 운동'을 주도하고 계신데요. 어떤 운동인지 자세히 설명해주시겠습니까?

조만식

물산 장려 운동은 우리의 경제를 발전시키기 위한 운동입니다. 1920년대에 일제가 회사령을 철폐하고, 그 후 관세를 철폐하면서 일본 기업에서 생산된 상품이 시장에 밀려 들어왔어요. 한편, 우리 민족이 세운 경성 방직 주식회사나 평양의 메리야스 공장도 있었지요. 그러나 일본 물건들이 더 질이 좋고 값이 저렴하다 보니 우리가 생산한 물건들이 잘 팔리지 않을까봐 걱정되는 상황이었어요.

그래서 **국산품**을 이용하자는 운동을 벌이게 된 거랍니다. 우리나라

실력 양성 운동 | 일제에 맞서 우리의 것을 지키다

에서 만든 물건을 사 주면 다시 그 돈이 우리 민족의 회사에게 돌아가게 되겠지요. 그럼 우리의 기업이 더 좋은 물건을 만들어 낼 수 있는 실력을 갖추게 될 뿐만 아니라, 우리의 돈이 일본 기업들에게 새어 나갈 일도 줄어들게 될 겁니다. '내 살림 내 것으로!', '우리는 우리의 것으로 살자!' 저는 이렇게 외치고 싶습니다.

물산 장려 운동
우리의 물건을 쓰도록 권장하고 격려하는 운동이라는 뜻이에요.

국산품
국내에서 생산된 물건

자본가
많은 자본금을 가지고 그것으로 노동자를 고용하여 기업을 경영함으로써 이윤을 내는 사람을 말해요.

1원
이 당시의 1원은 지금의 약 4만원 정도 되는 금액이에요.

말씀 감사합니다. 많은 사람들이 동참해 주면 좋겠군요. 시장에서 우리 물건을 구입하는 김국산 씨의 의견을 한번 들어볼까요?

김국산

처음에는 너도 나도 물건을 사는 바람에 우리 민족의 회사에서 만든 물건이 금방 떨어지기도 했죠. 하지만 운동이 오래가긴 힘들 것 같아요. 우리 물건이 비싸기도 하고 물건이 부족해져서 상품의 가격만 오른 경우가 많았거든요. 우리가 물건을 사 줘봤자, 공장을 차린 **자본가**나 상인들만 이득을 보는 건 아닐까요?

이번에는 교육 분야에서도 추진되고 있는 실력 양성 운동을 알아볼까요? '민립 대학 설립 운동'을 추진하는 이상재 선생의 연설을 들어보시죠.

이상재

여러분! 일제는 이른바 문화 통치를 한다며 우리에게 교육의 기회를 늘려준 것처럼 말하고 있지만 사실은 전혀 그렇지 않습니다. 심지어 최고의 교육 기관인 대학조차 설립되지 않았지요. 우리는 대학을 세워서 우리의 인재를 직접 키워야 합니다. **1천만** 국민이 **1원**씩만 모은다면 기적은 반드시 일어날 것입니다.

그럼 국민의 반응을 들어보도록 하겠습니다.

이문맹

주변에 대학을 다닐만큼 여유가 있는 사람들이 얼마나 될까요? 심지어 전 글자도 읽지 못한답니다. 차라리 대학 대신 한글 강습소를 짓는 게 어떨까요?

한편, 민립 대학 설립 운동 소식을 들은 일제는 서둘러 우리 민족을 위한 대학을 세워 주겠다고 나섰습니다. 대체 무슨 꿍꿍이일까요?

일본 관리

우리 대일본 제국은 조선을 위해 특별히 **경성 제국 대학**을 설립해 주겠다! 이제부터 우수한 실력을 가진 조선 학생들은 우리가 뽑아서 가르치도록 하지. 우리의 입맛에 딱 맞는 훌륭한 친일파 관리로 키우기 위해서 말이야! 하하하!

일제의 방해로 민립 대학 설립 운동은 실패로 돌아가고 말았습니다. 한편, 최근에는 직접 농촌으로 내려가 농민들을 가르치는 청년 지식인들이 늘어나고 있다는데요. 그들을 만나 어떤 일을 하는지 물어봤습니다.

청년 지식인

우리들은 주로 농사일이 끝난 저녁에 야학을 열어 농민들에게 우리의 말과 글씨, 역사와 지리 등을 가르쳤답니다. 이런 운동을 '**브나로드 운동**'이라고 한답니다. 동아일보가 이 운동에 앞장섰지요. 한편, 조선일보에서는 '문자 보급 운동'을 벌여 글자를 모르는 우리 민중들을 가르치기 위해 힘썼어요.

이처럼 다양한 형태의 실력 양성 운동이 전개되는 현장에서 김역사였습니다.

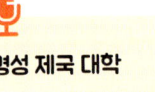

경성 제국 대학

우리의 세금으로 세워져 운영된 대학이었어요. 그러나 우리 민족이 입학하기 위해서는 무척 까다로운 조사를 받아야 했고, 입학 정원도 제한적이었답니다. 광복 후 지금의 서울 대학교로 바뀌었답니다.

브나로드 운동

'민중 속으로'라는 뜻의 러시아 어이지요. 러시아의 지식인들은 민중들을 직접 가르치고 깨우쳐 꿈꾸던 세상을 이루고자 했어요.

2 헤드라인 뉴스

민족 문화 수호 운동, 우리 역사와 문화 지킴이

자신의 모든 재산과 인생을 바쳐 우리의 역사와 문화를 지켜낸 사람들이 있다고 합니다! 일제의 역사 왜곡과 친일파들의 방해에도 이들의 열정을 막을 수는 없었는데요. 김역사 기자와 함께 민족 문화 수호 운동에 대해 알아보시죠.

우리 민족을 분열시키고 민족 문화를 말살시키려는 일제에 맞서 국내에서는 민족 문화를 지키기 위한 노력이 이어졌습니다.

대표적인 이들이 바로 주시경 선생을 비롯한 국어 학자들입니다. 일제가 일본어 교육을 강화하고 한글 사용을 금지하는 정책을 펼치자, 국어 학자들은 우리말을 지켜야 한다는 생각을 했어요. 그래서 '조선어 연구회'를 조직하여 한글을 연구하고 널리 알리는 일에 힘썼지요. 조선어 연구회에서는 1926년 '가갸날'을 제정하여 세종 대왕이 훈민정음을 창제한 것을 기리기도 했답니다. '가갸날'은 오늘날까지 이어져 '한글날'로 불리게 됐지요. 그 후 조선어 연구회는 '조선어 학회'로 이름을 바꾸어 한글을 지키기 위한 다양한 활동을 했는데요. 특히 주시경 선생과 그의 제자들은 올바른 한글 사용의 기준을 바로 잡고, 우리말이 잊혀지지

> 일제는 우리의 문화를 인정한다면서도 뒤로는 역사 왜곡을 비롯해 문화를 말살하는 다양한 정책을 펼쳤습니다!

김역사 기자

식민 사관

단군의 건국 이야기를 부정하거나, 한국 사회가 고대 노예제 사회에서 더 발전하지 못했다고 말하기도 해요. 또 우리 민족이 늘 편을 갈라 당파 싸움을 하길 좋아한다고 주장한답니다. 우리 민족은 스스로 발전할 힘이 없어 결국 우월한 일본의 식민 지배를 받을 수밖에 없었다는 내용을 담은 역사 관점이에요.

않도록 하기 위해 『우리말 큰사전』을 편찬하기 시작했답니다.

일제는 조선어 학회의 활동을 아주 못마땅해 했어요. 우리의 언어를 지키고자 하는 모습이 꼭 일제에 저항하는 것처럼 보였거든요. 결국 1942년 일제는 회원들을 대거 투옥하고 강제로 조선어 학회를 해산시키는 '조선어 학회 사건'을 일으킵니다.

하지만 조선어 학회의 노력은 헛되지 않았어요. 광복 후 '한글 학회'로 이름을 고쳐 『우리말 큰사전』의 편찬에 성공했거든요. 『우리말 큰사전』 덕분에 소중한 우리말이 다음 세대에도 잘 간직되어 전해질 수 있었습니다.

역사 연구에서도 학자들의 노력이 계속됐어요. 특히 이 무렵에는 일제가 한국사를 왜곡하지 못하도록 하는 것이 급선무였어요. 조선 총독부에서 만든 친일파 학자들이 참여하여 만든 '조선사 편수회'는 일제의 역사 왜곡을 부추기고 **식민 사관**을 주장했지요.

그러자 민족주의 역사가들은 일제의 역사 왜곡에 대항하기 위해 '진단 학회'를 만들기도 하고, 민족의 우수함을 강조하는 역사서를 쓰기도 했습니다. 신채호는 『조선 상고사』라는 책을 통해 우리의 고대사를 연구했습니다. 또한 박은식은 『한국독립운동지혈사』를 지어 일본에 대항한 역사를 정리하기도 하기도 했어요.

한편, 예술 분야에서도 민족의 문화와 얼을 담은 작품들이 등장했습니다. 민족주의 예술가들은

▲ 박은식의 『한국독립운동지혈사』 제호와 친필 서문

최남선, 이광수, 서정주 등의 작가들이 친일 문학을 할 때에도 꿋꿋이 독립을 염원하는 저항 문학 작품을 남겼지요. 대표적인 시인으로 「진달래꽃」과 「초혼」을 쓴 김소월, 「광야」를 쓴 이육사, 「하늘과 바람과 별과 시」를 쓴 윤동주, 「님의 침묵」을 쓴 한용운 등이 있어요.

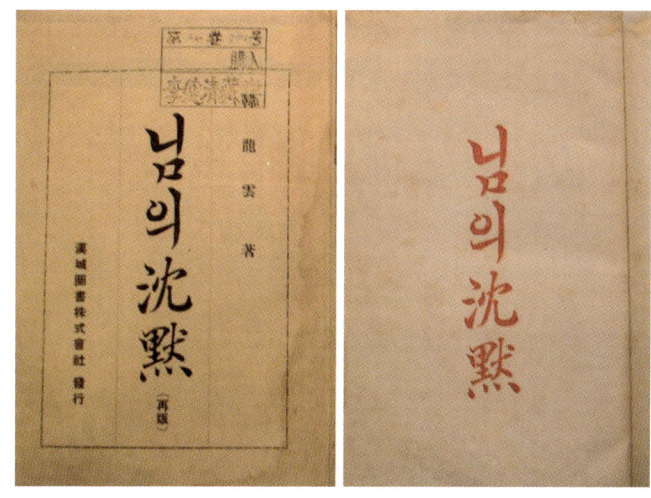

▲ 한용운의 『님의 침묵』 1926년 초판본(오른쪽)과 1934년 재판본(왼쪽)

음악에서는 윤극영의 「반달」과 홍난파의 「봉선화」 등이 우리 민족이 처한 상황을 잘 표현해 주었어요.

영화 분야에서는 나운규가 우리 민족의 애환을 그린 「아리랑」을 만들었어요. 미술가 이중섭 역시 소를 주제로 한 작품들을 통해서 향토적이면서도 민족의 폭발적인 힘이 느껴지는 그림을 그렸습니다.

문화 연구를 하거나 예술 작품을 남긴 것은 아니었지만, 우리 문화재를 지키는 데 크게 기여한 사람도 있습니다. 바로 간송 전형필이에요. 그는 한국의 중요 문화재가 일본에 넘어가는 것을 막기 위해 전 재산을 썼답니다. 그가 지켜낸 문화재 중에는 한글 창제의 원리를 담은 『훈민정음 해례본』과 신윤복의 그림 등이 있습니다.

일본과 총칼로 맞선 것은 아니었지만, 우리의 문화를 지키려고 노력한 것 역시 훌륭한 독립운동이 아니었을까요?

죄수 번호 264번, 저항 시인 이육사

김역사 기자

1944년, 한국에서 멀리 떨어진 베이징의 한 교도소. 이곳에서 우리의 위대한 민족 시인이 눈을 감았습니다. 그의 이름은 바로 이육사. 그가 마흔 하나라는 이른 나이에 숨을 거두고, 그 다음 해에 광복을 맞이하게 되어 더욱 안타깝지요. 오늘은 이육사의 생애에 대해 알아보겠습니다.

이육사는 친가와 외가 모두 일제에 저항했던 대쪽 같은 선비 집안에서 태어났답니다. 그는 앞선 독립운동가들의 항일 투쟁에서 큰 깨달음을 얻고, 형제들과 함께 의열단에 가입했습니다. 이육사와 형제들은 중국 베이징을 오가며 국내 소식과 군자금을 전달하는 등의 활동을 했지요.

그러다 1927년에 '조선은행 대구 지점 폭파 사건'의 주동자로 휘말리게 되어 이육사와 형제들이 일본 경찰에 붙잡히게 됩니다. 일본 경찰들은 이들 형제가 사건을 계획하고 폭탄을 운반한 것으로 사건을 조작하려고 했지만, 진짜 주동자였던 장진홍 의사가 잡히게 되어 2년 4개월 만에 석방되었어요. 이육사는 이때의 죄수 번호였던 264번을 따서 자신의 이름을 육사라고 지은 거랍니다. 원래 이름은 이원록이에요.

모진 고문 끝에 병을 얻은 이육사는 휴양을 하며 건강을 회복해야 할 정도였어요. 그러나 이미 일본에 요주의 인물로 찍힌 터라 굵직한 사건이 있을 때마다 번번이 일본 경찰에게 끌려가 투옥을 당하곤 했죠. 1929년 광주 학생 항일 운동 때도 투옥되었다가 풀려났고, 1934년에도 서울에서 일본 경찰에게 붙잡혔다가 풀려났지요. 이런 식으로 감옥에 투옥된 횟수가 무려 열일곱 차례나 된다는군요.

일본이 그를 요주의 인물로 여길 수밖에 없었던 이유가 있어요. 살아생전 정말 쉼 없이 독립운동에 참여했거든요. 그는 중외일보의 기자로 활동하기도 하고, 중국 독립운동 기지의 조선 군관 학교에서 독립 투쟁을 준비하며 군사 훈련을 받기도 했습니다. 적 몰래 통신하는 법, 폭발물을 설치하고 터뜨리는 법 등의 훈련을 받았을 뿐 아니라, 끝없이 만주를 오가며 국내외 소식을 전하고 독립군을 모집하기 위한 비밀 임무를 계속 수행했지요. 그러느라 이육사의 건강은 더욱 나빠졌어요.

그러자 이육사는 시를 비롯한 다양한 글을 쓰며 민족 시인으로서의 활동을 이어갔어요. 시를 통해서

민족의 정신을 일깨우고 일제에 끝까지 저항하겠다는 의지를 다졌던 거예요. 이 무렵 이육사가 쓴 「절정」, 「청포도」, 「광야」 등의 작품은 광복을 꿈꾸는 이들에게 크나큰 용기를 주었습니다. 이육사의 시 중에서 한 편을 감상해 보시죠.

광야

까마득한 날에/하늘이 처음 열리고/어디 닭 우는 소리 들렸으랴.
모든 산맥들이 바다를 연모해 휘달릴 때도/차마 이곳을 범하던 못하였으리라 ······
다시 천고의 뒤에/백마 타고 오는 초인이 있어/이 광야에서 목놓아 부르게 하리라.

그의 시를 읽은 사람들은 나라를 사랑하는 뜨거운 마음으로 일제 강점기라는 어둠 속을 헤치고 나아가겠다는 시인의 굳은 의지를 느낄 수 있었어요.

그 후 이육사는 영문도 모르는 채 경찰에 붙잡혀 베이징의 교도소에 투옥되었습니다. 그리고 1944년 1월 16일 새벽 5시에 세상을 떠나고 말았지요. 갑작스럽게 그가 죽었다는 소식에 동생 이원창이 황급히 베이징으로 향했지만 이미 때는 늦었어요. 일본 영사관은 가족이 이육사의 시신을 확인하기도 전에 화장해 버렸거든요. 이육사의 유해는 처음에는 미아리 공동 묘지에 안장했다가 광복 후 안동시에 이장했어요. 1990년에 나라에서는 그에게 '건국훈장 애국장'을 내렸지요.

 고종훈의 한국사 브리핑

사건 핵심 분석 ▶ 실력 양성 운동

QR 코드를 찍으면 고종훈 선생님의 강의를 볼 수 있어요.

시기 ▶ 1920년대
사건 배경 ▶ 지긋지긋한 식민지 상태를 벗어나기 위해
단체 구호 ▶ 실력이 있어야 독립도 한다!
사건 내용 ▶ 국산품 애용 운동. 민립 대학 설립. 문자 보급 운동 등
성공 여부 ▶ 큰 성과는 거두지 못했음
역사적 중요도 ▶ ★★★★☆
시험 출제 빈도 ▶ 높음

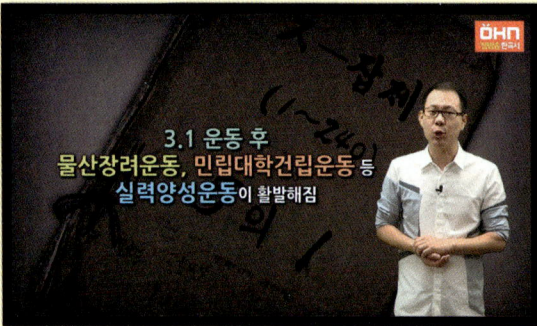

3.1 운동 후 실력 양성 운동이 활발해졌어요.

대표적인 실력 양성 운동은 물산 장려 운동이에요. 물산 장려 운동은 조선 사람이 조선의 물건을 쓰도록 권장하고 격려하는 운동입니다. 또 민립 대학 건립 운동이 벌어졌는데, 민족의 실력을 키우기 위해 대학을 설립할 것을 주장하는 운동이었어요.

사건 관계 분석

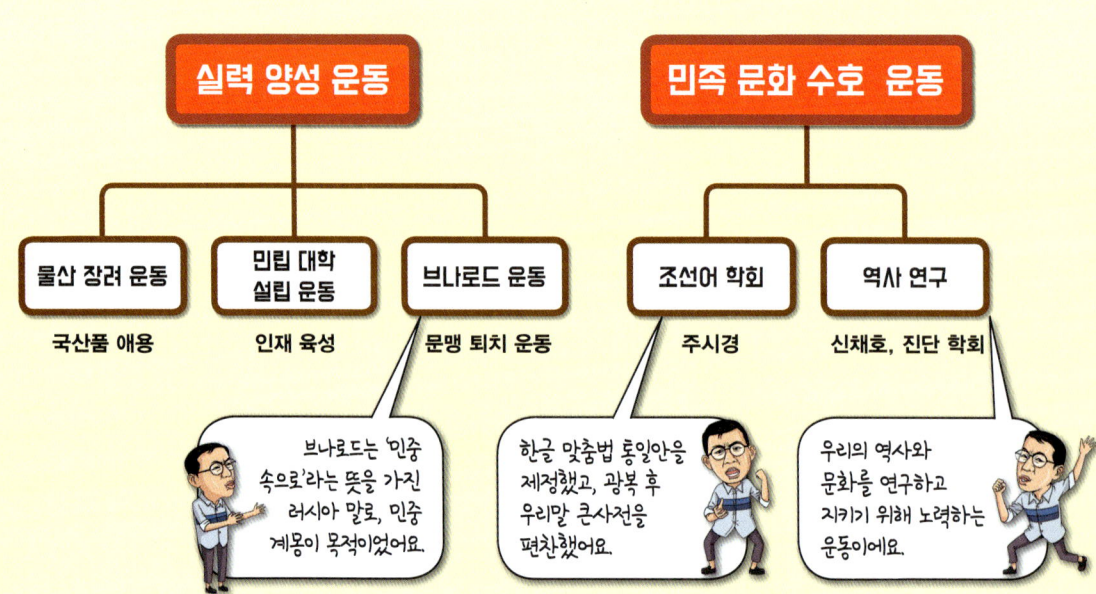

1 심층 취재

독립을 위해 하나가 되다! 신간회 창설!

이곳은 **신간회**의 창립 총회가 열린 경성 기독교 청년회 회관입니다. 국내 주요 독립운동가들과 신문 기자들, 그리고 무려 1천여 명의 방청객이 모여 있는데요. 이곳에 모인 이들은 서로의 생각은 다르지만 하나가 되어 독립운동을 추진해 나가기로 결의한 상황입니다.

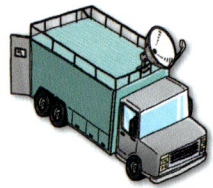

1927년, 우리 민족을 대표하는 최대 규모의 항일 운동 단체인 '신간회'가 탄생했습니다!

김역사 기자

일제의 이른바 문화 통치가 시작된 후 우리 민족은 드디어 다양한 독립운동 단체를 만들 수 있게 됐습니다. 이때 만들어진 대표적인 운동 단체 중 하나가 바로 '신간회'입니다. 신간회는 서로 다른 사상을 가진 사람들이 하나로 모여 만든 단체라는 점이 인상적이에요.

이 무렵 유행했던 사상은 크게 두 가지로 볼 수 있습니다. 먼저 친일파들이 주장했던 '자치론'이에요. '자치론'을 주장하는 사람들은 일본보다 우리의 문화 수준이 낮고, 실력이 부족해서 식민지가 된 거라고 말합니다. 그래서 자치론자들은 일제의 식민지를 받아들이고 일제에게 우리의 권리를 조금만 더 인정받자는 식의 주장을 펼쳤어요. 심지어는 한국인에게 '일본인처럼 되자.', '일본인이 되자.'라는 말을 하는 사람도 있었죠.

기존의 독립운동 세력들은 친일파들의 '자치론'을 어떻게 받아들였을까요? 당시 국내에 있던 독립운동가들은 크게 '민족주의 세력'과 '사회주의 세력'으로 나뉘어 있었는데, 그중 민족주의 세력은 우리 민족의 독립과 발전을 주장하는 사람들이었지요. 그런데 민족주의 세력의 일부가 친일파들의 자치론을 주장하면서 민족주의 세력이 두 세력으로 나뉘게 되었어요. 일제와 타협할 수 없다는 비타협적 민족주의자들, 그리고 일제와 타협하자는 자치론자들로 말이죠.

신간회

신간회라는 이름은 '고목신간(古木新杆)'이라는 말에서 따왔어요. 오래된 나뭇가지에서 새로운 줄기가 나왔다는 뜻이지요.

　그 무렵 자치론과 더불어 유행했던 또 다른 사상은 바로 사회주의 사상입니다. 사회주의 사상은 자본주의 사상에 반대하는 사상이에요.

　자본주의 사상은 개인의 사유 재산을 인정하고 자유롭게 경쟁하도록 나라에서 내버려둬야 한다는 사상이에요. 그럼 알아서 경제가 발전할거라고 생각하는 겁니다. 왜냐하면 회사의 사장은 회사의 이익을 위해 최대한 노력할 거고, 사람들은 돈이 아깝지 않은 물건을 사기 위해 노력하겠죠? 노동자들은 돈을 벌기 위해 더 열심히 일할 테고요. 즉 '돈(자본)'이 알아서 하도록 모든 것을 맡기자는 것이지요.

　반면, 사회주의 사상은 국가가 생산 수단을 소유하고 경제 문제를 해결해야 한다고 보는 사상이에요. 자본주의 사상대로 세상 돌아가는 것을 봤더니 문제점이 한두 가지가 아니었거든요. 힘 있는 사람들이 힘없는 사람들을 악착같이 부려먹으며 이익을 전부 가로채기도 하고, 더 강한 나라가 더 약한 나라를 식민지로 삼기도 했죠. 그걸 멈추기 위해서는 노동자들이 혁명을 일으켜 세상을 바꿔야 한다는 거예요. 나라가 적극적으로 개입하여 땅을 나눠 주거나 공장을 운영하는 일을 관리하고, 모

코민테른
전 세계 사회주의자들이 모여 만든 조직이에요. 공산당은 사회주의 사상이 실현되길 바라는 사람들의 모임이에요. '공산'이란 모든 재산을 다 같이 관리하고 나누는 것을 뜻해요.

기회주의
일관된 입장을 가지지 않고 그때그때 정세에 따라 행동하는 경향

든 사람들에게 이익을 공평하게 나눠 줘야 한다는 겁니다.

그러면 우리나라에 사회주의 사상이 어떻게 들어오게 된 걸까요? 그건 러시아에서 벌어진 노동자 혁명 때문이었어요. 그전에도 몇몇 독립운동가들은 사회주의에 관심이 많았는데요. 러시아에서 노동자 혁명이 성공하는 것을 보고 나서 큰 자극을 받게 됐어요. 더구나 그 후 **코민테른**에서 식민 지배를 받는 약소 국가들을 지원하겠다는 약속을 하자 더욱 마음이 기울었어요.

우리나라의 사회주의자들은 단번에 "노동자 혁명을 일으키자."라는 주장을 하진 않았어요. 왜냐하면 노동자와 농민이 주인이 된 세상이 오려면, 우선 그들을 괴롭히는 일본인 자본가와 지주들과 맞서 싸워야 했기 때문이에요.

이러한 사회주의자들과 일제와 타협하지 않은 민족주의자들이 힘을 합쳐 1927년에 신간회를 창설하게 된 거예요. 새로운 세상의 문물을 두루 경험하며 민족주의 운동을 해왔던 이상재가 회장직을 맡았고요. 소설 「임꺽정」의 작가이자, 사회주의자였던 홍명희가 부회장을 맡았어요. 신간회에서 주장했던 강령을 한번 살펴보시죠.

> 1. 우리는 정치적·경제적 각성을 촉진한다.
> 2. 우리는 단결을 공고히 한다.
> 3. 우리는 **기회주의**를 일체 부인한다.

신간회의 창립 총회는 우리나라의 대표 지식인들은 물론, 수많은 계

층의 사람들이 참가한 성대한 자리였습니다. 본부가 세워진 후 전국에 140개의 지역 조직이 생겨나고, 회원수도 2만여 명에서 4만여 명까지 늘어났지요.

신간회는 다양한 분야에서 활약한 단체였어요. 우선 사회주의자들과 뜻을 함께하는 만큼 노동자들의 파업 투쟁이나 농민들의 소작 **쟁의**를 적극적으로 도와줬어요. 또한 여성 운동을 비롯해 가난하고 소외된 계층을 돕는 사업을 꾸준히 계속하여 당시 사회의 문제에 대해서도 관심을 가지고 해결하고자 했지요. 특히 신간회에서는 야학이나 강연회를 열어서 우리나라 사람들이 일제에 대항하기 위한 힘을 기를 수 있도록 지식과 사상을 전파하는 데 힘썼답니다. 학생들이 식민지 교육에서 벗어날 수 있도록 동맹 휴학을 할 때 힘을 보태기도 했지요. 만주의 독립군들에게 군자금을 보내기도 했답니다.

그러나 곧 신간회에도 시련이 닥치게 되었어요. 신간회에서 전 민족 차원의 대규모 민중 대회를 열기로 되어 있었는데, 대회 하루 전날 일본 경찰에 발각되어 신간회 지도자들을 잡아가 버린 거예요. 그러한 가운데 일제에 대항하기 위해 민족주의자들과 손을 잡았던 사회주의자들이 국제 사회주의 조직의 영향을 받아 따로 단체를 만들고 싶어 했어요. 결국 총 투표를 통해 1931년에 신간회는 **해소**를 결정하게 됐죠.

4년 남짓한 기간동안 유지되었던 신간회는 생각과 계층의 차이를 뛰어넘어 우리 민족의 단결된 힘을 보여준 단체였어요. 또한 일제 식민지 통치 아래에서 생긴 최대 규모의 합법적인 항일 사회 운동 단체라는 점에서 큰 의미가 있답니다!

쟁의
서로 자기 의견을 주장하며 다툼

해소
보다 발전적인 모습을 보이기 위해서 해체하는 것을 말해요.

2 인물 초대석

생방송 한국사

농민과 노동자들, 참을 만큼 참았다!

얼마 전 사회를 뜨겁게 달군 핫이슈는 바로 소작 쟁의와 노동 쟁의입니다. 농민과 노동자들의 이러한 쟁의에서 나온 주장에 전 국민의 관심이 쏟아지고 있습니다. 오늘 인물 초대석에서는 소작농과 노동자를 모시고 생생한 저항의 목소리를 들어보겠습니다!

요즘 일본 경찰들이 농민과 노동자들 때문에 애를 먹고 있다는데요. 사회주의자들이 농민과 노동자들을 도와 조직을 세울 수 있도록 하다보니 더욱 거센 저항이 가능해졌다고 합니다. 먼저 소작농 유씨의 이야기를 들어볼까요?

소작농 유씨

일제의 국권 강탈 후 가장 힘든 생활을 한 건 우리 농민들이에요. 처음에는 토지 조사 사업을 실시한다면서, 조상 대대로 내려온 땅을 주인이 없다고 빼앗아 갔지요. 그리고 1920년이 되자 자기네 나라에 먹을 쌀이 부족하다며 산미 증식 계획을 실시한다고 하더라고요? 그 결과 우리 농촌에서는 먹을 쌀도 부족해지고 산더미 같은 세금을 떠안아야 했습니다. 뼈 빠지게 농사를 지었는데 아무것도 남는 게 없더라고요!

특히 어떤 종류의 세금이 가장 부담이 됐습니까?

86 신간회 | 일제에 맞서 단결하자!

 새로 땅 주인이 된 일본 사람들은 더 높은 소작료를 걷지 못해서 안달이라니까요! 심지어 비료값, 수로 관리비까지 전부 다 저희더러 내라고 하지 뭡니까! 더 이상은 참을 수가 없었죠!

암태도
전라도 지역에 위치한 작은 섬이에요.

1923년에 일어난 암태도 소작 쟁의에 참여했다고 들었습니다.

 그렇습니다. 우리 지역 땅은 대부분 문재철이라는 지주의 것이었는데요. 그 자는 무려 소작료를 70%나 받으려고 했지요. 우리들이 단체로 뭉쳐서 소작료를 안 내겠다고 하니까 경찰이 주동자들을 잡아 재판에 넘겼지 뭡니까. 화가 난 저와 다른 농민들 6백여 명은 재판소를 찾아가서 시위를 계속했지요. 지주와 일본 사람들은 주동자들을 풀어 주겠다면서 시위를 해산시키려고 했지만, 알고 보니 그건 거짓 약속이었습니다. 우리는 계속해서 단식 투쟁을 벌였고, 그 과정에서 경찰들에게 맞거나 체포를 당하기도 했습니다.

암태도 소작 쟁의 이후 한 해 동안 전국에서 백 건도 넘는 소작 쟁의가 발생했다고 하는데요. 이것이 암태도 소작 쟁의에 어떤 영향을 주었나요?

 소작 쟁의에 신문과 사회 단체들이 주목했고, 다른 지역 농민들도 투쟁 의지를 보였어요. 결국 1년 만에 소작료를 40%로 낮출 수 있었습니다.

소작농 유씨의 이야기를 잘 들었습니다. 이번에는 노동자 강씨의 이야기를 들어볼까요? 우리나라 노동자들의 사정은 어떠한가요?

노동자 강씨

1920년대에 일제가 회사령을 철폐하면서, 일본인들과 우리나라 자본가가 세운 공장이 많이 들어서게 되었고, 공장에서 일하는 노동자의 수도 많아졌지요. 하지만 공장에서 일하는 우리나라 노동자들에 대한 대접은 형편없었습니다. 우선 작업 환경이 무척 좋지 않았습니다. 또한, 하루 열두 시간 이상 죽어라 일을 하는데도 받는 돈이 너무 적었답니다. 도저히 먹고 살 수가 없었어요. 그래서 우리도 들고 일어난 거예요.

조합
여러 가지 공동의 목적을 이루기 위하여 만든 조직이나 단체

노동 쟁의는 어떤 식으로 이루어졌습니까?

주로 우리들은 노동 **조합**을 조직해서 공장 측에 요구 사항을 말했지요. 특히 툭하면 우리나라 노동자를 때리는 일본인 감독들에게 불만이 컸답니다. 그중에서 원산 노동자 총파업은 정말 대대적인 규모의 노동 쟁의였어요. 그런데 회사가 문제를 해결해주긴 커녕 파업한 노동자들을 해고시켜 버렸는데요. 화가 난 노동자들은 다른 지역의 공장과 힘을 합쳐 총파업을 벌였답니다. 온 도시가 80일 동안 일본 자본가와 조선 총독부에 맞섰지요. 그 결과 전국에 있는 공장들이 파업에 동참하고, 이들의 투쟁에 격려 기금을 보내기도 했답니다.

지금까지 먹고 사는 게 막막해서 시작했던 투쟁에서 시작해 항일 투쟁으로 변해간 소작 쟁의와 노동 쟁의에 대해 이야기 나눠 봤습니다.

여성들이여 깨어나라! 근우회

30대 주부인 정부인은 요즘 저녁마다 여성 단체인 근우회를 나간답니다. 근우회에서 하는 야학 수업을 듣기 위해서예요. 그런데 오늘따라 친구 한 명이 보이지 않더라고요. 무슨 일인지 물었더니 공장에 일을 하러 나가야 해서 나오지 못했던 거래요. 정부인은 가슴이 아팠습니다. 왜냐하면 정부인 역시 한때는 차별을 받던 여성 노동자였기 때문이에요.

정부인은 공부를 잘했지만, 고등 보통학교에는 갈 수 없었어요. 어른들이 여자아이가 무슨 공부를 배우냐며 크게 호통을 쳤기 때문이지요. 그 후 정부인은 결혼을 하여 아이를 낳았지만 집안 살림이 어려워 공장의 노동자로 일하러 나갔어요. 공장 노동자 4명 중 1명이 여성이었지만 월급은 남성의 절반 밖에 받지 못했지요. 집에 돌아오면 아이를 돌보고, 집안일을 하는 것 역시 전부 정부인의 몫이었어요. 아이를 돌봐 줄 사람이 없었기 때문이에요.

그러던 어느 날 정부인은 근우회에서 펴낸 잡지인 '근우'를 읽고 생각이 달라졌어요. 잡지에는 모든 여성들은 차별받아서는 안 되며, 많은 것을 배우고 익혀서 깨어나야 한다는 내용이 담겨 있었습니다. 그리고 전국에 무려 150개나 되는 단체가 있고, 그 단체들이 활발하게 여성 운동을 한다는 사실 또한 알게 됐어요. 이러한 생각을 가진 단체들이 모여서 1927년 5월에 여성 단체인 근우회가 생겼던 거지요.

오늘 저녁 근우회에 강연을 온 선생님은 "우리 여성들도 모두 단결하여 일제에 저항해야 합니다. 우리 근우회는 신간회와 더불어 광주 학생 항일 운동을 적극적으로 지원할 것입니다."라고 말했습니다. 강연회가 끝나자 정부인은 글을 읽을 줄 모르는 다른 친구들에게 글을 가르쳐 주기도 하고, 자수, 염색, 재봉 기술을 배우기도 했습니다. 수업이 끝난 후 정부인은 파업한 여성 노동자들을 위한 성금함에 돈을 넣은 후 뿌듯한 마음으로 집에 돌아갔답니다.

 고종훈의 한국사 브리핑

사건 핵심 분석 ▶ 신간회

QR 코드를 찍으면 고종훈 선생님의 강의를 볼 수 있어요.

설립 시기 ▶ 1927년
단체명 ▶ 신간회
설립 이유 ▶ 항일 투쟁, 민족의 단결!
지역 조직 수 ▶ 140여 개
회원수 ▶ 최대 4만여 명
특징 ▶ 민족 최대 규모의 합법적인 항일 단체
역사적 중요도 ▶ ★★★★☆
시험 출제 빈도 ▶ 높음

1927년 항일 운동 단체인 신간회가 탄생했어요.

1927년 사회주의자들과 비타협적 민족주의자들이 힘을 합쳐 새로운 독립 단체를 만들었어요. 이 단체의 이름은 신간회로 우리 민족을 대표하는 최대 규모의 항일 운동 단체입니다. 국내외 140여 개의 조직을 가졌고, 회원은 4만 명이 넘었어요.

신간회는 노동 운동과 농민 운동을 지원했어요.

일제 강점기에는 소작농이 많았어요. 때문에 이 시기의 농민 운동의 대부분은 소작료를 낮춰 줄 것을 요구하는 소작 쟁의의 형태였죠. 신간회는 농민들의 소작 쟁의를 적극적으로 도와주었습니다. 그리고 노동자들의 파업 투쟁도 지원했어요.

신간회는 각계각층의 사회 운동을 적극적으로 지원했어요.

신간회는 학생 운동, 청년 운동, 여성 운동 등에도 적극적으로 참여했어요. 특히 야학이나 강연회를 열어서 지식과 사상을 전파하는 데에도 힘썼지요. 그리고 광주 학생 항일 운동 당시 진상 조사단을 파견하기도 했답니다.

1 헤드라인 뉴스

생방송한국사

학생들이 독립운동에 나서다. 6.10 만세 운동

이곳은 종로 창덕궁 돈화문입니다. 순종의 장례식이 있는 날인데요. 일본 경찰들이 경계 태세를 늦추지 않고 있는 상황입니다. 한편, 슬퍼하는 시민들 사이로 순종의 상여가 지나가는 가운데 학생들끼리 눈빛을 주고받고 있습니다. 과연 무슨 일이 벌어지려는 걸까요?

순종은 1926년 4월 25일 심장마비로 승하하였으며, 아버지 고종 황제가 잠든 홍릉 근처 유릉에 안장되었습니다.

김역사 기자

3.1 운동 이후 한동안 국내외의 독립운동은 의욕적으로 전개됐습니다. 그러나 일제의 경제 침탈과 민족 분열 통치를 이겨내기란 쉽지 않았습니다. 독립운동가들의 생각이 서로 달랐을 뿐 아니라, 운동 세력들이 여기저기 흩어져 있어 민중의 힘을 하나로 모으기도 힘든 상황이었거든요. 이때 침체되어가는 항일 운동의 분위기를 뒤엎는 결정적인 사건이 발생하였어요. 바로 6.10 만세 운동이에요.

1926년 6월 10일, 대한 제국의 마지막 황제이자, 이름뿐인 왕이었던 순종의 장례식이 열릴 예정이었습니다. 온 국민이 나라 없는 설움으로 슬퍼하며 장례식에 몰려들었어요. 독립운동가들에게는 다시 한 번 3.1 운동 같은 민족 운동을 일으킬 수 있는 기회였어요. 일본 경찰의 입장에서는 그런 상황만큼은 무슨 수를 써서라도 막아야 했지요.

92 광주 학생 항일 운동 | 다시 한 번 전국 규모의 항일 운동을 이끌어내다

일제는 이 날을 대비해 군인 7천여 명을 수도 경성에 배치했고, 심지어 인천과 부산에는 함대를 **정박**시키기까지 했습니다. 특히 시위를 준비하는 독립운동가들이 있으면 모조리 검거하여 싹을 제거하려 했어요. 그러다 보니 만세 시위를 준비 중이었던 사회주의 단체와 종교인들을 비롯한 기존의 독립운동가들은 이미 경찰에 잡혀가 버린 터라, 운동을 주도할 사람들이 없는 상황이었어요.

이때 만세 운동을 예정대로 준비한 이들은 바로 학생들이었습니다. 6.10 만세 운동이 벌어지기 하루 전 날, 학생들은 비밀리에 모여 태극기를 만들고, 독립 만세 **격문**을 인쇄하여 나눠 가졌어요.

정박
배가 닻을 내리고 머무름

격문
어떤 일을 여러 사람에게 알리어 부추기는 글

마침내 6월 10일, 순종의 상여가 종로를 지나갈 때였어요. 군중 속에 섞여 있던 학생들은 "일본 제국주의 물러나라!"라는 구호를 외치며 만세 시위를 시작했습니다. 장례식에서 통곡하던 시민들은 순식간에 시위 운동에 가담하여 힘을 모았어요. 일본 경찰들은 무자비하게 시민들을 진압하고 체포했어요.

6.10 만세 운동을 주도해 이끌었던 학생들은 일제의 탄압에도 불구하고 더욱 끈질기게 항일 운동을 이어갔어요. 또한 학생들의 용기에 자극을 받은 민족 독립운동가들은 서로 다른 생각을 가진 세력일지라도 하나로 힘을 모아야 한다는 사실을 깨닫게 됐어요. 이는 신간회가 결성되는 데 큰 영향을 끼쳤답니다.

▲ 6.10 만세 운동

2 인물 초대석

*생방송*한국사

광주 학생 항일 운동이 일어나다!

속보입니다! 광주에서 나주로 향하는 통학 열차 안에서 한국 학생과 일본인 학생들 간에 싸움이 벌어졌다고 합니다. 그런데 이 싸움으로 3.1 운동 이래 최대의 항일 운동이었던 '광주 학생 항일 운동'이 시작될 줄 누가 알았을까요?

1929년 10월 30일, 광주를 출발하여 나주역으로 향하는 열차에는 주로 누가 타고 있었나요?

나한국

대부분 한국 남학생들이 다니는 광주 고등보통학교 학생들과 한국 여학생들이 다니는 광주 여자 고등보통학교 학생들, 그리고 일본인들이 다니는 광주 중학교 학생들이었습니다.

그런데 한국 학생과 일본 학생들은 왜 싸움을 하게 된 걸까요?

박기옥

저랑 제 친구 광춘이의 뒤를 따라다니면서 일본인 남학생들이 괴롭히는 거예요. 그 남자애들은 저희의 댕기 머리를 잡아당기기도 하고 기분 나쁜 말로 놀리기도 했어요. 그때 마침 제 사촌 동생인 박준채가 이 모습을 보게 된 거죠.

광주 학생 항일 운동 | 다시 한 번 전국 규모의 항일 운동을 이끌어내다

박준채 군, 사촌 누나가 괴롭힘 당하는 장면을 보고 어떻게 했나요?

박준채

저는 일본 학생들이 힘없는 한국 여학생들을 괴롭히는 모습을 보니 화가 나더라고요. 그래서 결국 참지 못하고 한 대 때리고 말았어요. 그런데 그들은 사과를 하긴 커녕 오히려 저희를 **조센진**이라면서 비웃었습니다. 그때 뒤에서 우리의 싸움을 지켜보던 한국 학생들과 일본 학생들이 싸움에 끼어들게 되었고 싸움은 점점 격렬해졌어요.

학생들이 싸우는데 경찰이 나타나서 말리지 않았나요?

일본 경찰이 나타나서 싸움을 중단시키긴 했죠. 하지만 우리 얘기는 들어주지도 않고 일본인 학생들 편만 들고 한국인 학생들을 마구 때리고 체포했어요. 그리고 그 후에는 더 기가 막힌 일이 벌어졌습니다. 광주일보라는 신문에서 한국 학생이 일본 학생을 때렸다는 식의 기사를 실은 거예요.

우리 학생들은 참고 넘어갈 수가 없었습니다! 우리 학생들의 분노는 사실 오래 전부터 쌓여온 것이었어요. 이미 6.10 만세 운동을 통해 독립운동을 이끌어가는 주인공이 되어본 적이 있었으니 더욱 이대로 넘어갈 수 없었죠. 그러던 중 1929년 11월 3일 일요일이 되었어요.

말씀하신 1929년 11월 3일은 우리와 일본에게 무척 중요한 날이었다고 하는데요. 조선 총독부의 발표를 들어볼까요?

총독부 관리

오늘은 우리 대일본 제국 **메이지 천황**님의 생신을 기념하는 날이다! 집집마다 일본의 국기를 내걸고, 기념식에 반드

조센진

조선인 또는 한국인을 뜻하는 일본어예요. 본래의 뜻에 인종 차별적인 의미는 없었으나, 일제 강점기 이후 한국인에 대한 멸시의 단어로 쓰이게 되지요.

메이지 천황

일본의 메이지 천황은 일본을 근대화시킨 왕으로 일본 국민들에게 존경받고 있어요. 그의 개혁 정책을 메이지 유신이라고 한답니다.

신사 참배

일본은 한국인들이 천황을 신처럼 떠받들게 하기 위해 일본의 종교 사원인 신사에 절을 올리게 했어요.

성진회

광주 지역 학생들은 성진회, 독서회, 소녀회 같은 비밀 학생 운동 단체를 만들어서 항일 운동을 해나갔어요. 성진회는 광주 학생들의 시위를 전국적인 항일 학생 운동으로 확산시키는 데 큰 역할을 했답니다.

시 참석해 일본 국가인 '기미가요'를 부르도록 해라. 비록 일요일이지만 학생도 학교에 나와 **신사 참배**를 해야 한다.

한편, 광주 지역의 학생들은 이러한 조선 총독부의 발표를 따르지 않을 것이라고 하는데요. 그 이유가 무엇인지 성진회의 학생에게 물어봤습니다.

성진회 학생

11월 3일이 어떤 날인지 아십니까? 저희에게는 음력 10월 3일, 즉 단군이 고조선을 건국했음을 기념하는 날인 '개천절'이라고요. 우리 민족의 시조를 기리는 날에 일본 천황의 생일을 축하하라는 게 말이 됩니까? 우리는 신사 참배도 안 하고 기미가요도 부르지 않을 겁니다.

일제에 맞서는 학생들의 용기가 정말 대단합니다. 그런데 이 날도 일본인 학생들과 충돌이 있었다죠?

신사 참배를 끝나고 돌아가던 일본인 학생들이 박준채 군이 다녔던 광주 고등보통학교의 학생들을 칼로 찌르는 일이 벌어졌거든요. 한국인 학생들은 길 한복판에서 그들과 싸움을 벌였어요. 소식을 들은 일본인들은 야구 방망이 같은 것을 들고 광주역으로 가서는 아무 상관없는 한국 학생들까지 공격하는 만행을 저질렀죠. 이대로 넘어갈 수는 없더라고요. 저와 수백 명의 학생들은 광주 시내를 행진하며 시위를 벌였고, 이 모습을 본 여러 시민분들도 저희와 함께 하였어요. 결국 조선 총독부에서는 광주 시내 학교 전체에 강제 휴교 조치를 내렸죠.

광주 학생 항일 운동 | 다시 한 번 전국 규모의 항일 운동을 이끌어내다

한편, 광주 학생 항일 운동 소식이 널리 퍼지게 되자, 신간회 등의 독립운동 단체에서는 **진상 조사단**을 파견하여 학생들을 후원하고 힘을 보태주고 있다고 합니다. 신간회 회원에게 상황을 들어보겠습니다.

신간회 회원

신간회와 학생들은 일제에게 부당하게 처벌을 받은 학생들을 풀어줄 것을 요구했고, 우리나라의 광복과 식민 통치를 반대하는 구호를 외쳤습니다. 학생들은 식민지 교육을 반대한다고 외치기도 했습니다. 운동은 점차 전국적인 규모로 커져서 다음 해 5월까지 이어졌는데요. 수많은 학교들이 **동맹 휴학**에 참여했답니다. 190여 개에서 320여 개 정도의 학교에서 5만여 명의 학생들이 참여했고, 3천여 명의 학생들이 학교에서 쫓겨나는 처분을 받았습니다. 나중에는 나라 밖까지 운동이 퍼져 나가 만주와 일본의 학생들까지 들고 일어났지요. 광주 학생 항일 운동이 이처럼 확산될 수 있었던 것은 신간회 같은 단체의 도움도 있었지만, 학생들의 애국심과 용기 덕분이었다고 생각합니다.

광주 학생 항일 운동은 3.1 운동 이후 최대 규모의 항일 민족 운동이었습니다. 이렇게 광주 학생 항일 운동이 폭발적인 반응을 얻자 일제는 언론을 통제했습니다. 또한 민중 대회를 개최하려고 했던 신간회를 검거하여 지도자들을 모조리 잡아가기도 했죠. 이로 인해 신간회는 해소의 길을 걷게 됩니다. 그러나 학생들은 그 후로도 항일 투쟁을 이어 나가면서 비밀 조직을 만들어 독립운동에 참여했답니다.

진상 조사단
일이 일어난 그대로의 상황이나 내용을 밝히고자 하는 단체를 말해요.

동맹 휴학
학생들이 뜻을 모아 수업을 거부하고 시위를 벌이는 거예요.

스페셜뉴스 취재 수첩

여성 독립운동가들을 현상 수배합니다!

조선 총독부에서는 활발한 독립운동으로 일본 경찰을 힘들게 하는 여성 독립운동가들을 본격적으로 현상 수배한다고 합니다. 우리나라를 위해 큰 활약을 펼친 그녀들의 활동에 대해 공개할 예정입니다! 목숨을 걸고 나라를 위해 독립운동을 하는 그녀들에게 뜨거운 관심 부탁드릴게요.

항일 운동을 이끌다! 윤희순

윤희순은 시아버지 유홍석의 의병 활동을 도우며 항일 운동에 참여하게 됐다고 해요. 여성 의병단을 조직하여 의병들이 편안하게 훈련할 수 있도록 뒷바라지했고, 군자금을 모으기도 했어요. 또한, 의병 노래, 경고문 등을 직접 만들어 많은 사람들이 의병 운동에 관심을 가질 수 있도록 호소했습니다. 이후 중국으로 망명한 그녀는 본격적인 독립운동 활동을 펼치게 됩니다. 노학당을 설립하여 독립운동가들을 양성했고, 조선 독립단을 설립하여 중국 각지에 흩어져 있는 동지들을 하나로 모으고 군사 훈련에 참가했지요. 그녀는 일본군의 습격을 피해 산속에 숨어 지내는 날이 대부분이었다고 해요. 그러나 끝까지 포기하지 않고 독립운동을 전개했다고 합니다!

무장 독립 투쟁에 참전한 여성 혁명가! 박차정

박차정은 학생 때부터 동맹 휴학을 이끌며 항일 시위를 주도했습니다. 신간회의 자매 단체였던 근우회에서 활동하며 광주 항일 학생 운동을 돕기도 했어요. 이후 중국으로 망명해 의열단의 요원이 된 그녀는 여자 요원들을 가르치는 훈련 교관으로 활동하며 무장 독립 투쟁에 적극적으로 참여했지요. 또한 독립군이었던 조선 의용대의 복무 단장으로 여성 대원들과 함께 전투에 참가해 싸우기도 했답니다. 그녀는 라디오와 잡지 등에 글을 실어 일제의 식민지 통치를 비판했을 뿐만 아니라, 남경 조선 부녀회라는 단체를 만들어 여성들이 깨어날 수 있도록 많은 연설을 한 진정한 여성 혁명가였어요!

광주 학생 항일 운동 | 다시 한 번 전국 규모의 항일 운동을 이끌어내다

각종 단체를 만들고 계몽 활동을 하여 여성들을 깨우치다! 최용신, 김마리아

소설 『상록수』 여주인공의 모델이라 전해지는 신여성 최용신은, 농촌에 직접 뛰어들어 농촌 사람들의 생활을 개선하기 위해 노력했습니다. 한글을 가르치기 위해 강습소를 세우고 열정적으로 야학 강의를 한 끝에, 마음이 닫혀 있었던 농촌 사람들도 점차 그녀의 뜻을 알게 되었다고 하네요.

당시 해외 유학 등을 통해 의식이 깨어 있었던 여성 지식인 김마리아는 일본 유학 중에 2.8 독립 선언에 참여하였고, 독립운동의 열기를 국내에 전하고자 노력했답니다. 대한 애국 부인회를 이끌며 임시 정부에 군자금을 전달하는 등의 활약도 했지요. 그 후 미국 유학 생활 중 여성 독립운동 단체 '근화회'를 만들어 애국 계몽 운동을 이어갔습니다.

강인한 정신으로 거사에 참여하다! 남자현

남자현은 남편이 을미사변 때 항일 의병장으로 나갔다가 전사하자 독립운동을 결심했어요. 무려 46세라는 젊지 않은 나이에 아들과 함께 중국으로 건너가 독립군인 '서로 군정서'에 가입하고 군사들을 뒷바라지하기 시작했죠. 안창호 선생을 비롯한 애국지사들이 감옥 생활을 할 때 보살폈음은 물론, 일제의 실상을 국제 연합 조사단에게 알리기 위해 손가락을 잘라 그 피로 편지를 쓸 정도로 강인한 정신을 가진 여성 독립군이었어요. 그녀는 1925년 사이토 마코토 총독을 죽이기 위한 거사에 참여했으나 실패했고, 그 후 만주국 일본 대사를 죽이기 위한 거사에서 거지로 변장하여 권총과 폭탄을 몸에 숨긴 채 거사를 준비하기도 했습니다. 그러나 두 번째 거사 역시 결국 경찰에 발각되어 실패하고 말았죠. 남자현은 하얼빈의 여관에서 자신이 가진 중국 화폐 248원을 내놓으며 이 돈을 '독립 축하금'으로 써달라는 유언을 남기고 세상을 떠났답니다.

독립운동가들의 정신적인 지주가 되다! 조마리아, 곽낙원

안중근 의사의 어머니였던 조마리아는, 안중근의 사형이 선고되자 아들에게 '일본에게 목숨을 구걸하지 말라. 나라를 위해 죽으라.'는 편지를 보냈던 강인한 여인이었습니다. 김구의 어머니 곽낙원은, 어려운 형편 속에서 독립운동가 김구를 뒷바라지 하고, 옥살이를 하는 아들을 격려했다고 합니다. 김구에게 '나의 아들이 되기보다 나라의 아들'이 되라고 하며, 생활비를 아껴 독립운동 자금에 보태는 독립운동가의 어머니다운 면모를 보였지요!

사건 핵심 분석 ▶ 광주 학생 항일 운동

시기 ▶ 1929년 11월에 시작
사건의 발생 ▶ 일본인 학생이 열차에서 광주 여고생을 희롱하다 싸움으로 번짐
사건의 특징 ▶ 1. 학생들이 주도
 2. 3.1 운동 이후 최대 규모의 항일 운동
일본의 반응 ▶ 이러다가 큰 코 다치겠군!
역사적 중요도 ▶ ★★★★☆
시험 출제 빈도 ▶ 높음

1926년 6월 10일 만세 운동이 발생했어요.

1926년 6월 10일은 순종의 장례식 날이었어요. 이날 조선 공산당과 천도교 측은 제2의 3.1 운동을 계획했으나 사전에 발각되어 실패하고 말았지요. 하지만 **수천 명의 학생들은 순종의 장례식에서 예정대로 만세 운동을 벌였답니다.** 민족 독립운동가들은 학생들의 용기에 큰 자극을 받았어요.

1929년에는 광주 학생 항일 운동이 발생했어요.

1929년 광주에서 나주로 가는 기차 안에서 일본 학생들이 조선 여학생을 희롱한 사건이 벌어졌어요. 이것을 목격한 조선 남학생은 사과를 요구했고, 일본 학생이 거절하자 큰 싸움이 벌어졌어요. 그런데 일본 경찰은 조선 학생들에게만 일방적 처벌을 내렸지요. 이를 계기로 **대규모 광주 학생 항일 운동이 일어났습니다.**

광주 학생 항일 운동은 1929년 11월에 시작되어 1930년까지 이어졌어요.

광주 학생 항일 운동은 서울, 대구 등 전국 곳곳으로 퍼져 나갔어요. 학생들은 동맹 휴학 시위까지 벌였지요. **광주 학생 항일 운동은 3.1운동 이후 가장 규모가 큰 항일 민족 운동으로 기록되었답니다.**

10 무장 독립 전쟁

무력으로 일제에 맞서 싸우자

시대 1920년대~광복

타임라인 뉴스

1911
이시영 등이 만주에 신흥 강습소를 세우다

1920. 6.
봉오동 전투에서 홍범도 장군이 승리를 거두다

1920. 10.
청산리 대첩에서 김좌진 장군이 승리를 거두다

1921
러시아로 이동한 독립군이 자유시에서 학살을 당하다

1 헤드라인 뉴스

생방송한국사

독립군의 빛나는 첫 승리! 봉오동 전투

만주에 수백 개가 넘는 무장 독립 단체가 세워졌다고 합니다. 이들은 무기를 구입하고 군사력을 키워 일제와 맞서고 있는데요. 일제 역시 만주 지역에 대한 경계 태세를 늦추지 않는 상황입니다. 독립군과 일본군의 한 판 승부! 지금부터 김역사 기자가 보도해 주세요.

지금부터 만주에서 활약하고 있는 독립군 부대를 소개합니다!

김역사 기자

3.1 운동 이후 독립운동가들은 더욱 적극적으로 항일 투쟁을 준비했어요. 그동안 몸을 사리며 독립운동을 해온 것은 아닌가 하는 반성을 하게 된 거지요.

특히 1920년대부터 만주와 연해주를 비롯한 국외 독립운동 기지에서는 수백 개가 넘는 무장 독립 단체가 세워져 일제와의 독립 전쟁을 준비했습니다. 그런데 무장 독립이라는 게 대체 뭘까요? '무장 독립'이란, 무기와 군사력을 갖춰 일본군과 맞서 싸워 독립하자는 거예요. 무장 독립을 주장하는 운동가들은 '무력'이 없다면 일제의 무자비한 탄압을 이겨낼 수 없을 거라고 생각했거든요.

이때 활동했던 대표적인 독립군 부대가 바로 홍범도의 대한 독립군, 김좌진의 북로 군정서군, 지청천이 지휘하고 신흥 무관 학교를 통해 훈

무장 독립 전쟁 | 무력으로 일제에 맞서 싸우자

련받은 서로 군정서군, 국민회군, 군무 도독부군 등이었습니다.

이러한 독립군들의 최종 목표는 훗날 다 같이 힘을 합쳐 국내로 밀고 들어가 일본군을 무찌르는 '국내 **진공** 작전'이었습니다. 그래서 독립군은 만주 지역에서 기회를 엿보다가 두만강을 건너 우리 땅인 함경북도로 쳐들어오는 식의 기습 공격을 자주 했어요. 특히 홍범도가 이끄는 대한 독립군의 활약이 대단했지요. 홍범도는 총으로 짐승을 잡는 사냥꾼 출신이었는데요. 의병 운동을 하다가 독립군을 이끌게 됐어요. 일본 경찰과 수십 차례 충돌할 때마다 훌륭한 **전과**를 거두었어요.

그러던 어느 날, 홍범도의 부대는 국내로 진입해 일본 헌병 경찰 부대를 습격하고 다시 만주로 돌아오는 작전을 펼쳤어요. 평소 독립군 부대의 기습 작전에 약이 올라 있었던 일제는 추격대를 꾸려서 독립군의 뒤를 쫓았지요. 일본군은 두만강을 건너 삼둔자라는 곳까지 쫓아왔어요. 그러나 독립군의 행방을 놓치게 되자 가까운 마을의 주민들을 죽이는 식의 보복을 하고 돌아가려고 했지요. 이때 일본군들이 방심한 틈을 타 **매복**해 있던 독립군들이 나타나 큰 피해를 주었어요. 이 전투가 바로 삼둔자 전투예요.

삼둔자 전투 내용을 보고받은 일본군은 독립군에게 복수하기 위해 더 많은 군사를 끌고 두만강을 건넜어요. 그리고 봉오동까지 밀고 들어왔지요. 일본군의 출병 소식에 홍범도는 침착하게 봉오동 마을에 일본군을 유인할 한 부대의 독립군만을 남겨뒀습니다. 남겨진 독립군은 싸우다가 후퇴하는 척을 하며 봉오동 골짜기 깊숙한 곳까지 일본군을 끌어들였어요.

진공
나아가서 적을 공격함

전과
전쟁에서 얻은 결과물

매복
상대편의 움직임을 살피다가 기습 공격을 하기 위해 숨어 있는 것을 말함

사정거리
탄알, 포탄, 미사일 따위가 발사되어 도달할 수 있는 곳까지의 거리

마적단
말을 타고 떼를 지어 다니는 도둑 집단

출병
군대를 싸움터로 내보내는 것을 말함

물론 이것은 주변의 지형을 이용해 유리한 싸움을 하기 위한 홍범도의 뛰어난 전술이었어요. 봉오동 골짜기의 산 속에 숨어 있던 독립군은 일본군이 **사정거리** 안에 진입하자 곧바로 총을 쏘기 시작했어요. 독립군이 일본군을 에워싸고 있었던 탓에, 일본군은 독안에 든 쥐처럼 우왕좌왕하다가 꼼짝없이 당할 수밖에 없었어요. 결국 일본군은 3시간의 전투 끝에 후퇴할 수밖에 없었습니다.

일본군이 받은 피해는 생각보다 상당했어요. 임시 정부의 기록에는 157명이 죽고, 2백 명 정도가 부상을 입었다고 해요. 반면에 독립군은 4명이 죽고 2명이 부상을 입는 데 그쳤지요. 이 전투가 바로 '봉오동 전투'랍니다.

봉오동 전투 덕분에 독립군의 사기는 더욱 높아졌어요. 봉오동 전투의 뜨거운 기세는 이후 청산리 대첩으로 이어졌답니다.

한편, 봉오동 전투에서 쓰라린 패배를 겪은 일제는 대규모의 일본군을 보내 독립군을 쓸어버리겠노라고 결심했어요. 그러나 만주 지역이 중국의 영토였기 때문에 함부로 군대를 보낼 수가 없는 상황이었지요. 이때 일제는 계략을 세웠습니다. 중국에 있는 **마적단**을 매수해서 일본 영사관이 있는 훈춘 지역을 일부러 공격하게 한 거예요. 마적단은 일본 영사관을 불태우고 일본인 9명을 죽였는데요. 일제는 이 사건을 빌미로 마적들로부터 일본 주민들을 보호하겠다면서 만주에 군대를 보냈어요. 중국 정부의 대답을 듣지 않은 불법 **출병**이었지요. 독립군들에게는 또 한 번 일본과의 피할 수 없는 승부가 남아 있었던 거예요.

2 심층 취재

1920년 10월 청산리 골짜기에서는 독립 전쟁 역사상 최대 규모의 전투가 벌어지고 있습니다. 만주 지역의 모든 독립군들이 하나로 모여 일본군과 맞서고 있는데요! 청산리 대첩 현장에 나가 있는 김역사 기자를 연결해 보겠습니다.

1920년 10월, 봉오동 전투에서 패배한 지 몇 개월도 지나지 않아서 일본군이 만주를 쳐들어왔습니다. 이 소식을 들은 김좌진은 만주 지역의 독립군들에게 백두산 부근에 있는 청산리 쪽으로 이동하여 싸움을 피하라는 지시를 내린 상황입니다.

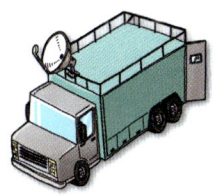

봉오동 전투에서 패배한 일본이 대규모의 일본군을 이끌고 만주로 오고 있다고 합니다!

김좌진

일본군은 대규모의 군사를 동원하여 독립군을 한 번에 제거하려는 속셈이다. 병력과 무기가 일본군에 비해 부족한 우리가 그들과 싸우려면 직접 전투는 피하는 것이 상책이다. 내가 이끄는 북로 군정서군의 병력과 홍범도의 대한 독립군 그리고 몇 개의 독립군 부대를 합치면 2천 8백 명 가량의 군사를 확보하게 된다. 그 후에는 일본군을 유인하여 기습 작전을 할 것이다!

김역사 기자

김좌진의 지시에 독립군들이 신속하게 움직이고 있는데요. 한편 만주 지역의 한인 마을 주민들 역시 전쟁을 돕고 있다고 합니다. 마을 주민에게 어떤 도움을 주고 있는지 물어봤습니다.

만주 주민 우선 저희는 일본군이 방심하게 하도록 거짓 정보를 흘리고 있습니다. "독립군은 일본과 맞서 싸울 만한 무기도 없고 의지도 없어서 도망치기 급급하다."라고 말이죠. 또한 독립군들의 은신처를 알아내기 위해 한인 마을을 불 지르고 칼과 총으로 협박하는 일본군들에게 끝까지 아무 정보도 말하지 않았답니다. 마을 아낙네들은 치마폭에 밥을 싸서 독립군이 먹을 비상식량을 전해 주고 오곤 했지요.

동포들의 적극적인 협조와 도움 덕에 전투에 나간 독립군들이 더 큰 활약을 할 수 있을 것 같습니다. 김좌진의 작전을 한번 들어볼까요?

일본군은 독립군을 추격하면서 계속 백두산 부근 깊숙한 곳으로 쫓아 들어오고 있다. 우리는 일본군의 발목을 잡아가며 계속 다른 지역으로 이동해 습격을 하는 전술을 펼치고 있지. 그리고 마침내 10월 21일, 백운평 계곡에서 맞닥뜨리게 되었다. 청산리 백운평 계곡은 총길이 25km에 달하는 아주 긴 계곡이다. 계곡 양옆으로는 울창한 숲이 펼쳐져 있어서 사람과 말이 통과하기도 힘들 정도로 좁다. 그렇기 때문에 기습 공격을 하기엔 최고의 조건이라고 할 수 있지. 그러니 우리 독립군은 백운평 계곡 양쪽 수풀과 고개 마루에 매복해서 일본군이 계곡 안쪽으로 가까이 다가오길 기다릴 것이다.

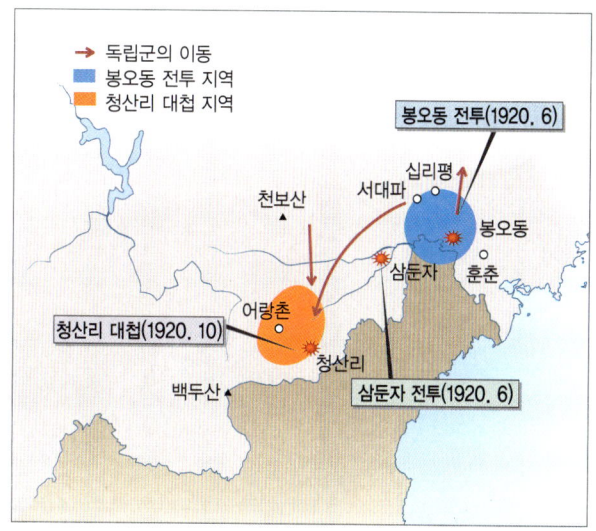

▲ 청산리 대첩

그날의 전투에 대해 이야기해 주시죠.

독립군

정말 일본군들이 우리를 쫓아 백운평 계곡으로 들어오더라고요. 사정거리 안에 들어온 순간, 우리 독립군은 총을 쏘아 댔습니다. 일본군 본대가 뒤늦게 도착하여 우리를 향해 총을 쏘았지만, 높은 절벽 위에 숨어서 총을 쏘는 독립군들에게 상황이 더 유리했답니다. 이후 김좌진과 홍범도 등은 독립군 통합 부대를 끌고 총 10여 차례의 전투를 치르면서 수천 명의 일본군을 죽이는 대승리를 거뒀지요. 이 전투를 바로 '**청산리 대첩**'이라고 한답니다.

이범석 연성대장에게 승리한 소감을 물어봤습니다.

이범석

우리는 막강한 화력으로 무장한 일본군 앞에서 긴장을 늦출 수 없었죠. 그때 만주 지역 주민들의 도움과 우리 지휘관님들의 지형을 이용한 뛰어난 전술을 믿고 따른 덕에 승리한 게 아닌가 합니다!

지금까지 항일 무장 투쟁 역사상 가장 큰 승리인 청산리 대첩, 그 현장에서 소식 보내 드렸습니다!

청산리 대첩

사살당한 일본군 숫자는 기록에 따라 다르게 전해져요. 임시 정부에 보고된 기록에 따르면 3천 명 가량이라고 하고, 또 신문에서는 1천 4백 명 정도라고도 했지요. 일본 역사학자들 중에서는 겨우 일본군 3명이 죽었다고 말하는 사람들도 있답니다.

3 헤드라인 뉴스

연이은 시련, 간도 참변과 자유시 참변

독립운동 역사상 가장 끔찍하고 가슴 아픈 일이 벌어졌습니다. 일본이 2만 5천 명의 군인을 끌고 와 간도 지역의 주민들을 대규모로 죽인 사건인데요. 마을 곳곳이 불에 타고 수많은 사람들이 학살당해 통곡 소리가 끊이질 않습니다. 도대체 어떻게 된 일일까요?

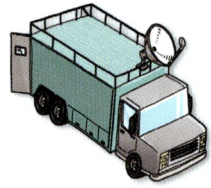

봉오동과 청산리 전투에서 패배한 일제는 아주 잔인한 복수를 준비합니다.

김역사 기자

일제는 오래 전부터 간도 지역의 한국인들을 수탈하거나 죽이는 일을 저질러 왔는데요. 이렇게 대대적인 학살을 한 것은 처음이었답니다.

우선 봉오동, 청산리에서 패배한 일본군은 독립군을 모조리 찾아내려고 했지만, 이미 독립군은 안전한 곳으로 대피해 버린 상황이었거든요. 그러자 우리 동포들을 죽여서라도 복수하고 싶다는 생각을 했던 겁니다. 그래야 일본군의 체면도 설 테니까요.

또한 마을 주민들이 전투 때마다 독립군들에게 큰 도움을 주었다는 사실이 괘씸하게 느껴졌기 때문이기도 해요. 그래서 일본은 독립군에 협조했거나, 앞으로도 협조할 가능성이 있는 사람들을 모두 다 죽여야겠다고 생각했어요. 마을을 집중 감시할 수 있을 뿐만 아니라, 아예 독립군의 씨를 말려 버릴 작정이었던 거예요.

그래서 일본군은 간도에 있는 한인 마을과 농장을 불태우고 수천 명의 사람들을 죽였어요. 우리 동포들이 낯선 만주땅에서 척박한 환경을 일구어 만들었던 삶의 터전이 한순간에 모두 사라진 거예요.

간도 주민들의 희생을 뒤로 한 채 간도와 연해주 지역에 있던 무장 독립군들은 러시아의 자유시로 집결했어요. 그 이유는 강대국 러시아가 독립군을 지원해 준다면 일제를 상대하기 더 쉽고, 흩어져 있던 독립군들이 하나로 모이면 더 큰 힘을 발휘할 거라고 믿었기 때문이죠.

그러나 그곳에서 예상치 못한 일이 벌어졌습니다. 하나로 집결한 부대를 누가 지휘할 것이냐를 두고 지도자들끼리 싸움이 벌어진 거예요. 그때 두 파로 나뉜 독립군 중 한 파가 러시아와 손을 잡고 의견이 다른 독립들군을 배신하고 말았답니다. 러시아 적군(혁명군)이 독립군의 해산을 요구하며 공격한 거예요. 이 과정에서 수많은 독립군이 목숨을 잃고 말았어요. 이 사건을 **자유시 참변**이라고 해요.

우리끼리의 싸움으로 이렇게 많은 동지들이 죽게 되자, 사건과 관련된 지도자들은 미안한 마음에 스스로 목숨을 끊기도 하고 해외로 망명해 살기도 했답니다.

하지만 무장 독립 투쟁이 그렇게 끝난 것은 아니었어요. 일부 독립군은 다시 한 번 만주로 건너가 독립 투쟁을 이어갔답니다. 이때 지청천 장군의 한국 독립군과 양세봉 장군의 조선 혁명군 등이 활약했지요. 이들은 갖은 시련 속에서도 군사력을 회복하여, **만주 사변** 이후에는 중국군과 함께 일본에 대항하여 싸우기도 했답니다.

자유시 참변
960여 명의 독립군이 죽고, 1,800여 명이 실종되거나 포로로 붙잡히는 엄청난 피해를 입었답니다.

만주 사변
일제가 만주를 침략하여 지배하려고 했던 사건이에요. 이 사건 이후 일제는 중일 전쟁을 일으키는 등 중국과의 사이가 더욱 나빠졌어요.

스페셜뉴스 비하인드 뉴스

독립군의 영웅 홍범도, 그의 인생 스토리

김역사 기자

봉오동 전투와 청산리 대첩을 승리로 이끈 홍범도! 그러나 독립운동가로서의 업적에 비해 쓸쓸한 모습으로 생을 마감해야 했는데요. 불우했던 어린 시절부터 자유시 참변 이후의 삶까지 그의 감추어진 이야기를 만나보시죠!

평범한 산포수였던 홍범도는 일제가 한국인들이 무기를 가지고 있어서는 안 된다며 단속령을 내려 총을 빼앗아 가려고 하자 의병 활동을 시작했어요.

홍범도는 어렸을 때부터 우람한 체구에 힘이 장사여서 훗날 독립군의 영웅이 되기엔 손색이 없었죠. 그는 여러 일을 전전하다가 강원도 북부 산악 지대에서 산포수 생활을 시작했습니다.

일제의 탄압으로 국내에서 의병 활동을 하는 것이 어려워지자, 홍범도 역시 러시아의 연해주로 망명할 수밖에 없었어요. 그곳에서 국내외 의병들을 통합한 13도 의군 조직에 참여하기도 하고, 친일파와 일본 군경을 급습하는 유격전을 벌이기도 했어요.

무장 독립 전쟁 | 무력으로 일제에 맞서 싸우자

홍범도는 1920년 6월, 봉오동 골짜기로 일본군을 유인해 독립군들에게 첫 승리를 안겨줬습니다. 그 후 4개월 뒤에는 김좌진의 북로 군정서군 등 여러 독립군 부대와 함께 청산리 일대에서 수천 명의 일본인을 사살하는 대승리를 거두었지요.

그 후 러시아의 지도자 스탈린은 한국인들을 강제로 중앙아시아의 카자흐스탄으로 옮겨 살게 했습니다. 홍범도 역시 카자흐스탄 크질오르다 시로 이주하게 됐지요. 그곳에서 고려인 희곡 작가 태장춘의 배려로 고려인 극장에서 경비를 서거나 표를 파는 일을 하며 봉급을 받아 생활했다고 해요. 그러다 결국 광복을 2년 앞두고 세상을 떠났습니다.

자유시 참변을 겪을 때 홍범도는 러시아에 남아 적군이었던 러시아군으로 들어가게 됐습니다. 이후 러시아 공산당의 압력으로 무장 단체가 해산하고 난 후로는, 연해주에 있는 농장에서 일하며 한인 사회를 이끄는 지도자로 살게 됐습니다.

여기서 잠깐!

그러면 청산리 대첩을 홍범도 장군과 함께 이끌었던 김좌진은 어찌되었을까요? 자유시 참변 이후 김좌진은 군사 학교를 세워 독립군을 키우기 위해 노력했습니다. 다양한 활동을 펼치는 과정에서 공산주의 계열의 사람들을 제외시켰는데요. 그것에 위협을 느낀 공산주의자 박상실이 1930년에 김좌진을 살해하고 말았답니다. 당시 그의 나이는 불과 40세였어요. 김좌진 장군의 죽음 소식에 우리 민족은 영웅을 잃었다며 큰 슬픔을 느꼈다고 해요.

 고종훈의 한국사 브리핑

사건 핵심 분석 ▶ 무장 독립 전쟁

QR 코드를 찍으면 고종훈 선생님의 강의를 볼 수 있어요.

시기 ▶ 1920~1930년대
대표적 사건 ▶ 봉오동 전투, 청산리 대첩
평가 ▶ 다윗(조선)과 골리앗(일제)의 싸움
결과 ▶ 큰 승리를 거둠
승리 요인 ▶ 죽음을 두려워하지 않는 정신, 우수한 작전, 국민들의 열렬한 응원!
역사적 중요도 ▶ ★★★★☆
시험 출제 빈도 ▶ 높음

3.1 운동 이후 만주 지역 곳곳에서 무장 독립군이 생겨났어요.

1920년대에는 만주 지역에만 450여 개의 무장 독립 단체가 만들어졌어요. 이들은 **일본 군인과 치열한 전투를 벌였어요.** 그 중 하나가 1920년 6월에 일어난 봉오동 전투예요. 봉오동 전투에서 일본군 전사는 157명, 독립군 측의 피해는 4명이었답니다.

봉오동 전투로 큰 충격을 받은 일본군은 대대적인 독립군 토벌 작전을 세웠어요.

1910년 10월 일제는 수만 명의 군대를 북간도 지역으로 보냈어요. 이에 북로 군정서군, 대한 독립군 등이 청산리 일대로 합류해 작전을 세웠습니다. 그 후 5박 6일 동안 **10여 차례의 크고 작은 전투가 벌어졌고, 조선군은 승리했어요.** 이를 청산리 대첩이라고 해요.

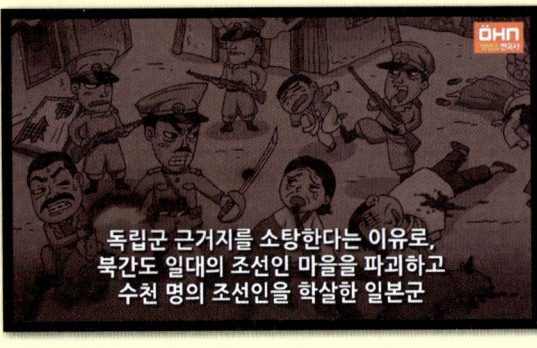

청산리에서 대패한 일본군은 민간인에게 복수했어요.

청산리 대첩에서 크게 패한 일본은 그에 대한 보복으로 독립군의 근거지라고 여겨졌던 간도 지역을 침략했어요. 그리고 **조선인 마을을 잔인한 방법으로 초토화시켰습니다.** 이를 간도 참변이라고 합니다.

1930년대

제2차 세계 대전에 독일, 이탈리아와 손잡고 참전하게 된 일본.
일본은 이제 우리나라를 전쟁을 위한 보급 물자를 대는 곳으로 만들어버렸습니다.
우리 민족의 정신을 없애고 일제에 충성하는 사람들로 만들려 했으며
물건뿐 아니라 사람까지 전쟁터로 끌고 갈 정도였어요.
그러나 우리 민족은 고유한 우리 정신을 지키기 위해 노력했고,
의열단과 한인 애국단 등을 조직해 일제에 대항했어요.
대한민국 임시 정부는 한국 광복군을 만들어 스스로 나라를 찾고자 노력했지요.

처절했던 우리 민족의 저항 정신을 김역사 기자가 취재했습니다.

11 민족 말살 통치

일제가 우리의 민족성을 없애려고 하다

시대 1930년대~광복

타임라인 뉴스

1931 일제가 만주를 침략하며 조선에서 민족 말살 정책을 강화하다

1938 학교에서 한글 교육을 모두 폐지하다

1939 강요하던 일본식 성명을 법으로 강제하다

1940 모든 한국어 신문을 폐간시키다

1941 모든 한국어 잡지를 폐간시키다

1 헤드라인 뉴스

일제의 침략 전쟁, 언제까지 계속될 것인가?

긴급 상황입니다. 일제가 중일 전쟁에서 승리한 데 이어 동남아시아를 차례차례 정복하고 있다고 합니다. 미국과 전쟁을 치르기 위해 아시아를 이용하겠다는 속셈인데요. 일제의 야망으로 인해 전 세계의 평화 또한 위협받게 된 상황입니다.

일제는 오래전부터 대륙으로 진출하기 위해 중국의 만주 땅을 노려왔답니다. 그래서 그들은 러일 전쟁에서 승리한 대가로 남만주 철도 운영권을 넘겨받았어요. 철도 운영권은 사실 일제가 만주 땅에 쳐들어갈 구실을 만든 것에 불과했어요. 일제는 철도를 운영해야 한다는 핑계로 남만주 지역을 조금씩 장악하기 시작하더니, 결국엔 철도 폭파 자작극을 벌였답니다. 그러고 나서는 철도 폭파 피해를 입었으니 군사를 들여보내야겠다는 그럴듯한 핑계를 댄 거죠. 이후 일제는 곧바로 만주 지역을 점령하고 1932년에는 '만주국'이라는 정체불명의 나라를 세워버렸어요. 만주국을 세워 대륙으로 진출할 기반을 마련한 일제는 그 후 중일 전쟁에서 승리하여 중국 대륙의 동쪽을 차지하였어요. 이때 일제는 **난징 대학살**이라는 끔찍한 일을 저지르기도 했답니다.

만주를 차지하면서 세계를 정복하고 싶다는 일제의 야망이 시작됐습니다!

김역사 기자

난징 대학살
일본군이 2개월 동안 30만 명이 넘는 중국인들을 학살한 사건이에요. 어린아이나 여자들조차 예외 없이 죽였다고 합니다.

대공황
1929년에 물건이 많이 생산되는 데 비해 소비가 이를 따라가지 못해 나타난 경제 불황이에요.

전체주의
국가나 민족 같은 전체를 위해 개인을 희생시켜도 된다고 생각하는 사상이에요.

이렇게 일제가 침략의 손길을 뻗어나가게 된 건 내부의 어려움 때문이었답니다. 제1차 세계 대전 때 생산 시설이 파괴된 여러 나라에 물건을 팔며 큰 이득을 봤던 일본은, 그 후 전쟁이 끝나고 수출길이 막히자 경제에 큰 타격을 입었어요. 특히 전 세계가 **대공황**으로 경제 위기에 빠지자 일본은 전쟁을 통해 위기를 극복하고자 했던 거랍니다.

일제의 침략 전쟁은 계속 이어져서 동남아시아의 인도차이나 반도까지 이르렀어요. 이렇게 하나둘 일제의 식민지가 늘어 가는 것을 본 미국은 영국, 네덜란드 등과 연합을 맺고 일본과의 경제 교류를 끊어 버렸어요.

경제적으로 고립된 일본은 그 시기에 독일, 이탈리아에서 **전체주의**가 일어나자 자연스럽게 그 흐름을 따르게 되었어요. 일제는 백인들과의 전쟁을 통해 아시아를 해방시켜 줄 것이고, 일제의 주도로 모든 아시아의 나라들이 발전할 거라고 주장했어요. 물론, 그런 주장은 일제가 자신들의 침략 전쟁을 아름답게 포장하기 위해 하는 말이었지요. 그 결과 태평양을 둘러싼 나라들과 유럽 대륙이 또 한 번 전쟁의 위기에 놓이게 되었어요.

1941년 일본은 태평양 가운데에 있는 섬인 하와이의 진주만을 기습 공격했습니다. 그리하여 세계의 모든 나라들이 다시 전쟁의 소용돌이에 휘말리게 됐죠. 이렇게 세계를 향한 일제의 야망이 커져갈수록 우리 민족은 더 큰 고통에 시달려야했답니다.

▲ 일본의 진주만 습격

민족 말살 통치 | 일제가 우리의 민족성을 없애려고 하다

2 인물 초대석

더욱 뻔뻔해진 일제의 민족 말살 통치

최근 일제는 '일본과 조선이 하나다.'라는 황당한 주장을 펼치고 있습니다. 그동안 우리 민족을 차별하기 바쁘더니 이제는 하나라고 주장하는데요. 그 속뜻이 궁금하지 않습니까? 스튜디오에 친일파의 대표인 친일해 씨를 모시고 대화 나눠 보겠습니다!

시청자 여러분, 대일본 제국이 조선을 같은 하나로 인정해 준다니 정말 감사하죠? 일본과 조선의 조상이 같다는 연구 결과도 있습니다. 그렇기 때문에 일본이 조선을 지배하여 하나의 나라가 되는 것은 결국 원래의 역사로 돌아가는 것일 뿐이지요. 그러니 일본인으로서의 의무도 충실하게 지켜야 합니다.

친일해

일본과 우리의 조상이 같다는 역사 이야기는 한 번도 들어본 적이 없는데요. 게다가 일본인으로서의 의무라는 게 대체 뭡니까?

앞으로 조선인은 일본 천황님을 위해 충성을 다하는 신민이 되어야 합니다. 또한 일본이 전쟁을 할 때 필요한 물건, 군사 등을 기꺼이 만들고 내어 줘야 합니다! 이것을 국가 총동원법이라고 합니다!

어쩐지 우리나라 사람들에게 불리한 내용들밖에 없는데요? 한때 독립운동가였던 친일해 씨가 생각을 바꾸게 된 이유는 뭔가요?

 일본은 조선의 수많은 지식인들을 체포하여 모진 고문을 했습니다. 계속된 협박과 형벌에 저도 결국 일본에 충성하겠다는 **전향서**를 쓸 수밖에 없었지요. 그런데 막상 친일파가 되고 나니 참으로 편리한 게 많더군요. 일본은 아주 강하기 때문에 우리가 식민지 신세를 벗어나긴 쉽지 않을 겁니다. 차라리 일본의 말을 잘 듣는 게 우리가 편하게 살 수 있는 길입니다.

친일해 씨 외에 다른 친일파들은 어떤 활동을 하고 있습니까?

 작가인 최남선, 서정주를 비롯한 수많은 예술가들과 교육자들이 자신의 작품이나 연설을 통해 조선 사람들이 전쟁에 참여하도록 격려하고 있습니다. 전쟁터에서 죽은 조선 병사들을 칭송하는 시를 쓰거나 여자들에게 집안 살림을 팔아서라도 일본군을 도우라는 내용의 강연을 하기도 하지요. 조선인 자본가들 중에서는 일본에게 돈을 바쳐 전쟁을 도운 이들도 있습니다. 여러분들 역시 일본을 위해 무엇을 바칠 수 있는지 생각해 보시길 바랍니다!

이러한 일본의 민족 말살 정책은 한국인의 민족 의식을 말살시키고 일본인에 동화시켜 침략 전쟁에 효율적으로 동원하기 위해서라고 합니다. 정말 악랄합니다!

전향서

기존의 사상이나 이념을 바꾸어서 그와 반대되는 사상이나 이념으로 돌린다는 내용을 적는 글

민족 말살 정책

1930년대 이후 일제는 우리 민족의 전통과 문화를 뿌리 뽑아 일본인에 동화시키려는 민족 말살 정책을 실시하였어요. 이때 주장한 것이 내선일체, 일선동조론, 황국 신민화 정책 등이에요. 내선일체는 본국이자, '내'지인 일본과 조'선'이 하나의 몸을 가지고 있다, 일선동조론은 '일'본과 '조'선'의 조상이 같다, 황국 신민화 정책은 한국인들을 일본 천황에게 충성을 다하는 신민으로 만들자는 것이에요.

3 심층 취재

국민학교 3학년 임조선 군의 하루

일제의 민족 말살 통치가 더욱 심해지는 가운데, 어린아이부터 어른까지 모든 한국 사람들이 고통을 받고 있다고 합니다. 오늘은 김역사 기자가 국민학교로 특별 취재를 나갔습니다. 현장에서 만난 임조선 군의 하루를 살펴볼까요?

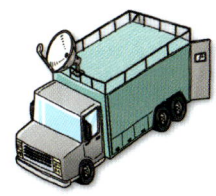

임조선 군은 국민학교 3학년 학생입니다. 오전 7시, 마을 전체에 시끄러운 사이렌 소리가 울려 퍼지자 가족 모두가 아침 식사를 멈추고 밖으로 나섭니다. 그리고 일본 **순사**들의 감시 아래 마당에 엎드렸습니다. 모든 한국 사람들은 이렇게 날마다 천황이 있는 도쿄의 궁성을 향해 절을 해야 하는데요. 이를 궁성 요배라고 부릅니다.

임조선 군이 다니던 학교는 원래 '소학교'라는 이름이었는데 1941년부터 '황국 신민의 학교'라는 뜻의 '국민학교'로 이름이 바뀌었습니다. 학교에 들어서자 친구들이 큰 소리로 임조선 군의 이름을 부릅니다.

"히로군! 오늘 운동장 조회한대! 빨리 와!"

임조선 군의 일본 이름은 하야시 히로입니다. 가족들이나 친구들끼리 있을 때를 빼고는 무조건 일본 이름을 써야 한다고 하는군요. 이렇게 조

일제가 우리 민족을 완전히 일본인으로 만들려고 하고 있습니다!

김역사 기자

순사
일제 강점기에 경찰관의 가장 낮은 계급으로, 지금의 순경에 해당함.

일본식 성명 강요
일본은 우리 민족을 일본 국민으로 만들기 위해 일본식 성명 강요를 시킨다고 했으면서, 일본식 이름과 한국식 이름을 엄격하게 구분했어요. 한국인과 일본인을 계속 차별해서 대우해야 했기 때문이에요.

유림
유학을 공부하는 선비

문중
성씨가 같은 가문이나 집안

상에게 물려받은 우리의 성과 이름을 버리고 새로 일본 이름을 쓰는 것을 '**일본식 성명 강요**'라고 한답니다.

일본 사람들은 일본식 성명을 쓰게 해 주면 우리 민족이 좋아할 것으로 기대했습니다. "우리 대일본 제국은 조선인들을 위해 특별히 일본식 성명을 허락하노라. 이는 조선인들을 일본의 국민으로 인정해 준다는 뜻이다!"라고 발표했지요.

하지만 우리 민족의 반응은 싸늘하기만 했어요. 유교의 전통을 따르는 전국의 **유림**과 **문중**에서 강력하게 반대하는 바람에 일본식 성명을 신고하기 위해 나온 사람들이 별로 없었어요.

이에 일제는 이름을 바꾸지 않은 사람들을 끝까지 괴롭혔어요. 강제로 끌고 가서 일을 시키기도 하고, 식량과 물건을 나눠 주는 대상에서 제외하기도 했죠. 행정 기관에 일을 볼 수도 없었고, 기차나 버스 같은 교통수단을 이용할 수도 없었지요. 학교에서도 마찬가지였어요.

결국 조선 총독부가 강제로 일본식 성명을 강요하자 수많은 한국 사람들이 울며 겨자 먹기로 이름을 바꿨습니다. 이름을 바꾸기 싫었던 사람들은 이름에 욕이나 반항의 뜻을 넣어 장난 식으로 신청하기도 했지요. 심지어는 개명 신청서 대신 사망 신고서를 내버린 사람도 있었고, 스스로 목을 매어 죽은 사람도 있었어요. 심지어 친일파 중에서도 거부한 사람들이 있었다고 하지요. 그리고 독립운동가 한용운처럼 끝까지 개명하지 않고 우리 성과 이름을 고집하는 사람도 있었습니다.

국민학교의 모든 학생들이 운동장에 모이자 조회가 시작됐습니다. 일본 선생님들이 아이들에게 **황국 신민 서사**를 외우도록 시켰어요. 임조

선 군보다 더 어린 1, 2학년 아이들이나 갓 한글을 배운 아이들도 전부 다 다음과 같은 황국 신민 서사를 외워야만 한다는군요.

> 1. 우리들은 대일본 제국의 신민입니다.
> 2. 우리들은 마음을 모아 천황 폐하에게 충성을 다하겠습니다.
> 3. 우리는 괴로움을 참고 몸과 마음을 굳세게 닦아 훌륭하고 강한 국민이 되겠습니다.

황국 신민 서사

일본 천황에게 충성을 다해야 한다는 내용의 맹세문이에요. 아동용과 성인용이 따로 있었어요. 1937년부터 일제 강점기가 끝날 때까지 행사를 하거나, 사람들이 모여 있는 자리가 있으면 어디든지 황국 신민 서사를 외워야 했답니다. 때로는 일본 경찰이 우리 민족을 복종시킬 때 암송시키기도 했지요.

묵도

조용히 기도하는 것을 말함

길고 지루했던 운동장 조회가 끝나고 수업이 시작됐습니다. 국민학교의 모든 수업은 일본어로 이루어지고 있으며, 일본의 역사와 지리에 대해 배워야 합니다.

점심시간이 되자 또 한 번 학교에 종소리가 울려 퍼집니다. 아이들은 아침에 궁성 요배를 했던 것처럼 일본 천황이 있는 쪽을 향해 몸을 돌려 고개를 숙입니다. 정오 **묵도** 시간이 된 거예요. 수업이 끝난 아이들은 각 반별로 줄을 서서 서울 남산 중턱에 있는 조선 신궁으로 참배를 하러 떠납니다. 신궁은 일본 왕실의 조상을 모시고 제사를 지내는 곳이라네요. 이런 곳이 전국 각 지역마다 세워져 있다고 합니다.

"우리는 한국 사람인데 일본의 왕과 조상들을 위해 절을 해야 한다니 정말 이상한 일이라고 생각합니다." 취재진에게 자신의 생각을 밝힌 임조선 군은 신궁 참배를 끝내고 집으로 돌아갔습니다.

▲ 신사 참배

스페셜뉴스 취재 수첩

일제 강점기 한 노름꾼의 대반전 이야기, 파락호 '김용환'

김역사 기자

때는 바야흐로 일제 강점기. 안동의 한 집안에 수상한 난봉꾼이 살고 있다고 합니다. 그의 이름은 김용환! 안동 일대 노름판이라는 노름판은 다 돌아다니며 가문이 남겨준 막대한 유산을 펑펑 쓰고 있다는데요. 이를 미심쩍게 여긴 취재진이 그의 뒤를 밟아 봤습니다!

김용환, 그는 누구인가?

김용환은 퇴계 이황의 수제자였던 학봉 김성일의 명문가 집안 13대 종손이자, 조선의 3대 노름꾼으로 알려져 있습니다. 그의 별명은 파락호인데요. 가문의 재산을 거덜 내는 난봉꾼을 뜻하는 말입니다. 대를 잇는 집인 종가가 망하면 가문을 하나로 모을 구심점이 사라지고, 제사를 지낼 수 없기 때문에 가문의 다른 자손들은 "종손이 집안을 망하게 하는구나!"라며 그를 욕하는 상황입니다. 오죽하면 다른 자손들이 그가 팔아먹은 논밭을 도로 사들여서 다시 종가에 되돌려주기도 했다는군요. 그러면 뭘 합니까! 김용환이 또 다시 노름으로 날릴 텐데요!

그는 도대체 얼마나 도박에 미쳐있는 걸까? 그가 날린 돈은 얼마나 될까?

김용환은 자신의 아내가 아이를 낳는 순간에도 땅 7백 마지기를 노름으로 날렸다고 해요. 그는 종손으로서 제사를 지내야 하는 땅을 비롯하여, 대대로 이어져 온 대궐 같았던 종가집과 논밭 18만 평을 다 팔아먹었지 뭐예요. 심지어 하나뿐인 딸이 시집갈 때 시댁에서 장롱을 사오라고 맡긴 돈까지 노름판에 가져가고 말았답니다. 결국 아버

122 민족 말살 통치 | 일제가 우리의 민족성을 없애려고 하다

지에게 크게 상심한 딸은 친정의 큰어머니가 쓰던 낡은 장롱을 가지고 시집갔다고 해요. 그의 날린 재산은 지금 돈으로 바꾸면 무려 200억 원이나 된다고 합니다!

　노름꾼 김용환에겐 독특한 습관이 있다고 해요. 그건 바로 마지막 판에 가지고 있는 모든 판돈을 거는 것! 이 최후의 베팅에서 돈을 따게 되면, 그는 조용히 집으로 돌아간다고 합니다. 그러나 만약 돈을 잃게 되면 상황이 달라져요. 김용환이 "새벽 몽둥이!"라고 외치면 그의 하인들이 도박장에 들이닥쳐 판돈을 챙겨 사라져 버리는 거예요. 그런 법이 어딨냐고요? 그러니까 말이죠. 대체 그 많은 돈은 다 어디로 가는 걸까요?

집안을 지킬 것인가, 아니면 독립운동을 할 것인가?

김용환은 처음에는 가문 사람들처럼 안동 지역에서 의병 활동을 했고, 만주로 망명을 떠났다가 일본 경찰에 체포되어 돌아오기도 했죠. 그 후 만주에 있는 독립군들에게 군자금을 보내기 위한 단체에서 활동하기도 했어요. 그러나 독립운동을 위해 모든 것을 벗어던지기엔 13대 종손이라는 그의 책임이 무거웠을 거예요. 일제의 탄압은 나날이 심해지고, 가문과 온 집안 식구들을 위험에 빠뜨릴 수는 없었어요. 결국 김용환은 독립군들을 돕기 위한 자신만의 방법을 찾게 됩니다.

그가 이렇게 노름꾼 행사를 한 이유는 무엇일까요?

바로 일제의 눈을 속여 만주 독립군 기지에 자금을 보내기 위한 것이었어요. 엄청난 재산이 사라졌다고 하면 사람들이 믿지 않을까봐 일부러 노름으로 돈을 쓴 것처럼 한 거예요. 그러나 김용환이 이 사실을 얼마나 철저하게 감추었던지 그의 외동딸조차 마지막까지 아버지를 노름꾼이라고 믿고 있었답니다.

파락호 김용환이 아닌, 독립운동가 김용환으로 우리의 곁에 남다.

김용환은 광복 후 50년이 지난 1995년이 되어서야 건국훈장 애족장을 받으며 불명예를 벗을 수 있었어요. 외동딸이었던 김후웅은 아버지에 대한 존경과 회한을 담아 한 통의 편지를 썼답니다. "오늘에야 알고 보니 이 모든 것 저 모든 것 독립군 자금 위해 그 많던 천 석 재산 다 바쳐도 모자라서 하나뿐인 외동딸 시댁에서 보낸 농 값, 그것마저 바쳤구나. 그러면 그렇지. 우리 아배 참봉 나으리."

 고종훈의 한국사 브리핑

사건 핵심 분석 ▶ 민족 말살 통치

QR 코드를 찍으면 고종훈 선생님의 강의를 볼 수 있어요.

시기 ▶ 1938년~1945년
작전 ▶ 조선인을 뼛속까지 일본인으로 만들자.
작전 내용 ▶ 강제 신사 참배, 일본식 성명 강요, 황국 신민서사 외우기
조선인들의 평가 ▶ 결국 일제에 충성하라는 이야기?
일본인의 최대 망언 ▶ 일본과 조선은 한 몸이다.
역사적 중요도 ▶ ★★★★☆
시험 출제 빈도 ▶ 높음

일제는 1930년대 이후 자국의 경제 위기를 전쟁을 통해 극복하려고 했어요.

일제는 1931년 만주를 침략해 **만주 사변**을 일으키고, 1937년에는 **중일 전쟁**, 1941년에는 영국과 미국을 상태로 **태평양 전쟁을 일으켰어요.** 일제가 저지른 전쟁은 약 15년 동안 계속되었어요.

제2차 세계 대전 동안 일제는 조선의 통치 체제를 변화시켰어요.

일제는 우리 민족을 침략 전쟁에 동원하기로 했어요. 그래서 **우리 민족을 완전히 일본인으로 만드는 민족 말살 정책을 실시했어요.** 우리의 독자성을 부정하고, 우리말과 글의 사용은 물론 우리 역사의 연구와 교육도 금지했지요.

일제는 조선인에게 천황 숭배를 강요했어요.

조선의 국민학교 아이들은 모두 일본 천황에게 충성을 다해야 한다는 **황국 신민 서사**를 외워야 했어요. 또 일본의 천황이 살고 있는 쪽을 향해 고개를 숙이는 **궁성 요배**를 해야 했어요. 매일 정오에는 천황이 있는 쪽을 향해 조용히 기도를 해야 했답니다.

1 심층 취재

일제, 우리나라를 전쟁에 이용하다

일제가 우리나라의 물건과 사람들을 마구잡이로 가져가고 있다고 합니다. 전쟁에 필요한 모든 것을 총동원하겠다는 계획인데요. 마치 우리가 일제를 위한 전쟁 보급 기지라도 된 것 같은 기분이 듭니다. 김역사 기자가 자세한 상황을 알려주시죠.

지금 막 일본이 국가 총동원법을 선포했는데요! 무슨 내용인지 들어보겠습니다.

조선 총독부 관리: 대일본 제국은 조선에 국가 총동원법을 선포합니다! 우리가 일본인과 조선인은 하나라고 했죠? 그러니 조선인들은 마땅히 모든 자원과 사람들을 동원해 일본의 전쟁을 도와야 할 것입니다.

김역사 기자

갑자기 조선 총독부에서 이런 발표를 한 이유는 무엇일까요?

처음에 일본은 당장에라도 미국을 무찌를 기세로 태평양 전쟁을 벌였어요. 하지만 전쟁의 규모는 나날이 커질수록 전세가 점점 불리해지고 있습니다. 전쟁에 필요한 자원과 병력이 부족해져 식민지 조선에서 부족한 물자와 인력을 보충하려고 합니다.

이렇게 일본이 한국을 전쟁 보급 기지로 만든 정책을 바로 '병참 기지

병참 기지화 정책 | 일제의 침략 전쟁에 동원되다

화 정책'이라고 합니다. 일본은 한국에서 어떤 자원들을 빼앗았을까요?

공출

식량이나 물건 등을 일제에 강제로 바치게 한 일을 말해요. 일제는 공출이 나라 전체를 위한 일이라고 강조했어요.

아낙네 최씨

아유~. 말도 마세요! **공출**이다 뭐다 해서 고철, 놋그릇, 수저, 낫, 호미, 쟁기, 징, 꽹과리 등 온갖 쇠붙이를 가져다가 무기를 만들더라고요. 어디 그것뿐인가요? 철도 선로를 뜯어가질 않나, 교회에 걸린 종을 떼어 가질 않나. 온 나라의 쇠붙이는 다 가져갈 것 같아요.

산업화

농업을 중심으로 하는 사회를 벗어나, 공장에서 물건을 만들어 판매하는 일이 중요해진 사회로 바뀌는 것을 말해요.

쇠붙이나 금속 제품 말고도 일본이 가져간 것은 없었나요?

있죠! 군인들 먹일 식량이 필요하다면서 쌀을 싼값에 강제로 거둬 갔어요. 제멋대로 걷어 갈 땐 언제고, 마치 선심이라도 쓰는 것처럼 다시 배급해 주더라고요. 말을 잘 들어야 쌀을 주겠다면서요. 위문금이니 헌금이니 전쟁에 필요한 돈을 강제로 걷기도 했답니다.

공출뿐만이 아닙니다. 일본은 우리나라 북부 지방에 공장을 세워 군대에 필요한 물건을 생산하고 있는데요. 일본의 입장을 들어보시죠!

공장주 다까무라

일본이 특별히 막대한 돈을 들여서 조선 땅에 회사와 발전소, 기계 공장을 세워주고 있지 않습니까? 조선은 우리가 아니었으면 **산업화**를 이루지도 못했을 겁니다. 그러니 조선에서 필요한 값싼 자원과 일할 사람들을 제공하는 것은 당연한 일이지요.

또한 일제는 전쟁을 지속하기 위해서는 전쟁터에서 싸울 병사들, 전쟁에 쓸 물건을 만드는 노동자들을 데려갔어요. 전쟁터로 끌려가는 학도병 이군과 인터뷰를 해보았습니다.

학도병 이군

처음에는 가고 싶은 사람만 지원해서 군대에 갈 수 있었어요. 그런데 태평양 전쟁이 시작되고 나서부터는 20세 이상의 남자들은 무조건 군대로 끌려가는 징병제로 바뀌었대요. 심지어 저처럼 어린 학생들도 평소에 군사 훈련을 받아야할 뿐만 아니라 학도병으로 끌려가기 일쑤였어요.

일본군 '위안부'
일본군을 따라다니며 성 노예 생활을 하였어요.

여성들도 전쟁에 동원되었다고 하는데, 말씀 좀 해 주시죠.

아낙네 최씨

심지어 일본군 '**위안부**'를 강제로 뽑아 전쟁터로 내보내기도 했습니다. 성인 남성뿐만 아니라, 나이 어린 학생들과 여성들까지 전쟁에 동원되고 있어요.

사할린, 동남아시아, 일본으로 끌려간 노동자들도 많다고 합니다.

탄광 노동자 남씨

처음에는 일본 정부가 취업을 시켜 주겠다며 사람들을 모집하더니, 나중에는 아예 집집마다 남자 한 명씩을 강제로 뽑아 끌고가더군요. 저와 수백 명의 청년들은 부산에서 배를 타고 일본에 도착했습니다. 어떤 사람들은 비행장 같은 전쟁 시설을 만드는 공사장으로 갔고, 어떤 사람들은 군수품을 만드는 공장으로 가기도 했다는군요. 제가 간 곳은 석탄을 캐는 곳이었습니다. 저는 하루 열두 시간도 넘게 고된 일을 해야 했어요.

병참 기지화 정책 | 일제의 침략 전쟁에 동원되다

이렇게 해외로 끌려간 노동자들과 군인들 중 수많은 사람이 목숨을 잃거나, 고국으로 돌아오지 못한 채 그곳에서 머물며 살아가게 된 경우가 많다고 합니다. 고된 막노동과 전쟁의 후유증으로 병을 앓기도 했지만, 일제로부터 전혀 보상받지 못했어요.

한편, 끌려가지 않고 남아있었던 사람들은 어떻게 지냈을까요? 근로 보국대 윤씨의 이야기를 들어보겠습니다.

근로 보국대 윤씨

남편이나 아들이 **징용**이나 징병으로 끌려가고 마을이 텅 비게 되자, 남아있는 여성들이 가족의 생계를 책임져야 했어요. 그런데 일제는 징용에서 제외된 우리들에게 **몸빼 바지**라고 하는 작업복을 입히고 공장에서 쉴 틈 없이 일을 시켰답니다. 우리를 근로 보국대라고 부르면서, 애국하기 위해서 일하는 것을 영광으로 알라고 했어요.

징용
국가의 비상 사태에 국가의 권력으로 국민을 강제적으로 일정한 업무에 종사시키는 일

몸빼 바지
일본에서 일할 때 입던 헐렁한 바지를 말해요.

이렇듯 일본은 우리나라에 있는 물건과 사람들을 억지로 쥐어짜내서 전쟁에 동원하고 있습니다. 과연 얼마나 많은 사람들이 끌려갔을까요?

독립운동가

일본이 거짓말로 속여서 끌고 간 이들이 많아서 정확한 인원을 알 수는 없지만, 군인은 37만여 명, 노동자로 끌려간 사람들이 192만여 명, 일본군 '위안부'로 끌려간 여성이 10만여 명 정도이며, 근로 보국대 역시 400만여 명이나 됐을 거라고 해요.

지금까지 병참 기지화 정책으로 신음하고 있는 한국인들의 모습을 전해 드렸습니다!

스페셜뉴스  체험! 역사 현장

뻔뻔한 일본의 두 얼굴 – 일본 야스쿠니 신사, 우토로 마을, 군함도

전쟁 범죄자들을 신으로 모신 곳, 야스쿠니 신사

일본의 수도 도쿄의 주요 지역에 위치한 이곳은 겉보기에는 일본 전역에서 흔히 볼 수 있는 신사로 보입니다. 그러나 종종 일본의 총리나 유력한 정치인들이 참배를 하러 온 모습을 볼 수 있는데요. 그때마다 일본과 동아시아의 수많은 나라들 간의 외교적인 마찰이 생기고 뜨거운 논쟁이 벌어지기도 합니다. 그 이유는 대체 무엇일까요?

야스쿠니 신사는 일본 최대 규모의 신사로, 메이지 유신 이후에 일본의 천황을 위해 싸우다 죽은 이들의 영혼을 모아 기리는 곳이라고 해요. 심지어 제2차 세계 대전을 일으킨 사람들을 비롯해, 동아시아와 태평양의 국가들을 침략한 전쟁 범죄자들까지 신으로 모시고 있답니다. 야스쿠니 신사에는 난징, 싱가포르, 마닐라 학살을 주도하며 수많은 사람을 죽인 악질 사령관들도 모여 있어요.

일본 사람들은 그 사람의 죄나 평가와는 상관없이 전쟁에서 죽은 사람들을 무조건 야스쿠니 신사에 모신 것이며, 희생자들을 통해 과거를 반성하고 있다고 말해요. 그러나 사실 일본은 전쟁 범죄자들을 영웅으로 떠받들면서, 전쟁을 일으킬 정도로 강했던 과거의 일본을 그리워하고 있는 거예요.

전쟁은 세계의 평화를 위협하는 끔찍한 범죄예요. 지금이라도 일본의 정치인들이 야스쿠니 신사 참배를 멈추고 과거를 반성해야 하지 않을까요?

▲ 야스쿠니 신사

강제 징용된 조선인 노동자들의 마을, 우토로 마을

우토로 마을은 일본 교토 남부에 위치해 있습니다. 이곳에 처음 한국인들이 오게 된 건 1941년 제2차 세계 대전 때 교토에 비행장을 건설하기 위해서였지요. 일본 정부는 국가 총동원법에 의해 1,300명이나 되는 우리나라의 노동자들을 강제로 끌고 와 이곳에서 공사를 시켰어요. 우리 노동자들과 그 가족들은 허름한 합숙소에서 모여서 지냈지요. 그런데 곧 일본이 전쟁에서 패하고 우리 민족은

광복을 맞이하게 됩니다. 공사는 중단되었고, 가난한 우리나라의 노동자들은 조국에 돌아오지 못하고 그대로 남아 마을을 이루며 살게 된 거예요.

한때는 우토로 지역의 땅 주인이 누구냐는 문제로 마을이 철거될 위기에 놓이기도 했지만, 지금은 한국 정부의 도움으로 다시 일부 땅을 구입해서 삶을 이어나가고 있어요. 우토로의 사람들은 아직 한국 국적으로 살아가고 있답니다.

▲ 우토로 마을

지옥섬, 군함도

나가사키 반도 옆 다카시마 섬 아래로 배를 타고 내려가면 하시마 섬 또는 '군함도'라고도 불리는 섬이 있어요. 이 섬은 일본 정부의 노력으로 세계 문화유산으로도 등재되었는데요. 한국 사람들의 입장에서는 씁쓸한 미소를 짓게 한답니다. 왜 그런지 한번 알아볼까요?

과거에 군함도에는 풍부한 석탄 광산이 있었는데요. 그 덕분에 수천 명의 주민이 살아가는 광업 도시로 번영을 누렸어요. 이는 일본인들이 수많은 한국인을 석탄 광산의 노동자로 강제 징용한 것이 바탕이 되었지요. 광산의 일본인 감독은 한국인 노동자들을 가죽 채찍으로 매질하며 쉬는 시간도 없이 일을 시켰어요. 가혹한 환경에서 살다가 죽은 사람들도 많았고, 참다못해 군함도를 탈출하려는 한국인들도 있었지만, 거센 파도에 휩쓸려 가거나 발각되어 총살되는 경우가 대부분이었습니다.

훗날 일본이 전쟁에서 패하면서 그 소식을 뒤늦게 접한 한국인 노동자들은 군함도를 탈출할 수 있게 됐는데요. 그 과정에서 일본인들은 노동자들을 가혹하게 부렸던 기록을 대부분 없애버렸다고 해요. 이후 세상 사람들이 석탄보다 석유를 더 많이 쓰게 되면서 군함도는 사람이 살지 않는 텅 빈 섬이 되었습니다.

▲ 하시마 섬(군함도)

일본은 지금도 한국인 노동자들을 절대로 강제 징용을 한 적은 없었다고 우기고 있어요. 이에 맞서 우리 정부는 일본이 군함도에서 노동자들의 인권을 탄압했음을 알리기 위해 노력하고 있답니다.

전쟁터로 끌려간 여성들

김역사 기자

1991년, 김학순 할머니는 최초로 일본군 '위안부' 여성이 있었음을 증언했어요. 그 후 수많은 피해자 할머니들이 직접 증언에 나섰고, 결국 그녀들의 이야기는 세상에 널리 알려지게 됐지요. 무려 우리나라가 광복한 지 45여년이나 지나서였답니다. 대체 누가 이들의 존재를 감췄던 걸까요? 얼마나 아픈 상처였기에 한참 후에서야 말을 꺼낼 용기를 낼 수 있었던 걸까요?

'위안부'는 어떻게 시작된 건가요?

제2차 세계 대전 중이었던 일제는 끔찍한 생각을 하게 됩니다. 그건 바로 일본 군인들이 전쟁터에서 받는 스트레스를 해소하기 위해 여성들을 성적 노리개로 이용하자는 거였지요. 일제는 식민지였던 한국, 전쟁에서 패배한 중국, 동남아시아의 수많은 여성들을 전쟁터로 끌고 갔어요. 이런 여성들을 '정신대'라고도 불렀지요. 그러나 정신대라는 말은 옳지 않은 표현이랍니다. 정신대는 일반의 노동을 강요당한 여자를 말하거든요. 그래서 공식적으로는 일본군 '위안부'라는 명칭을 쓰고 있어요. 물론 '위안부' 역시 '위로하여 마음을 편안하게 해 주는 여자'라는 뜻이어서, 끔찍한 고통을 겪은 피해자 여성들을 뜻하기에는 너무나 평화로운 표현이긴 하지요.

여성들은 무장한 일본 경찰들에게 강제로 끌려가거나, 집집마다 한 명씩 강제 징용을 당하는 경우가 많았어요. 공장에서 일할 사람을 뽑는 줄 알고 지원한 경우도 있었지요. 끌려간 여성들은 10세에서 40세까지 다양한 나이였고, 군용 트럭에 실려 전쟁터로 향했어요. 그 숫자가 5만 명에서 수십만 명 정도 될 거라고 합니다.

▲ 일본군 '위안부'의 모습

병참 기지화 정책 | 일제의 침략 전쟁에 동원되다

전쟁이 끝난 후 '위안부' 여성들은 어떻게 됐나요?

일본군은 자신들이 저지른 잘못을 감추고자 '위안부' 여성들을 모아서 죽이거나 관련된 문서들을 전부 없애고자 했어요. 겨우 살아남은 '위안부' 여성들 역시 자신의 과거를 밝히지 못한 채 한평생 쓸쓸히 살아가는 경우가 많았어요. 수치스러운 일을 당했단 이유로 고향으로 돌아가지 못한 사람들도 있었고, '위안부' 시절 겪었던 충격으로 평생 고치지 못하는 병을 얻거나, 우리나라 말을 영영 잊어버리고 만 여성들도 있었답니다.

'위안부' 여성들에게 일본 정부가 제대로 된 사과를 했나요?

처음에 일본 정부는 일본군이 위안소를 운영한 적이 없으며, '위안부'는 돈을 벌기 위해 스스로 지원한 사람들이라고 우겼어요. 그러나 일본군이 '위안부'들을 모집하고 관리했다는 자료들이 잇따라 발견되면서, 두루뭉술한 사과를 하며 버티고 있어요. 2015년 박근혜 정부는 일본 정부와 한일 일본군 '위안부' 협상을 타결하였지만, '위안부' 할머니들과의 협의 없이 진행되어 논란이 있어요.

일본 정부의 사과를 받기 위해 어떤 노력이 진행되고 있을까요?

2008년 유엔 인권 위원회에서는 국제법상에서 '위안부'가 불법이라고 공식적으로 밝혔어요. 일본 정부가 피해자들에게 공식적으로 사과하고 적절하게 보상하여야 한다는 것과 피해를 준 일본군 관계자들을 처벌해야 한다고도 말이에요. 그럼에도 일본 정부는 사실을 숨기기에만 급급한 모습이에요.

매주 수요일 일본 대사관 앞에서는 '수요 집회'가 열립니다. 일본군 '위안부'의 문제 해결을 요구하는 집회예요. 1992년 1월 8일 시작되어 2011년에는 1,000회를 넘겼답니다. 특히 1,000회 때에는 일본 대사관 앞에 소녀상을 세우기도 했는데요. 강제로 '위안부'로 끌려갔던 한복 입은 어린 소녀의 모습을 표현하고 있답니다.

일본 정부가 제대로 된 사과를 하는 그날까지 우리 모두 노력해야 할 것이에요.

▲ '위안부' 소녀상

고종훈의 한국사 브리핑

사건 핵심 분석 ▶ 병참 기지화 정책

QR 코드를 찍으면 고종훈 선생님의 강의를 볼 수 있어요.

시기 ▶ 1931년~1945년
정책의 속셈 ▶ 일본의 승리를 위해 조선은 희생하라!
정책 동기 ▶ 다른 나라와 전쟁에 쓸 물자가 부족해서
정책 내용 ▶ 조선을 무기 창고로 사용. 지하자원 착취.
일본인들의 말말말 ▶ 무조건 쥐어짜라.
백성들의 말말말 ▶ 숟가락까지 가져가면 어떡하라고!
역사적 중요도 ▶ ★★★★☆
시험 출제 빈도 ▶ 높음

일본은 우리나라를 전쟁 물자를 대는 곳으로 이용했어요.

일제는 다른 나라와의 전쟁을 위해 우리나라를 병참 기지로 이용했어요. 자신들이 필요한 무기를 만들기 위해 공장을 세우고 지하자원을 캐냈죠. 심지어 놋그릇이나 수저까지 거둬 갔답니다. 이뿐 아니라 한국인을 강제로 공장으로 끌고가 노동을 시켰어요.

사건 관계 분석

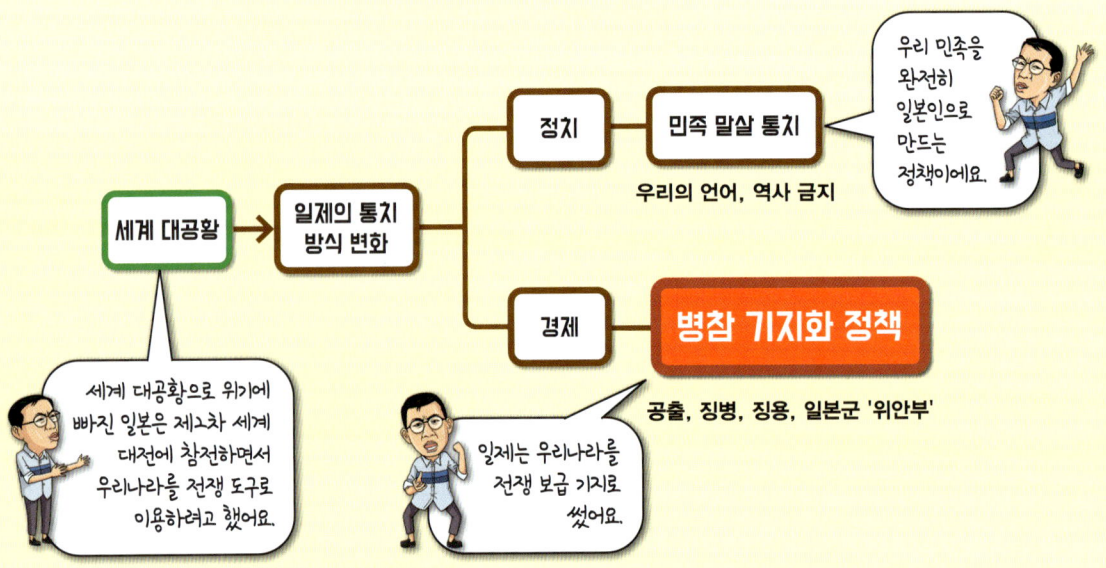

13 의열단과 한인 애국단

의열 투쟁으로 독립운동의 불씨를 되살리다

타임라인 뉴스

1919 김원봉이 만주에서 의열단을 조직하다

1922 김익상이 일본 대장 암살을 시도하다

1923 김상옥이 종로 경찰서에 폭탄을 던지다

1932.1. 이봉창이 일본 천황에게 폭탄을 던지다

1932.4. 윤봉길이 상하이에서 일본군에게 폭탄을 던지다

1 헤드라인 뉴스

의열단, 일제를 처단하고 파괴하라!

동에 번쩍, 서에 번쩍하며 눈 깜짝할 사이에 일제를 대상으로 한 암살과 파괴를 일삼는 의열단! 그들의 활동으로 일본의 고위급 지도자들과 주요 통치 기관에서는 비상이 걸렸다고 합니다. 일본 경찰들은 의열단원들을 공개 수배하겠다고 나섰습니다.

이제부터 본격적인 의열 투쟁이 시작됐습니다!

김역사 기자

3.1 운동 이후 독립운동은 많은 어려움을 겪었습니다. 일제의 탄압과 열악한 여건으로 대한민국 임시 정부를 비롯한 국내외 독립운동 단체들의 힘이 약해졌어요. 더욱이 일제가 만주를 장악함에 따라 해외의 무장 투쟁 역시 어려움을 겪게 됐습니다. 침체된 독립운동의 불씨를 살릴 새롭고 강력한 독립운동 수단이 필요하게 된 거지요.

한편, 1919년에는 65세의 노인 강우규가 사이토 총독이 탄 마차에 폭탄을 던지는 일이 있었는데요. 이 **의거**는 독립운동을 준비하던 청년들에게 큰 자극을 주었습니다. 그 영향으로 다양한 비밀 결사 조직이 탄생하게 됐죠.

노인 강우규의 의거가 있었던 1919년, 만주에서는 21세의 젊은 청년 김원봉과 그의 동지들이 비밀 결사 단체인 의열단을 결성했습니다. 신흥 무관 학교 출신들이 중심이 되어 모인 13명의 의열단원들은 18세에서 26세 사이의 다양한 직업을 가진 청년들이었습니다. 의열단원들은 신채호가 써 준 '조선 혁명 선언'이 적힌 수첩을 항상 가지고 다니며, 마음을 굳게 다졌다고 해요. 또한 광복할 때까지 단 한 명도 조직을 배신하지 않았답니다.

의열단이라는 이름은 의열단 규칙 제1조인 '천하의 정의로운 일을 맹렬히 실현한다.'라는 말에서 '정의'와 '맹렬'을 따와 지었다고 해요. **의열단의 가장 큰 목표**는 7가살, 5파괴로 직접적인 **무력**과 폭력을 통해 일제를 타도하는 것이었어요. 그들이 이런 목표를 정한 이유는 문화 운동, 외교 운동, 준비론 같은 기존의 독립운동이 지나치게 몸을 사리고 있다고 생각했기 때문이에요. 누군가 한 사람이 자신의 목숨을 바쳐 일제를 처단하는 모습을 보인다면 수많은 사람들이 용기를 내어 3.1 운동처럼 대규모의 항일 시위로 독립을 이룰 수 있다고 믿었던 거지요.

의열단원들을 만난 적이 있었던 여류 작가 님 웨일스는 그들이 아주 멋쟁이었다고 말해요. 매일 사격 훈련을 하고 운동을 하여 최고의 몸 상태를 유지했고, 언제나 외모를 멋지게 단장하길 좋아했다고 하지요. 특히 의열단원들은 사진 찍는 것을 아주 좋아했는데요. 왜냐하면 항상 지금 찍는 사진이 죽기 전에 마지막으로 찍는 사진일 거라고 생각했기 때문이었습니다. 또한 이들은 변장에 능하고, 외국어도 능통해서 철통같았던 일제의 감시망을 피해 유유히 폭탄을 투척할 수 있었답니다.

그럼 지금부터 한 편의 영화처럼 강렬한 의열단원들의 활약을 한번 살펴볼까요?

의거
정의를 위하여 개인이나 집단이 의로운 일을 도모한다는 뜻이에요.

의열단의 목표
〈7가살(7가지암살대상)〉
1. 조선 총독과 이하 고관
2. 일본군 주요 인물
3. 대만 총독과 대만 총독부
4. 친일파 우두머리
5. 적의 밀정
6. 반민족적 토호
7. 매국노

〈5파괴〉
1. 조선 총독부
2. 동양 척식 주식회사
3. 매일신보사
4. 각 경찰서
5. 기타 식민 기관

무력
군사상의 힘

의열단장
김원봉

나는 의열단의 단장 김원봉입니다. 일제가 나에게 최고 현상금 100만 원을 걸었다죠? 지금 돈으로 약 320억 원에 해당하는 엄청난 액수라더군요. 하지만 나는 사람들을 잘 믿지 않는데다가 한 자리에 2시간 이상 머물지 않아 한 번도 체포된 적이 없어요!

김익상

저는 일본인 전기 수리 기사인 것처럼 변장해서 조선 총독부 청사로 들어갔습니다. 그리고 폭탄 두 개를 던지고는 유유히 건물을 빠져나와 도망쳤지요. 식민 통치의 핵심 기관인 조선 총독부가 공격당하고도 범인조차 잡지 못했으니, 일본인들 단단히 약 올랐을걸요? (1921년 9월 12일, 조선 총독부)

하지만 저는 한 번 더 일본을 혼내주기로 맘먹었지요. 상하이 황포탄 세관 부두에서 일본 육군 대장 다나카를 죽이고자 했어요. 그러나 영국인 기자의 부인이 대신 총에 맞는 바람에 실패하여 중국 순경에게 붙잡혔죠. 이 사건으로 의열단의 존재가 세상에 알려지게 되었답니다. (1922년 3월 28일, 육군 대장 다나카)

김상옥

종로 경찰서에 폭탄을 던지고 무사히 탈출했던 때가 생각나는군요. 이때 저 혼자서 천여 명의 일본 군경에 맞서 총격전을 벌였어요. 일본 경찰을 여럿 사살하고 건물 옥상 위로 도망쳤지요. 마지막 은신처마저도 발각되자 일본 경찰 4백여 명이 겹겹이 포위하더군요. 결국 저는 마지막 남은 총알 한발을 가슴에 겨누고 "대한 독립 만세"를 부르면서 자결했어요. (1923년 1월 12일 종로 경찰서)

김지섭 저는 외모도 일본인을 닮고 일본어도 잘하는 의열단의 핵심 요원이었어요. 열흘 동안 상하이에서 출발한 석탄 운반선 바닥 창고에서 주먹밥으로 끼니를 때우며 일본으로 잠입했지요. 일본 왕이 살고 있는 궁성 정문 앞에서 보초병들과 싸우고 폭탄을 던졌으나, 불발탄이 나와 결국 체포되고 말았답니다. (1924년 1월 5일, 도쿄 궁성)

나석주 저는 중국인 행세를 하고 식산은행으로 들어가 은행원들 뒤로 폭탄을 던졌는데요. 아쉽게도 불발했어요. 그렇지만 망설임 없이 길 건너편 동양 척식 주식회사를 다음 목표로 정했죠. 다행히 식산은행의 소란으로 동양 척식 주식회사의 경비가 허술하더라고요. 저는 1층부터 2층까지 돌며 도망가는 일본인들을 사살하고 나머지 폭탄 1개를 던졌으나 이 역시 불발했어요. 이후 거리로 나와 추격하는 경찰들과 접전을 벌이다 포위망이 완전히 좁혀지자 총으로 자결을 시도했고 병원에 후송되었으나 결국 생을 마감했습니다. (1926년 12월 26일, 동양 척식 주식회사)

죽음을 두려워하지 않는 의열단의 의열 투쟁은 우리 민족의 독립 의지를 널리 알리고 또 다른 투쟁을 이끌어냈지요. 의열단 활동 후, 단장 김원봉은 소수에 의한 의열 투쟁만으로는 큰 변화를 가져올 수 없음을 깨닫고 조직적인 무장 항쟁을 결심해요. 의열단 단원들은 군사 학교에 들어가 훈련을 받고 조선 의용대 등의 군대로 발전하게 됩니다.

2 심층 취재

한인 애국단, 임시 정부를 되살리다!

그동안 대한민국 임시 정부는 별다른 성과를 내지 못하고 있었는데요. 지도자 김구는 한인 애국단이라는 새로운 의열 단체를 결성해 대한민국 임시 정부의 힘을 다시 한 번 보여 주려고 합니다. 김역사 기자가 이봉창과 윤봉길 의사의 의거 현장을 심층 취재했습니다!

저는 지금 임시 정부 앞에 나와있는데요. 김구 선생이 뭔가 중대한 발표를 하려는 것 같습니다.

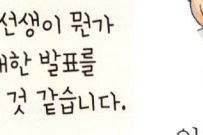
김구

김역사 기자

여러분도 아시다시피 최근 우리 임시 정부는 큰 어려움을 겪고 있어요. 연통제도 파괴됐고, 그토록 노력했던 외교 활동도 별다른 성과가 없었죠. 게다가 얼마 전 임시 정부의 대통령이었던 이승만이 국제 연합에 한국을 대신 다스려 달라고 요청했던 사실이 뒤늦게 알려지면서 큰 문제가 됐습니다.

1923년, 상하이에서 국내외 독립운동 단체 대표자들이 참가한 국민 대표 회의가 열렸죠. 다섯 달이나 계속 회의를 한 끝에 결국 이승만 대통령을 **탄핵**하고 임시 정부를 새롭게 단장했지만, 이미 힘을 잃은 임시 정부는 다른 독립운동 단체들을 이끌 능력이 없었습니다.

그래서 나 김구는 임시 정부의 힘을 보여주기 위해 새로운 의열 단체인 한인 애국단을 만들게 되었습니다.

한편, 기노시타 쇼죠, 한국 이름 이봉창이라는 사람이 저를 찾아왔어요. 저는 그와 비밀 면담을 가지며 어떤 사람인지 파악하려고 했습니다.

이봉창

김구 선생님, 저는 어려서부터 조선인이라는 이유로 차별받으며 살아왔습니다. 그래서 적을 알아야 적을 이길 수 있다는 마음으로 일본으로 건너가 일본인 행세를 하며 살아왔습니다. 제게 적국의 우두머리를 죽일 기회를 주십시오!

저는 청년 이봉창의 결심에 감동하여 1년 동안 거사 준비를 도왔습니다. 1931년 12월 일본으로 떠나기 전, 이봉창은 제 앞에 서서 한인 애국단의 일원으로 의거를 하겠다는 **자필 선서문**을 낭독했어요. 기념 촬영을 할 때 그는 양 손에 수류탄을 들고 환하게 웃었답니다. 이봉창의 목표는 도쿄에서 열린 한 행사에 참석한 일본 국왕 히로히토를 죽이는 것이었어요.

과연 이봉창의 거사는 성공했을까요? 거사를 겪은 천황 히로히토의 이야기를 들어보겠습니다.

히로히토 천황

내가 **관병식**을 마치고 돌아가고 있을 때였습니다. 갑자기 폭탄이 마차 앞으로 날아와 터졌지 뭡니까! 궁내대신의 마차가 뒤집어지고 말이 다쳤지만 다행히 저는 무사했어요. 일본 도쿄 법원에서 이봉창에게 사형을 선고했다고 하더군요.

탄핵
대통령이나 국무총리 같은 높은 직책의 사람을 해임시키는 일을 말해요.

한인 애국단 선서문
"나는 마음에서 우러나오는 참된 정성으로서 조국의 독립과 자유를 회복하기 위하여 한인 애국단의 일원이 되어 적국의 수괴를 도륙하기로 맹세하나이다."

관병식
지휘관이 군대를 사열하는 의식

만주 사변

일제가 1931년에 류타오후 사건(만철 폭파 사건)을 조작해, 만주를 식민지로 만들어 중국을 침략하는 발판으로 삼기 위해 벌인 침략 전쟁을 말해요.

이봉창의 의거는 어떤 평가를 받고 있을까요?

중국 언론에서는 저의 의거를 크게 알리며 칭찬했습니다! **만주 사변**을 일으킨 일본에 악감정이 있었기 때문입니다. 이들은 저의 의거가 '불행하게도 실패했다.'라고 애석한 마음을 담은 기사를 신문에 실었는데요. 이에 화가 난 일본은 그걸 구실로 삼아 상하이를 침략하여 강제로 점령하였지요.

그리고 몇 달 뒤, 또 한 번 세상을 놀라게 할 한인 애국단의 거사가 있었습니다. 백범 김구 선생의 말씀을 계속 들어보겠습니다.

네, 바로 윤봉길이라는 청년이 조국을 위해 목숨을 바치겠다는 신념으로 절 찾아왔죠. 그리고 마침 절호의 기회가 왔습니다. 1932년 4월 29일 상하이 훙커우 공원에서 일본 국왕의 생일 축하식과 더불어 일본이 상하이를 점령한 것을 축하하는 행사를 한다는 것이었죠. 우리는 거사날 아침에 마지막으로 아침 식사를 함께 했습니다. 그날 윤봉길이 저에게 한 말이 생각납니다.

윤봉길

선생님 걱정하지 마세요. 우리가 그토록 바라던 기회 아닙니까! 그나저나 선생님, 시계가 많이 낡았네요. 제 시계랑 바꿔서 쓰시는 게 어떨까요? 어차피 제가 시계를 볼 시간은 얼마 남지 않았으니 말입니다.

홍커우 공원은 일제의 무장한 군인과 경찰이 삼엄하게 경계를 서고 있었습니다. 단상 위에는 침략을 주도했던 일본 지도자들이 나란히 앉아 있었어요. 오전 11시 40분 축하식이 한창 진행되는 가운데, 일본 국가 연주가 거의 끝났습니다. 윤봉길은 물통으로 속였던 폭탄의 덮개를 벗겨 단상 위로 폭탄을 **투척**했습니다. 폭탄이 터지자 축하식장은 순식간에 아수라장이 됐습니다. 의거는 대성공이었습니다!

투척
물건 등을 집어던짐

 윤봉길의 의거에 대한 중국 사람들의 반응도 궁금해지는데요. 중국 장제스 총통의 말씀을 들어보겠습니다.

이번 의거는 무척 감동적이었습니다. 중국의 백만 대군도 못했던 일을 한 사람의 조선 청년이 해냈기 때문이죠! 앞으로 중국 정부는 대한민국 임시 정부를 적극 후원할 생각입니다.

장제스 총통

 현장에서 붙잡힌 윤봉길은 사형을 선고받았는데요. 마지막으로 윤봉길 의사의 말씀을 전하며 심층 취재를 마칩니다.

저는 제 두 아들 역시 나라를 위한 용감한 투사가 되길 바랍니다. 그리고 동포 여러분, 저는 백 년을 살기보다 조국의 영광을 지키며 죽겠다고 결심했습니다. 다들 안녕히들 계십시오.

스페셜뉴스  체험! 역사 현장

김역사 기자가 간다! 서대문 형무소에서의 하루

김역사 기자

우리 민족에게는 악명 높은 감옥으로 알려진 서대문 형무소!
오늘 저는 독립운동가가 되어 서대문 형무소에서의 하루를 체험해보도록 하겠습니다.
과연 그곳에서는 어떤 일들이 벌어질까요?

김역사 기자입니다. 저는 지금 악명 높은 서대문 형무소 앞에 서 있습니다. 과연 일제가 전국 각지에 세운 감옥 중 가장 크다는 소문답게 거대한 규모인데요. 을사늑약 이후 1908년 처음 세워졌을 때의 이름은 경성 감옥이었는데, 그 후 서대문 형무소로 이름이 바뀌었다네요. 처음에는 500명 정도 수용하는 규모였지만, 의병 운동과 3.1 운동 때 어찌나 많은 사람이 독립운동에 참여했는지 그 규모를 몇 배나 확장할 수밖에 없었다고 해요.

철문을 열고 형무소 안으로 들어가 보겠습니다. 이제 서대문 형무소 사무실에서 죄수복으로 갈아입고 죄수 번호를 받아서 기다립니다. 굳게 잠겨 있는 철제 서랍장에는 일본 형사들이 수많은 독립운동가들의 재판 내용과 사진, 인적 사항 등이 적힌 수형 기록표를 보관해 두고 있습니다. 유관순, 한용운, 김구 등 이곳을 거쳐간 독립운동가만 5천여 명에 달한다고 합니다. 일일 체험을 하는 저의 임시 수형 기록표를 남기기 위해 사진 한 장을 찍습니다.

감옥 안에는 독립운동가와 일본 경찰의 눈 밖에 난 우리 민족이 붙잡혀 들어와 있습니다. 감방 곳곳에서는 신음 소리가 흘러나오고 있습니다. 이쯤 되니 저도 식은땀이 흐르며 두려워집니다. 밧줄로 꽁꽁 묶인 저에게 일본 경찰이 총구를 들이밉니다. 3평 정도 되는 쥐구멍처럼 작은 방이 오늘 제가 하루 묵게 될 감방인 듯하군요.

처음에는 취조실로 가서 험악한 인상의 일본 경찰 앞에서 죄를 자백해야 합니다. 종이 위에 독립운동에 가담한 동지들의 이름이나, 뒤에서 지시한 지도자의 이름을 적어야 하지요. 그러나 목숨을 걸고 독립운동을 했던 사람들이 그렇게 호락호락하게 넘어갈 리가 없지요.

지하 감옥에는 고문실이 있습니다. 어두컴컴한데다가 곳곳에서 비명 소리가 들리는 무서

운 곳이 아닐 수 없어요. 고문하는 모습은 차마 두 눈 뜨고 볼 수가 없을 정도로 참담합니다. 거꾸로 매달아 코에 물을 집어넣는 물고문, 손톱 밑을 바늘로 찌르는 고문, 날카로운 못을 박은 상자 안에 넣어 흔드는 고문 등 독립운동가들은 어떻게 그런 고통을 겪고도 뜻을 꺾지 않을 수 있었을까요? 저 역시 벽관이라는 곳에 들어가 고문을 체험해봤습니다. 한 사람이 겨우 서 있을 정도인 작은 크기의 관을 벽에 세워둔 건데요. 좁은 곳에 갇혀 있다 보니 답답하고 괴로운 마음이 들기도 하고, 계속 서 있으니까 다리가 아프고 온 몸에 전신마비가 올 지경입니다.

마지막으로 제가 향한 곳은 사형장이었습니다. 사형장으로 가는 길에는 가지를 제대로 뻗지 못한 미루나무가 한 그루 서 있는데요, 통곡의 미루나무라고 불린답니다. 사형 집행 직전에 독립운동가들이 이 나무 앞에 멈춰서 통곡했다고 해요. 얼마나 큰 한이 서려있으면 나무가 제대로 자라지도 못했을까요. 사형장을 나가면 그 옆으로 일본군이 몰래 시체를 내다 버렸던 구멍인 시구문이 있습니다. 사형을 집행했다는 사실이나, 고문으로 인해 사람이 죽었다는 사실을 감추기 위한 것으로 보이네요.

서대문 형무소를 나서면서 저는 잠시 묵례를 올렸답니다. 일제가 이토록 잔인하게 우리 민족을 짓밟았음에도, 민족의 독립을 위해 목숨을 바친 사람들이 있었다니, 가슴이 뜨거워지는 기분이었지요. 지금까지 서대문 형무소의 하루를 보내드렸습니다.

오늘날의 서대문 형무소는?

오늘날 서대문 형무소는 역사 전시관으로 사용되고 있어요. 서대문 형무소가 어떻게 세워졌는지, 당시의 모습은 어떠했는지 알 수 있습니다. 고문실에는 고문을 받는 중인 독립운동가들의 모습을 밀랍인형으로 재현해서 끔찍한 당시의 현실을 실감해볼 수 있습니다. 고문 체험, 재판 체험, 사형 체험 등을 직접해 볼 수도 있지요. 2층 민족 저항실에는 독립운동가들의 수형 기록표를 벽에 나란히 전시해 두었답니다. 식민 지배에 맞섰던 독립운동의 역사가 한 자리에 모여 있는 거지요.

스페셜뉴스 인물 인터뷰

우리 민족을 울린 한 노인의 뜨거운 애국심, 강우규

김역사 기자

최근 우리 민족의 가슴을 뜨겁게 달구셨던 분입니다. 남대문역에서 조선 총독 사이토 마코토를 향해 폭탄을 던진 강우규 선생을 모셨습니다. 사실 강우규 선생이 우리를 놀라게 했던 건 이분이 65세 백발의 노인이기 때문이었는데요. 독립운동 사상 처음이자 마지막으로 노인에 의한 폭탄 의거가 이루어진 겁니다. 그가 조선의 젊은이들에게 하고 싶은 말은 무엇인지 들어볼까요?

선생님께서는 젊은 시절에 주로 어떤 활동을 하셨는지 궁금합니다!

강우규

저는 젊은 시절 읍내 남문 앞 중심지에서 한약방을 운영하며 큰돈을 모았습니다. 그렇게 돈을 모은 이유는 교육 계몽 운동을 펼치기 위해서였어요. 마을에 사립 학교와 교회를 세워 사람들에게 새로운 학문을 가르치려고 했지요. 그러나 1910년 나라를 잃자 계몽 운동만으로는 부족하다는 것을 느꼈어요. 그래서 독립운동에 참여하기 위해 북간도로 떠났지요.

그때 선생님의 나이가 이미 50대였다고 들었습니다. 낯선 땅에서의 생활이 고되지는 않으셨나요?

껄껄. 독립운동을 하는데 나이가 무슨 상관이 있겠습니까. 저는 만주와 연해주의 애국지사들과 만나 독립운동의 방법에 대해 논의했습니다. 그리고는 만주 길림에 독립운동 기지인 신흥촌을 건설했지요. 신흥촌은 1년도 채 지나지 않아 100여 가구가 사는 한인 마을로 커나갔고, 국외 독립운동의 중심지가 됐습니다.

독립운동 기지를 건설하신 것도 대단한데, 블라디보스토크로 건너가 또 다른 활동을 하셨다지요?

그렇습니다. 제가 이미 나이도 많았고, 조국의 독립을 앞당길 방법이 없는지 고민이 많았기 때문이에요. 블라디보스토크에서는 대한국민 노인 동맹단으로 활동하면서 청년 독립 투사들을 도왔습니다. 40세에서 70세 사이의 사람들로 이뤄진 단체였지요. 그 무렵 일제는 3.1 운동을 탄압하고, 새 총독을 부임시켜 이른바 문화 통치를 한다며 우리 민족을 분열시키려 하더군요. 그래서 새로 부임한 총독을 처단해야겠다고 결심했지요.

의열단과 한인 애국단 | 의열 투쟁으로 독립운동의 불씨를 되살리다

아무리 그래도 65세의 나이로 의거를 결심하기 쉽지 않았을 텐데요. 어떻게 준비를 하셨나요?

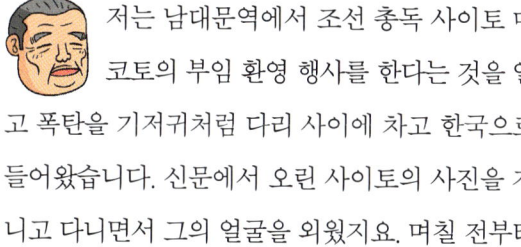 저는 남대문역에서 조선 총독 사이토 마코토의 부임 환영 행사를 한다는 것을 알고 폭탄을 기저귀처럼 다리 사이에 차고 한국으로 들어왔습니다. 신문에서 오린 사이토의 사진을 지니고 다니면서 그의 얼굴을 외웠지요. 며칠 전부터 매일같이 거사 장소를 찾아가 답사하면서 어디서 어떻게 폭탄을 던질지 고민했답니다.

드디어 기다리던 거사날이 찾아왔습니다. 많이 떨리셨을 것 같은데요?

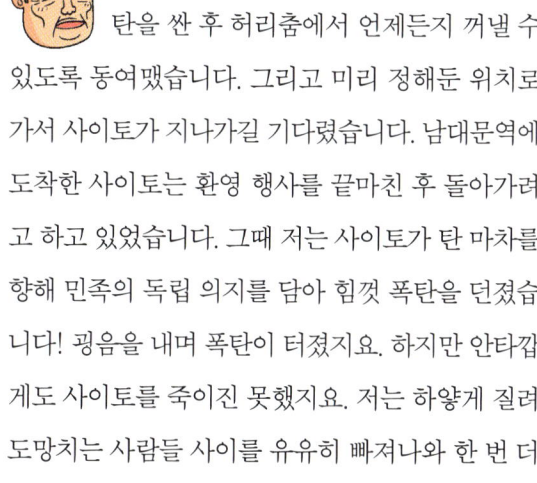 긴장되긴 하더군요. 저는 명주 수건에 폭탄을 싼 후 허리춤에서 언제든지 꺼낼 수 있도록 동여맸습니다. 그리고 미리 정해둔 위치로 가서 사이토가 지나가길 기다렸습니다. 남대문역에 도착한 사이토는 환영 행사를 끝마친 후 돌아가려고 하고 있었습니다. 그때 저는 사이토가 탄 마차를 향해 민족의 독립 의지를 담아 힘껏 폭탄을 던졌습니다! 굉음을 내며 폭탄이 터졌지요. 하지만 안타깝게도 사이토를 죽이진 못했지요. 저는 하얗게 질려 도망치는 사람들 사이를 유유히 빠져나와 한 번 더 거사를 준비하기로 결심했습니다.

안타깝게도 의거 16일 후 순사에게 잡혀 다시 거사를 준비할 수 없게 됐다고 들었습니다. 법정에서 사형을 선고받으셨는데, 심정이 어떠신지요?

 저는 죽는 것은 두렵지 않아요. 오히려 나라를 위해 한 일이 아무 것도 없다는 것이 부끄러울 뿐이죠. 제 거사로 일제의 통치자들과 세계 사람들에게 우리의 힘을 보여줄 수 있다면 그걸로 충분합니다. 또한 저의 죽음이 우리 청년들을 독립운동으로 이끄는 작은 계기가 되길 바랍니다.

선생님의 의거 덕분에 수많은 청년들이 독립운동 전선에 뛰어들게 되고, 의열단을 비롯한 의열 투쟁 단체가 무수히 생겨나고 있다고 하네요. 한 노인의 뜨거운 애국심에 모두가 큰 감동을 받지 않았나 싶습니다. 지금까지 강우규 선생과의 인터뷰였습니다.

강우규가 사형 직전 유언으로 남긴 한시

단두대 위에 서니
오히려 봄바람이 부는구나
몸은 있으나 나라가 없으니
어찌 감회가 없으리오.

 **고종훈의 한국사 브리핑**

사건 핵심 분석 ▶ 의열단과 한인 애국단

 QR 코드를 찍으면 고종훈 선생님의 강의를 볼 수 있어요.

활동 시기 ▶ 1920~1930년대
대표적 인물 ▶ 김구, 이봉창, 윤봉길
활동 영역 ▶ 우리나라와 해외 곳곳
단체의 특징 ▶ 동에 번쩍, 서에 번쩍!
활약상 ▶ 조선 총독부 폭파, 일본 국왕 암살 시도, 홍커우 공원의 축하연에서 폭탄 투척
역사적 중요도 ▶ ★★★★☆
시험 출제 빈도 ▶ 높음

3.1 운동 이후 의열단과 한인 애국단이 생겼어요.

의열단은 1919년 조직된 비밀 조직이에요. 대표적 행동으로는 1921년 김익상의 조선 총독부 폭탄 투척, 1923년 김상옥의 종로 경찰서 폭탄 투척 등이 있습니다. 한인 애국단은 대한민국 임시 정부가 1931년 일본 수뇌부 암살을 위해 결성한 비밀 독립운동 조직입니다.

사건 관계 분석

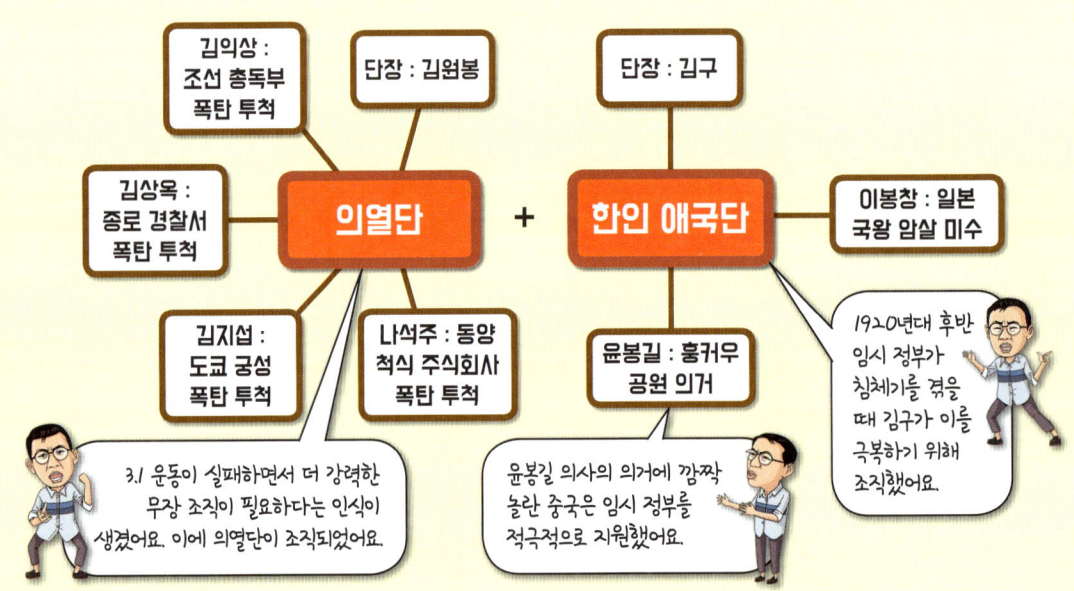

14 한국 광복군
연합국의 일원이 되어 일제와 맞서다

타임라인 뉴스

1934 김구가 중국의 군관학교에 한인 특별반을 만들다

1937 임시 정부가 군대 창설 계획을 세우다

1940 중국 충칭에서 한국 광복군이 창설되다

1941 일본에 선전 포고를 하다

1945 국내 진공 작전을 세웠으나 일본의 항복으로 실패하다

1 심층 취재

대한민국 임시 정부가 한국 광복군을 창설해 본격적인 군사 훈련에 들어갔다고 합니다. 한편, 일제에 맞서 나라 대 나라로 싸울 것을 선전 포고했다는데요. 독립을 위한 마지막 준비에 박차를 가한 대한민국 임시 정부의 모습을 김역사 기자와 함께 알아보겠습니다.

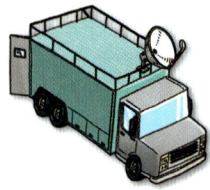

중국 정부의 지원을 받은 대한민국 임시 정부가 확 달라졌습니다. 어떤 점이 달라졌는지 한번 알아볼까요?

김역사 기자

한인 애국단 단원인 이봉창, 윤봉길의 의거를 통해 중국 정부의 지원을 받게 된 대한민국 임시 정부! 드디어 충칭(중경)에 정착하게 됐습니다. 이곳저곳 계속 떠돌아다녀야 했던 서러운 시절을 뒤로한 채 말이죠. 임시 정부는 지도자 김구를 중심으로 조직을 정돈하고 국내외 독립운동 단체들을 하나로 모으기 위해 노력했습니다.

그리고 일제와의 한 판 승부를 위해 무장 독립군을 키우기로 결심합니다. 처음에는 중국 군관 학교에 한인 무관 양성소를 세워 독립군을 양성하다가 1940년 마침내 임시 정부 최초의 정규군인 한국 광복군을 창설하게 됐지요. 처음에는 중국 정부에서 무기와 돈을 지원받는 대신 중국 군사 위원회의 간섭을 받아야 했는데요. 나중에 점점 독립적으로 활동할 수 있게 됐답니다.

150 한국 광복군 | 연합국의 일원이 되어 일제와 맞서다

처음에 한국 광복군은 지청천을 총사령관으로 하여 활동했는데요. 1942년에 항일 무장 조직인 조선 의용대의 일부 세력이 합류하면서 더 큰 힘을 가지게 됐어요. 조선 의용대는 의열단의 단장이었던 김원봉이 조직한 군사 조직이랍니다. 조선 의용대는 한국 광복군이 **창설**되기 전부터 중국 정부의 지원을 받아 활동 중이었지요. 또한 중국 전역에 흩어져 있던 한인 동포들과 독립군 활동에 뜻이 있었던 젊은이들이 모여들면서 한국 광복군에 힘을 보탰습니다.

창설
기관이나 단체를 처음으로 세움

재건
무너진 것을 다시 일으켜 세움

1941년 일본이 태평양 전쟁을 일으키자, 대한민국 임시 정부는 중국, 영국, 미국과 같은 연합국의 일원으로 전쟁에 참여할 것을 선언했어요. 또한 나라 대 나라로 일제에 맞서 싸워 동아시아를 **재건**하겠다는 내용의 선전 포고를 했습니다. 또한 임시 정부가 삼천만 우리 민족과 정부를 대표한다는 사실을 분명히 밝혔는데요. 이는 식민지 조선을 대표하는 정부가 공식적으로 존재한다는 것을 전 세계에 똑똑히 알린 것이기도 했습니다.

또한 임시 정부는 1941년 11월에 새로운 나라의 주요 정책을 소개하는 '건국 강령'을 발표했습니다. 일본의 전쟁 야욕이 지나치게 커지면서 미국이나 영국 같은 강대국들과 대립하게 되자, 전쟁의 형세가 일본에 불리하다는 판단을 하게 된 거지요. 일본이 전쟁에서 지게 될 경우 언제든 우리나라가 독립을 할 수도 있었기 때문에 건국 강령을 먼저 발표하여 준비를 해 둔 거랍니다. 또한 건국 강령을 발표함으로써 중국과 미국 연합국으로부터 임시 정부가 정통 정부임을 인정해달라는 요청을 한 것이기도 해요.

전선
전쟁에서 직접 전투가 벌어지는 지역

심문
상대방에게 자세히 따져서 묻는 것을 말해요.

선전
어떤 상황이나 생각에 대해 남들에게 널리 알리는 것을 말해요.

심리전
군사적 행위 없이 상대국 국민에게 심리적인 자극과 압력을 주어 자기에게 유리하도록 이끄는 전쟁

진공
적을 치기 위해 앞으로 나아감

　　한국 광복군은 중국군과 함께 활동했어요. 중국 각지에서 연합 작전을 펼쳐 일본군과 맞서 싸웠지요. 그 후 1943년에는 영국군의 요청을 받아 미얀마와 인도 **전선**에 파견되었답니다. 이때 투입된 열 명의 한국 광복군 요원들은 주로 일본인 포로들을 **심문**하고 방송을 통한 **선전** 활동을 하면서 **심리전**을 펼쳤어요. 그 외에도 중국과 동남아시아 곳곳에서 전쟁에 참여했지요.

　　1945년 제2차 세계 대전에서 일제의 패배가 눈앞에 다가오자 한국 광복군은 일본과 맞설 마지막 작전을 준비했습니다. 한국 광복군은 중국에 머무르고 있던 미국 부대와 손을 잡고 특수 훈련을 받았지요. 대한민국 임시 정부의 목표는 미군이 국내에 상륙할 때에 맞춰서 비밀리에 국내로 들어가 일본을 뒤흔드는 것이었어요. 그 후 미군과 함께 일본과 대격전을 벌이려고 했지요. 이 작전을 국내 **진공** 작전이라고 합니다. 우리 손으로 직접 수도를 되찾고 독립을 얻어낸다면, 광복 후에 당당히 목소리를 낼 수 있을 거라고 생각했기 때문이에요.

　　그런데 뜻밖의 일이 일어납니다. 1945년 8월이 되어서도 일제는 전쟁에서 패배했다는 사실을 인정하지 않았는데요. 결국 두 번이나 핵폭탄을 맞아 수많은 자국민을 죽게 만들고 난 후에야 무조건 항복을 선언했어요. 그때가 바로 1945년 8월 15일이었죠.

　　일본의 항복 선언이 너무나 갑작스럽게 이루어지는 바람에 야심차게 준비했던 독립운동 단체들의 계획은 물

▲ 한국 광복군 청년공작대

거품이 되고 말았습니다. 한국 광복군뿐만 아니라 조선 의용군 같은 해외 무장 세력들을 하나로 모으지도, 대대적인 국내 진공 작전을 펼치지도 못했지요.

한국 광복군 훈련소에서 소식을 들은 김구는 환호할 수 없었어요. 그토록 꿈에 그리던 광복이고 일본의 항복이었지만 때가 너무 좋지 않았던 거예요.

> 아, 왜적이 항복…. 이 소식은 내게 희소식이라기보다는 하늘이 무너지고 땅이 꺼지는 일이었다. 수년 동안 애를 써서 참전을 준비해 온 것이 모두 허사로 돌아가고 말았다.
> - 김구, 『백범일지』

김구는 한국 광복군이 제 역할을 다하지 못한 채 광복을 맞이하는 바람에 우리나라가 국제 사회에서 목소리를 낼 수 없을까 봐 걱정했어요. 그리고 그의 우려대로 광복 후 새로운 정부를 세우는 일에는 여러 가지 어려움이 따랐습니다. 한국 광복군의 국내 진공 작전이 조금 더 빨리 진행됐더라면 얼마나 좋았을까요.

그러나 한국 광복군의 활동을 통해 우리가 독립을 위해 자주적인 노력을 했음을 알 수 있어요. 비록 국내 진공 작전이 성공하진 못했지만 35년 동안 쉴 새 없이 항일 투쟁을 해 온 우리의 노력이 광복이라는 결실을 만들어 낸 것이 아닐까요?

스페셜뉴스  문화계 소식

당신에게 최신 유행을 제안한다! 1930년대 경성 거리 스케치

5 한편, 집집마다 전기가 들어와 사람들은 가로등 불빛 아래 저녁거리를 걷고, 경성 방송국이 세워지면서 곳곳에서 라디오 방송을 들을 수 있게 됐습니다.

4 여성 잡지 『신여성』이 발간되고, 남녀평등을 주장하는 목소리가 높아지고 있습니다.

3 대표적인 신여성인 나혜석은 최근에 이혼 고백서를 발표하여 큰 이슈가 됐습니다!

1 전차를 구경하기 위해 사람들이 몰려들기도 하였어요.

2 경성의 거리를 활보한 신식 여성들을 모던걸, 신식 남성을 모던 보이라고 합니다.

스페셜뉴스 인물 인터뷰

민족의 혼을 깨운 백범 김구

안녕하세요. 오늘 인물 인터뷰 시간에는 현대 지식인들 사이에서 가장 존경하는 인물로 꼽히는 김구 선생님을 모셨습니다.

일제 강점기에 이름을 떨쳤던 사람들 중에는 아는 것을 그대로 실천하지 못해 친일파로 전락한 사람이 많습니다. 하지만 김구 선생님은 달랐지요. 평생을 소신과 원칙을 그대로 실천하며 살아온 김구 선생님에게 독립 투쟁의 과정과 어려움에 대해 여쭤보도록 하겠습니다.

대한 제국 말부터 국권을 빼앗길 때까지 국내에서 많은 우여곡절을 겪으셨다고 들었습니다.

김구: 네, 그때 전 세상의 더러움에 실망한 적이 많았답니다. 매관매직으로 타락한 과거 제도에 크게 실망하여 더 이상 관직의 뜻을 품지 않았죠. 동학 농민군의 선봉장이 되어서 탐관오리를 척결하려고 한 적도 있었어요. 그 후 을미사변이 터지고 국모의 죽음에 원통한 마음을 품고 있었는데, 치하포 주막에서 변복한 일본인을 보고 그가 국모를 죽인 일본인이 아닐까 생각되어 죽였습니다. 그 죄로 저에게 사형이 선고되었으나 황제의 특사로 구사일생으로 목숨을 구할 수 있었죠. 을사늑약이 체결되었을 때는 을사늑약 폐기 상소 운동을 했지요. 애국 비밀 단체인 신민회에서 활동하다가 또 한 번 옥살이를 하는 고초를 겪기도 했고요.

3.1 운동 이후 상하이 망명길에 올라 임시 정부의 주요 직을 맡아 활동하셨지요?

일제의 탄압으로 국내 활동이 어려워지자, 저는 상하이 대한민국 임시 정부의 주요 인사로 활동하며 국내외 독립운동의 위기를 이겨 내고자 노력했어요. 그러나 임시 정부는 많은 어려움을 겪었어요. 자금도 부족했고, 외교 활동도 별다른 성과를 얻지 못했지요. 거기다 내부의 의견 다툼도 있었거든요. 그 와중에 일본군의 추적을 피해 대한민국 임시 정부의 위치를 계속 옮겨야 했는데 그 과정에서 제가 저격을 당해 중상을 입은 적도 있었어요. 하지만 대한민국 임시 정부를 포기할 수 없었습니다. 우리에겐 독립운동을 이끌어갈 중심이 있어야 했고, 광복 후 나라를 대표할 우리만의 정부가 필요하다고 생각했거든요.

한국 광복군 | 연합국의 일원이 되어 일제와 맞서다

그렇다면 선생님께서는 임시 정부의 위기를 어떻게 극복하셨나요?

제일 큰 문제는 임시 정부가 일제와 맞서 싸울 군대를 가지고 있지 않다는 거예요. 그래서 저는 소수의 인원으로 적의 주요 인물이나 중요 기관을 제거할 수 있는 의열 투쟁 단체인 한인 애국단을 만들었습니다.

1932년 1월에 이봉창을 동경에 파견하여 일왕을 저격했고, 4월에는 윤봉길을 상하이 훙커우 공원에 보내 폭탄 의거를 일으켰지요. 한인 애국단의 활약 덕분에 중국의 장제스 주석의 마음이 움직여 임시 정부는 중국의 지원을 받게 되었죠. 그 후 중국 군관 학교에 한인 무관 양성소를 세울 수 있었고, 임시 정부를 충칭으로 옮겼어요.

그 후 한국 광복군을 조직하셨는데요. 한국 광복군의 창설을 통해 이루고자 했던 목표는 무엇이었나요?

한국 광복군은 대한민국 임시 정부에 직접 소속된 최초의 군대라고 할 수 있어요. 태평양 전쟁이 벌어지자 저는 일제에게 우리가 대한민국의 대표 정부로서 일본과 전쟁을 치를 것임을 밝혔습니다. 또한 미국의 도움을 받아 특수 군사 훈련을 실시하고 한국 광복군이 국내에 진입하는 작전을 세웠지요. 우리의 손으로 직접 독립을 이루고, 연합국의 일원으로 전쟁에 참가해야만 광복 후에 당당히 우리 목소리를 낼 수 있다고 생각했기 때문이에요.

그런데 일본이 1945년 8월 15일에 항복을 해서 한국 광복군이 역할을 할 수 없게 되어서 아쉬우셨겠어요.

광복 후 우리나라에 돌아왔지만, 국제 사회에서는 한국을 대표하는 정부를 인정해 주지도 않았지요. 심지어 모스크바 3국 외상 회의에서는 강대국들이 대신 대한민국을 맡아서 통치하는 신탁 통치를 결의하더군요. 그래서 그 결정을 반대하는 투쟁을 했는데 그 과정에서 우리 민족이 남과 북으로 갈라져 서로 각각의 정부를 세우려고 했어요. 서로 마음을 하나로 모아 하나의 정부를 세워야 하는 게 맞다고 봅니다.

마지막으로 하고 싶은 말씀 없으신가요?

저는 한평생을 일제에 맞서 싸웠고, 민족이 하나로 힘을 모아 독립하기를 원했습니다. 대한민국이 세계에서 가장 아름답고 수준 높은 문화의 힘을 가진 나라가 될 수 있도록 여러분도 노력해 주시길 바랍니다.

 **고종훈의 한국사 브리핑**

사건 핵심 분석 ▶ 한국 광복군

QR 코드를 찍으면 고종훈 선생님의 강의를 볼 수 있어요.

활동 시기 ▶ 1940년대
특징 ▶ 임시 정부에 소속된 최초의 군대
목표 ▶ 일본과의 마지막 한 판 승부를 위해!
활동 계획 ▶ 세계 대전 참여를 통해 일본을 몰아내자
아쉬운 점 ▶ 정작 국내 진공 작전은 실행되지 못함
광복군의 한마디 ▶ 적절한 시기가 아니야
역사적 중요도 ▶ ★★★★☆
시험 출제 빈도 ▶ 높음

대한민국 임시 정부가 일제에 대항하기 위해 무장 독립군을 창설했어요.

임시 정부는 정식 군대를 만들 필요성을 느껴 **1940년 한국 광복군을 만들었어요.** 한국 광복군은 항일 무장 조직인 조선 의용대가 합류하면서 더 큰 세력을 형성했습니다. 또 독립군 활동에 뜻이 있었던 젊은이들이 한국 광복군에 힘을 보탰어요.

대한민국 임시 정부는 일제에 선전 포고를 했어요.

1941년 일본이 태평양 전쟁을 일으키자, 대한민국 임시 정부는 중국, 영국, 미국과 같은 연합국의 일원으로 전쟁에 참여할 것을 선언했어요. 그리고 **1945년 일본과 맞설 국내 진공 작전을 준비했습니다.** 우리 손으로 직접 수도를 되찾고 독립을 얻어내기 위해서였지요.

국내 진공 작전은 실행되지 못한 채 광복을 맞이했어요.

한국 광복군은 만반의 준비를 하고 국내 진공 작전을 실시할 예정이었어요. 하지만 **일본은 8월 15일, 너무나 갑작스럽게 항복을 선언하고 말았어요.** 이 소식에 김구는 '한국 광복군이 제 역할을 다해 광복을 맞이했더라면 더 좋았을 것'이라는 반응을 보였어요.

현대

나라의 독립을 되찾기 위한 우리 민족의 노력은 끝이 없었습니다.
목숨을 걸고 독립군이 되어 투쟁하였고,
전 재산을 바쳐 군대 창설이나 교육 사업을 벌였지요.
그 노력의 결과 우리 민족은 광복을 맞이할 수 있었습니다.
하지만 세계 정세는 우리 민족이 스스로 안정을 되찾을 기회를
주지 않았어요.
분단의 우려 속에서 결국 6.25 전쟁이 터졌고,
이후에는 4.19 혁명을 비롯해 민주주의로 나아가기 위해
줄기찬 투쟁이 시작되었습니다.
드라마보다 더 드라마 같은 우리 현대사를
김역사 기자가 자세히 전해 드립니다.

15 광복과 정부 수립

독립 국가를 세우는 데 어려움을 겪다

광복 1945년
정부 수립 1948년

타임라인 뉴스

- **1944** 여운형이 조선 건국 동맹을 조직하다
- **1945.8.** 일제로부터 독립을 찾다
- **1945.12.** 모스크바 3국 외상 회의에서 신탁 통치가 결정되다
- **1946** 좌우 합작 운동이 벌어지다
- **1948** 이승만이 초대 대통령으로 선출되고, 대한민국 정부가 수립되다

1 심층 취재

생방송 한국사

건국을 준비하는 사람들

시청자 여러분, 드디어 광복의 날이 왔습니다! 1945년 8월 15일 대한민국이 일본의 식민 지배에서 벗어났다는 발표가 있었습니다. 지도자 **여운형**은 대규모 집회를 열어 새로운 나라를 세울 준비를 하자고 주장했습니다. 현장에 있는 김역사 기자를 연결하겠습니다.

1945년 8월 15일 정오, 라디오에서 일본 천황의 발표가 흘러나왔습니다. 일본이 제2차 세계 대전에서 패배하여, 연합국에게 무조건 항복한다는 내용이었지요. 일본의 식민지였던 대한민국 역시 독립하게 된 겁니다! 사람들의 반응을 한 번 들어볼까요?

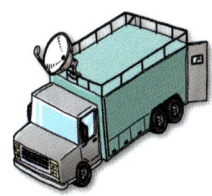

사람들이 라디오 앞에서 일본 천황의 발표를 기다리고 있습니다. 어떤 내용일까요?

서울 시민 이씨

처음 방송을 들었을 때는 솔직히 독립이라는 것을 실감하지 못했어요. 아직 거리에는 일본 경찰들이 그대로 있었고, 사람들도 평소처럼 자기 일을 했거든요. 그런데 다음 날 서대문 형무소에서 독립운동가들이 풀려 나오자, 우리가 일제의 지배로부터 자유로워졌다는 걸 알 수 있었어요. 하나둘 울려 퍼지는 만세 소리에 감격에 찬 사람들이 거리로 뛰쳐나왔답니다.

김역사 기자

여운형

주로 국내에서 독립운동을 해온 민족 지도자로 국민들의 많은 사랑을 받았어요. 조선중앙일보의 사장으로 활동할 때, 친일적인 내용의 기사는 한 번도 싣지 않았다고 해요.

조선 건국 준비 위원회 선언문

1. 완전한 독립 국가를 건설하겠습니다.
2. 민족이 바라는 것을 실현할 수 있는 민주주의 정권을 세우겠습니다.
3. 일본이 떠나면서 혼란스러워진 상황에서 국가 질서를 유지하며 국민들이 편안하게 생활할 수 있도록 합니다.

여고생 꽃분이

나라가 광복되고 처음으로 등교했는데요. 일본 이름이나 일본말을 쓰지 않아도 된다는 게 너무 좋았어요! 앞으로는 새로운 교과서로 한국말과 한국의 역사를 공부할 수 있대요.

해외 노동자 박씨

저는 전쟁 때 일제에 의해 머나먼 해외 공장으로 끌려가 노예처럼 일했습니다. 광복이 되자 드디어 고국으로 돌아와 고향 땅을 밟을 수 있게 됐지요.

그러면 만주에서 독립운동을 하고 계시는 김 선생님과 전화 인터뷰를 하도록 하겠습니다.

독립운동가 김 선생

그동안 일제의 감시를 피해 만주에서 독립운동을 했는데 너무 감격스럽습니다. 한시라도 빨리 국내로 돌아가 새로운 나라를 세우는 데 힘을 보탤 예정입니다.

말씀 잘 들었습니다. 그렇다면 국내에서는 어떤 활동이 이루어졌는지 여운형 선생님을 만나보겠습니다.

여운형

국내의 민족 지도자들은 제가 이끄는 '조선 건국 동맹'을 중심으로 서로 힘을 모으고 있었어요. 광복 무렵에는 '**조선 건국 준비 위원회**'로 발전했어요. 조선 건국 준비 위원회는 일본이 떠나면서 어수선해진 나라를 임시로 다스렸습니다.

자, 그럼 이제 어떤 나라를 만들어야 할까요? 1941년 임시 정부에서는 '건국 **강령**'을 발표한 바 있습니다. 건국 강령은 **조소앙**의 '삼균주의'를 바탕으로 만들어졌습니다. 선생님께 어떤 내용인지 한 번 들어볼까요?

조소앙

'삼균주의'란, 세 가지 분야에서 차별 없이 동등해지자는 의미입니다. 사람과 사람, 민족과 민족, 나라와 나라 사이에서 서로 평등하게 권리를 누려야 한다는 것이죠.

평등하게 권리를 누린다는 것이 무엇일까요? 우선 정치인을 뽑을 때는 누구나 차별 없이 한 표를 던질 수 있어야 할 거예요. 또한 국민들이 살아가는데 꼭 필요한 것이 있다면 나라에서 관리하여 힘 센 사람들이 독차지하지 못하게 해야겠죠. 그리고 모든 아이들이 공짜로 학교를 다닐 수 있어야 합니다. 농민들에게 높은 소작료를 걷어가거나, 노동자들을 노예처럼 부려먹는 것도 막아야 합니다.

광복 후 온 사회가 건국 강령의 내용처럼 희망으로 가득 차 있는 분위기입니다. 이러한 분위기 속에서 새로운 나라를 어떻게 세울 것이냐를 두고 대립하던 독립운동가들이 **좌익과 우익**으로 나뉘게 되었다는 안타까운 소식도 전해드립니다. 각각의 입장을 들어보시겠습니다.

좌익 대표

우리 좌익은 힘없는 민중들의 삶을 바꾸려는 사회주의에 따라 나라를 세우려고 합니다. 모두가 평등한 세상이 되려면 우선 지주들에게 무상으로 땅을 거둬들이고 농민들에게는 공짜로

강령
어떤 단체에서 앞으로의 계획이나 목표 등을 정리해 놓은 것

조소앙
임시 정부에서 활동하며, 다양한 외교 문서와 대한 독립 선언서 등의 글을 쓴 독립운동가랍니다.

좌익, 우익
좌익과 우익을 나누는 가장 큰 차이는 바로 어떤 사상을 중요하게 여기느냐에 대한 것이었어요. 좌익은 사회주의 국가를, 우익은 자본주의 국가를 세우고 싶어 했죠. 그래서 자연스럽게 사회주의 국가였던 소련이 좌익을 지원하고, 자본주의 국가였던 미국이 우익을 지원하게 됐어요.

나눠 줘야 한다고 생각해요. 또한 친일파는 당장 강력하게 처벌해야 한다고 생각합니다. 친일파들이 같은 민족을 수탈하며 얻은 막대한 토지와 돈을 빼앗아야 하는 것은 물론이죠!

우익 대표 자본주의를 지지하는 우리 우익은 자본가와 지주들의 입장도 고려해야 한다고 생각합니다. 그러니 지주와 농민 모두의 입장을 고려해서 지주들의 땅을 돈 주고 사서 농민들에게 돈을 받고 되팔자는 거예요. 친일파 문제에 대해서도 좌익과는 생각이 다릅니다. 친일파들이 비록 과거에 잘못한 건 맞지만, 관리로서의 능력은 뛰어납니다. 새 나라를 위해 최선을 다해 일한다면 용서할 수 있다고 봐요. 물론 같은 우익인 김구는 친일파를 처벌해야 한다고 생각하지만요.

여운형 저는 사회주의자이긴 합니다만 오랜 세월 독립운동을 하다 보니 서로 생각이 다른 사람들도 하나로 힘을 합해야만 새로운 나라를 세울 수 있다는 걸 알게 됐어요. 좌익이니 우익이니 편 가르지 말고 협력하여 민족이 나아가야 할 미래에 대해 고민합시다.

광복은 국민들이 원하는 민주주의 국가를 세울 수 있는 좋은 기회입니다. 그러나 민족 지도자들의 의견이 갈리면서 새 나라를 세우는 일이 쉽지 않을 것으로 보입니다.

2 헤드라인 뉴스

미군과 소련군이 한반도를 점령하다

전쟁이 끝난 후 미국과 소련이 대한민국 땅을 반으로 나누어 점령한 상태입니다. 미군과 소련군은 너무나 당연하다는 듯 국내에 머물며 새 정부를 세우는 문제에 간섭하고 있는데요. 그들에게 우리가 스스로 충분히 다스릴 수 있다는 걸 보여줄 수 있을까요?

언제부터 미국과 **소련**이 한반도를 점령하게 된 걸까요? 먼저 제2차 세계 대전이 끝날 무렵으로 거슬러 올라가 볼게요. 그때 미국과 소련은 연합군이라는 한 팀으로 묶여 있었어요. 그러나 사실 두 나라는 각각 자본주의와 사회주의라는 국가 체제를 대표하며 팽팽히 맞서고 있었습니다.

이때 일본의 패배가 가까워지면서 식민지였던 우리 민족은 광복을 앞두게 되었어요. 두 강대국에게 한반도는 아직 어떤 이념도 선택하지 않은, 텅 빈 땅처럼 보였을 거예요. 한반도를 누가 먼저 점령하느냐는 문제로 신경이 예민한 가운데, 소련이 먼저 나섰습니다. 한반도에 남아 있는 일본군을 쫓아내겠다는 이유를 들며 재빨리 군대를 끌고 한반도 북쪽으로 내려오기 시작한 거예요. 이에 다급해진 미국은 38도선을 경계로 한반도를 나눠서 점령할 것을 제안하였어요.

미국과 소련의 한반도 점령으로 새로운 정부를 세우는 일이 점점 더 힘들어질 전망입니다.

김역사 기자

165

소련

러시아에서 혁명을 일으킨 레닌이 주변의 여러 나라를 흡수하여 수립한 소비에트 사회주의 공화국 연방(소련)을 말해요. 1922년에 수립되었으며 1991년 해체되었어요.

조선 인민 공화국

조선 건국 준비위원회의 주도로 1945년 9월 6일에 선포되었지만, 임시정부 요인들의 참여 거부와 미 군정이 인정하지 않아 결국 10월경 해체되었답니다.

군정

군의 중심 세력이 국가의 실권을 장악하고 행하는 정치

소련이 미국의 제안을 받아들이면서 38도선을 사이에 두고 북쪽은 소련군이, 남쪽은 미군이 각각 점령하게 됩니다. 본격적으로 두 나라의 대립이 시작된 거예요. 한편 38도선은 주민들의 편의와 행정을 전혀 고려하지 않고 임의로 정해버린 선이었기 때문에 한 마을이 반으로 갈라져 주민들이 생이별을 한 경우도 있었어요.

한반도를 점령한 미국과 소련의 정책은 상당히 달랐습니다. 미국은 우리 민족이 독립 전에 만들었던 정부 대표 기관인 **조선 인민 공화국**이나 대한민국 임시 정부를 무시했어요. 그러고는 미 **군정**이 직접 다스리는 방법을 택했지요. 한편, 소련은 인민 위원회의 활동을 인정하고, 한국 사람과 협의하여 간접적으로 다스리는 방법을 택했어요.

그동안 조선 총독부는 우리 정부에게는 제대로 된 권리를 넘겨주지 않다가 미 군정에게 모든 권리를 넘기고 떠났습니다. 조선 총독부 건물에는 일본기가 내려가고 미국 국기가 올라가게 됐죠. 그건 바로 미 군정이 일제 강점기 때의 상황과 크게 다르지 않음을 의미하는 것이었습니다.

당시 미군은 한국을 편하게 다스리기 위해 영어를 잘 하고, 조선 총독부에서 일한 적이 있었던 친일파 관리와 경찰들을 그대로 유지하는 방법을 택했어요. 노동자와 농민들의 요구를 무시하고 일본이 남겨 두고 간 기업이나 토지를 경영할 권리를 나눠 주지 않았지요. 그렇게 민족 지도자들이 뜻을 하나로 모으지 못하고 대립하는 사이 미 군정은 3년이나 지속되었습니다.

1945년 12월 모스크바에서 미국, 영국, 소련의 외무 장관들이 모여 한반도의 통치에 대한 논의를 했다는데요. 당사국인 우리의 대표가 빠진

회의다보니, 아무래도 미국과 소련의 요구가 반영된 결과가 나올 수밖에 없었어요. 그 내용은 첫째, 남과 북을 아우르는 임시 정부를 수립한다, 둘째, 미국, 영국, 중국, 소련 네 나라가 한국을 5년 동안 **신탁 통치**한다는 것이었습니다. 소련과 미국이 한반도를 자기에게 유리하게 다스리기 위한 내용이었지요.

신탁 통치를 결정한 것 자체가 한국이 스스로 나라를 다스릴 능력이 없다고 판단했기 때문이잖아요? 민족 지도자들은 온 힘을 다해 **반탁 운동**을 전개했답니다. 그러나 처음에는 반탁 운동에 참여했던 좌익 세력들이 임시 정부의 수립이 중요하다고 여겨 회의 결정 내용을 지지하는 것으로 입장을 바꾸면서 우익과 좌익이 격렬하게 대립했어요. 여운형과 김규식은 좌우 대립을 멈추고 협력하자는 '**좌우 합작 운동**'을 벌였지만, 이마저도 결국 좌절됐지요.

남북 모두 적대적인 분위기 속에서 1946년에 미소 공동 위원회가 열렸습니다. 소련은 신탁 통치에 찬성하는 찬탁 세력들만 참여시켜 정부를 세우는 일을 논의해야 한다고 주장했고, 미국은 찬탁과 반탁 세력 모두 참여해야 한다고 맞섰어요. 결국 회의는 **결렬**되고 말았고, 한반도는 분단 상태가 굳어지고 말았답니다.

▲ 신탁 통치 반대 집회

신탁 통치
스스로 독립할 능력이 없는 나라나 지역을 강대국이나 국제 연합 등의 단체에서 대신 다스려주는 것을 말해요.

반탁 운동
신탁 통치에 반대하는 운동

좌우 합작 운동
여운형, 김규식 중심의 중도 세력이 남북을 아우르는 정부를 수립하기 위해 좌익과 우익 세력을 합작하여 연대를 추진하였던 운동

결렬
회의에서 의견이 맞지 않아 갈라섬

3 헤드라인 뉴스

한반도에 생긴 두 개의 정부, 두 개의 나라

남한이 단독으로 총선거를 실시하여 정부를 세우려고 하자, 북한 역시 따로 정부를 세우려고 하고 있습니다. 통일 정부 수립을 꿈꿔 온 김구 선생은 분단을 막기 위해 38도선을 넘어 북한으로 향하고 있다는데요. 남한과 북한은 이대로 갈라서게 되는 걸까요?

세계 평화 기구인 국제 연합(UN)에서는 남북한 총선거를 실시하겠다고 결의했습니다!

김역사 기자

미국과 소련 사이에서 있었던 몇 차례의 회담이 전부 결렬되자, 미국은 한반도의 문제를 **국제 연합**(UN)에 넘겼습니다. 국제 연합에서 열린 회의에서는 유엔 한국 임시 위원단의 감시 아래에 남북한이 총선거를 실시하여 통일 정부를 수립하라는 결정이 났지요. 그러나 이는 미국의 주도로 이루어진 일이었던 탓에, 소련의 동의를 구할 수는 없었어요. 소련은 유엔 한국 임시 위원단이 선거 관련 조사 활동을 위해 북한으로 들어오려는 것을 막았습니다. 그러자 국제 연합은 남한에서만이라도 총선거를 하기로 결정하였어요. 이에 반대한 김구와 김규식 등은 남북한 정치 지도자들이 한자리에 모여 '통일'에 대해 의논하는 협상 자리를 만들어 보려고 했어요. 김구는 눈물로써 동포들에게 호소하는 글을 쓰기도 했습니다.

> 여러분, 저는 삼천만 동포에게 눈물로 호소합니다. 이렇게 우리가 갈라서게 된다면, 앞으로 남북한은 서로를 향해 칼을 겨누게 될지도 모르고, 국제적인 압력과 도발 앞에 무력해질지도 모릅니다. 저는 38도선 위에 몸을 뉘이고 쓰러질지언정, 단독 정부를 세우는 일은 절대로 돕지 않겠습니다. 동포, 자매, 형제여! 조국을 위하여 한 번 더 생각해 주세요.
>
> - 1948년 2월 백범 김구

국제 연합(UN)
세계의 전쟁을 막고 평화를 유지하기 위해 설립된 국제 기구

김일성
중국, 소련 공산당과 함께 무장 항일 독립 운동을 했습니다. 광복 후 소련의 도움으로 좌익 최고의 지도자로 성장했어요.

김구는 각계각층의 반대와 방해를 무릅쓰고 38도선을 넘어 북한으로 향했습니다. 갖은 노력 끝에 김구는 **김일성**을 만나 외국 군대를 철수시키고 통일 임시 정부를 수립할 것을 논의하고 돌아왔어요. 그러나 아무도 김구의 남북 협상의 결과에 귀 기울이지 않았습니다.

결국 1948년 5월 10일, 남한만의 단독 선거가 치러졌습니다. 남한에서는 5.10 총선거를 통해 국회 위원을 선출하고 제헌 국회를 구성하였습니다. 7월 17일에는 제헌 헌법이 선포되었고, 이에 따라 국회에서 대통령으로 선출된 이승만 대통령은 8월 15일에 대한민국 정부가 수립되었음을 국내외에 선포했습니다. 그해 12월 국제 연합은 대한민국이 민주적으로 세워진 한반도 유일의 합법적인 정부임을 인정했어요.

그러자 북한은 마치 기다렸다는 듯 1948년 9월 9일에 김일성을 수상으로 하는 조선 민주주의 인민 공화국을 세웠습니다. 결국 한반도에는 두 개의 나라가 세워졌어요.

▲ 5.10 총선거

스페셜뉴스 10분 토론

반민족 행위 처벌법, 제대로 이루어졌는가?

광복 후 3년이 지난 1948년 9월, 반민족 행위 처벌법이 만들어졌습니다. 또한 반민족 행위 특별 조사 위원회(반민 특위)가 조직되어 친일파들을 법의 심판을 받게 하기 위해 본격적인 활동에 나섰는데요. 이 반민 특위의 활동이 생각만큼 원활하게 진행되고 있지 않다고 합니다. 반민 특위 위원 한 분과 이승만 대통령을 모시고 '반민 특위 이대로 괜찮은가?'라는 주제로 이야기 나눠 보겠습니다.

반민 특위 위원: 우리 반민 특위는 일본 정부의 편에 서서 그들의 식민 지배 정치를 돕고 독립운동가를 탄압한 사람들을 처벌하기 위해 만들어진 기관입니다. 그동안 친일파에 대한 국민들의 적개심이 얼마나 대단했던지 반민 특위 활동에 대한 관심과 성원이 곳곳에서 이어지고 있어요. 반민 특위 조사부에서는 친일 혐의자에 대한 신고 접수를 받았는데, 국민들이 자발적으로 신고를 하기도 했습니다. 드디어 새 나라가 건국됐으니 반민 특위의 활동이 무엇보다 중요시되어야 한다고 생각합니다.

이승만 대통령: 글쎄요. 지금 우리 대한민국 사람들은 북쪽에 있는 저 공산주의자들과 싸우는 게 급선무예요. 우리끼리 친일파냐 아니냐를 가지고 싸우고 분열하면 공산주의자들과 싸워서 승리하기 어려울 수도 있어요. 게다가 대부분의 친일파들은 대한민국의 관리와 경찰로서 아주 유능한 사람들입니다. 과거에 아무리 큰 잘못을 했다고 한들, 이들의 죄를 지금까지 묻는 것은 너무하다고 생각합니다.

친일파들이 아무리 뛰어난 인재면 뭐합니까? 우리 민족의 수탈을 도운 반민족적인 사람들인데 말이죠. 우리 반민 특위는 이광수, 최남선, 노덕술 등 거물급 친일파를 체포했는

시청자 의견 ▶ [@백마탄 환자] 이승만 대통령은 자기가 싫으면 다 공산당이라고 하는 것 같아. ▶ [@동의영감] 친일파

데요. 최린은 재판장에서 "일제가 나를 주목하고 위협하고 또 유혹하여, 끝내 저는 민족을 배반하는 행동을 하였으니 오직 죄스럽고 부끄러울 뿐입니다."라고 말하더군요.
　그나마 최린은 반성하는 기색이라도 보였지만 "솔직히 우리 민족은 글을 모르는 사람도 많고 경제 자립도 어려워 일본에 맞설 힘이 없지 않았습니까? 나는 민족을 위해 친일한 것뿐입니다."라고 우긴 이광수 같은 사람도 있었죠. 이들은 나라를 팔아넘긴 죄에 대해 국민들 앞에 참회해야 합니다.

얼마 전에 반민 특위가 친일 경찰이었던 최운하를 체포했다고 들었습니다. 그리고 경찰들이 반민 특위 사무실을 습격하는 일이 있었죠. 그건 제가 그렇게 하라고 시킨 겁니다. 공산당과 열심히 싸우며 나라를 위해 일하고 있는 사람들을 반민 특위에서 그렇게 무작정 잡아가면 어떻게 합니까? 저는 친일파보다 공산당이 더 나쁘다고 생각합니다. 앞으로 반민 특위가 저를 지지해주는 친일파들을 잡아갈 경우, 저는 반민 특위 사람들을 공산당으로 여기고 해산시킬 겁니다!

허허, 이거 참. 민족 반역자들이 제대로 벌이나 받은 줄 아십니까? 체포된 이들 중 겨우 33건만이 판결이 확정됐을 뿐, 다른 사람들은 거의 다 무죄로 풀려났다고요. 사형을 받은 사람도 겨우 1건이고, 징역을 산 사람도 12건에 불과해요. 그나마도 제대로 감옥살이를 마치고 나온 이도 없었지만요. 광복 후에도 친일파들은 아무 탈 없이 사회의 중요 직책을 맡아 일하고 부와 권력을 쥐고 있습니다.
　바다 건너 프랑스에서는 얼마나 철저하게 반민족 행위를 처벌했는지 아십니까? 15만 명이 넘는 사람들을 유죄 판결했고, 즉결 처벌을 내린 사람도 1만 명이나 되었죠. 과연 반민족 행위를 이렇게 쉽게 용서할 수 있나요? 우리 국민들은 여전히 철저한 친일 청산을 바라고 있습니다.

앵커　반민 특위의 활동에도 불구하고 법정에 서게 된 친일파는 극소수였습니다. 건국 직후인 지금 이 시기를 놓치고 나면, 이들의 죄를 묻는 일이 흐지부지 되는 건 아닐까 하는 우려의 목소리가 높아지고 있습니다.

원하게 제대로 벌을 줬어야 했는데! ▶ [@냄새먹는 하하] 헐. 돌아가신 열사님들이 이 사실을 알면 얼마나 기가 막힐까.

 **고종훈의 한국사 브리핑**

사건 핵심 분석 ▶ 광복과 정부 수립

QR 코드를 찍으면 고종훈 선생님의 강의를 볼 수 있어요.

시기 ▶ 1945년
당시 상황 ▶ 제2차 세계 대전의 일본 패배. 라디오에서 일본 천황이 연합국의 승리를 인정함
거리 풍경 ▶ 태극기 물결. 계속된 만세 삼창
광복 후의 모습을 표현한다면 ▶ 기쁨도 잠시. 두 개의 정부. 두 개의 나라
역사적 중요도 ▶ ★★★☆☆
시험 출제 빈도 ▶ 보통

1945년 8월 15일 우리나라는 빼앗긴 주권을 다시 찾았어요.

우리나라는 꾸준한 독립운동과 일본의 제2차 세계 대전의 패배로 독립을 했어요. 민족 지도자들은 광복 후 조선 건국 준비 위원회라는 단체를 만들어 나라의 질서를 바로잡을 수 있도록 했습니다. 또 국민들은 모두 한마음 한뜻으로 새 나라 건설에 온 힘을 다했어요.

사건 관계 분석

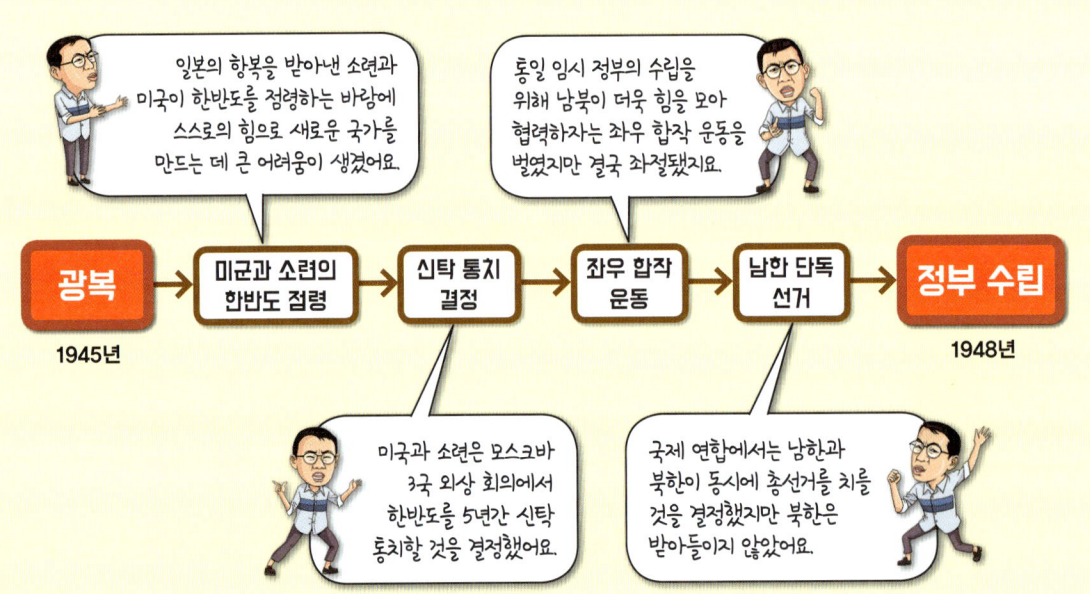

16. 6.25 전쟁

> 한 민족이 두 개의 이념으로 나뉘어 싸우다

시기 1950년

타임라인 뉴스

1948	1949	1950.6.	1950.9.	1953
남한과 북한에 각각 정부가 세워지다	북한이 소련 및 중국과 비밀 협정을 맺다	6.25 전쟁이 벌어지다	인천 상륙 작전으로 서울을 되찾다	휴전 협정이 체결되다

1 심층 취재

생방송한국사

한반도 전체를 휩쓴 민족의 전쟁

1950년 6월 25일 일요일 새벽 4시에 북한이 남한을 쳐들어왔습니다. 전쟁이 발생한 지 3일 만에 수도인 서울을 빼앗고 무서운 기세로 남쪽을 향해 내려가고 있는데요. 과연 한반도의 운명은 어떻게 될까요? 긴박한 전쟁 현장에서 김역사 기자가 전해 드립니다.

> 평화로운 일요일 새벽 4시 남한 사람들은 곤히 잠들어 있었습니다. 그때 북한군은 '폭풍'이라는 작전명 아래 남쪽으로 내려오는 중이었죠.

북한의 기습적인 남침으로 6.25 전쟁이 시작된 거예요. 북한군은 전쟁이 벌어진 지 3일 만에 수도인 서울을 함락했습니다. 처음에 서울 시민들은 전쟁이 벌어진 건지도 몰랐습니다.

김역사 기자

서울 시민 안씨: 우리 가족은 아직 피란조차 가지 못했는데, 이미 서울시내 곳곳에 소련의 탱크와 북한군이 들어와 있다니까요! 그런데 라디오에서는 곧 우리 군대가 북한을 물리칠 것이니 안심하라는 방송만 나오고 있어요. 비겁하게도 이승만 대통령은 아무한테도 알리지 않고 혼자 열차를 타고 대전으로 도망쳐버렸다지요? 심지어 북한군이 따라 내려오지 못하게 하려고 한강 대교를 폭파시켜 놓고 말이죠! 우리 시민들은 부서진 다리 앞에서 강 건너편만 바라보며 발을 동동 굴렀어요.

174 6.25 전쟁 | 한 민족이 두 개의 이념으로 나뉘어 싸우다

여기서 잠깐! 전쟁이 벌어지기 2년 전으로 시간을 되돌려 볼까요? 무슨 이유에서 전쟁이 벌어진 건지 알아보기 위해서예요.

남한 국회 의원: 1948년 남한과 북한에는 각각 정부가 세워졌는데요. 북한 정부를 소련과 중국이, 남한 정부를 미국이 지원하면서 한반도에는 긴장감이 감돌았습니다.

그러나 제2차 세계 대전이 끝난 지 얼마 안 돼서 강대국들은 다시 전쟁을 하는 것을 부담스러워했어요. 양쪽 모두 한반도에서 군사를 철수하기까지 했죠. 이때 북한의 지도자 김일성은 꾸준히 군사력을 길러 전쟁을 준비하면서, 소련을 설득해 **원조**를 받았어요. 전쟁에서 승리하면 사회주의 정부를 세우겠다고 약속하면서 말이죠.

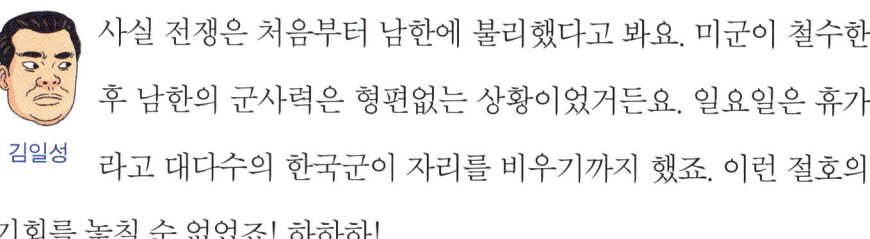

원조
물품이나 돈 등으로 도와주는 것

총공세
할 수 있는 모든 능력과 힘을 발휘해 공격을 퍼붓는 것

이번에는 전쟁을 일으킨 북한 김일성의 이야기를 들어보죠.

김일성: 사실 전쟁은 처음부터 남한에 불리했다고 봐요. 미군이 철수한 후 남한의 군사력은 형편없는 상황이었거든요. 일요일은 휴가라고 대다수의 한국군이 자리를 비우기까지 했죠. 이런 절호의 기회를 놓칠 순 없었죠! 하하하!

우린 소련에서 원조 받은 최신식 탱크와 비행기를 앞세워 처음부터 **총공세**를 펼쳤어요. 전쟁 3일 만에 수도인 서울이 함락된 거 보셨죠? 게다가 우리는 두 달 만에 부산, 대구 등 경상도 일부 지역을 제외한 남한의 전 지역을 차지했어요. 아마 전쟁은 우리의 승리로 끝날 거예요!

국제 연합군

참전한 나라는 16개국이었지만, 물자나 의료진, 기술자를 지원한 나라들까지 포함하면 67개국이나 됐다고 해요. 전 세계의 70%가 넘는 국가가 대한민국이라는 한 나라를 돕기 위해 지원한 거예요. 이 기록은 기네스북에도 올랐다고 하네요.

파병

특정한 임무를 맡기며 군사를 보내는 것

북한군이 한반도 남쪽 끝까지 밀고 들어오자 이승만 대통령은 마음이 다급해졌어요. 미국에게 도움을 요청하지 않을 수 없었죠.

미국 트루먼 대통령

북한의 기습 공격은 공산주의 세력의 침공이나 다름없다고 생각합니다. 국제 연합은 즉시 안전 보장 이사회를 소집하여, 16개 나라에서 모인 **국제 연합군**을 한국으로 **파병**할 것을 결의했습니다.

그럼에도 불구하고 국군과 국제 연합군은 낙동강까지 밀렸어요. 이때 연합군의 최고 사령관이었던 맥아더 장군이 '인천 상륙 작전'을 지시합니다! 맥아더 장군의 이야기도 들어보겠습니다.

맥아더 장군

저의 작전은 성공적이었습니다. 9월 15일 새벽, 우리는 한반도의 중심부이자 서울에서 가장 가까운 항구 도시인 인천을 직접 공격했습니다. 남쪽으로 내려온 북한군의 전쟁 보급로를 중간에서 끊어버리고 전세를 역전시켰어요. 연합군은 9월 28일 서울을 되찾았고, 10월 1일에는 38도선을 넘어 진격했어요. 전쟁의 분위기는 완전히 뒤바뀌어서 남한군과 국제 연합군은 10월 19일 평양을 점령했고, 10월 26일에는 압록강까지 이르렀답니다.

그런데 이때 예상치 못한 상황이 벌어지게 되죠. 중국군이 북한군을 도와 한반도로 내려온 거예요!

중국
마오쩌둥
북한이 무너지게 되면, 같은 사회주의 국가들이 위험해질까봐 걱정되더군요. 우리 중국군은 전쟁 경험이 풍부한 베테랑 군사들이랍니다. 게다가 그 숫자가 어마어마하지요!

국군 대장
중국군의 위력은 생각보다 엄청났습니다. 국군과 연합군은 후퇴하여 평양과 서울을 다시 내줘야 했습니다. 반 년 이상 끌어온 전쟁으로 때는 겨울에 접어들어 끔찍한 추위 속에서 고생해야 했답니다.

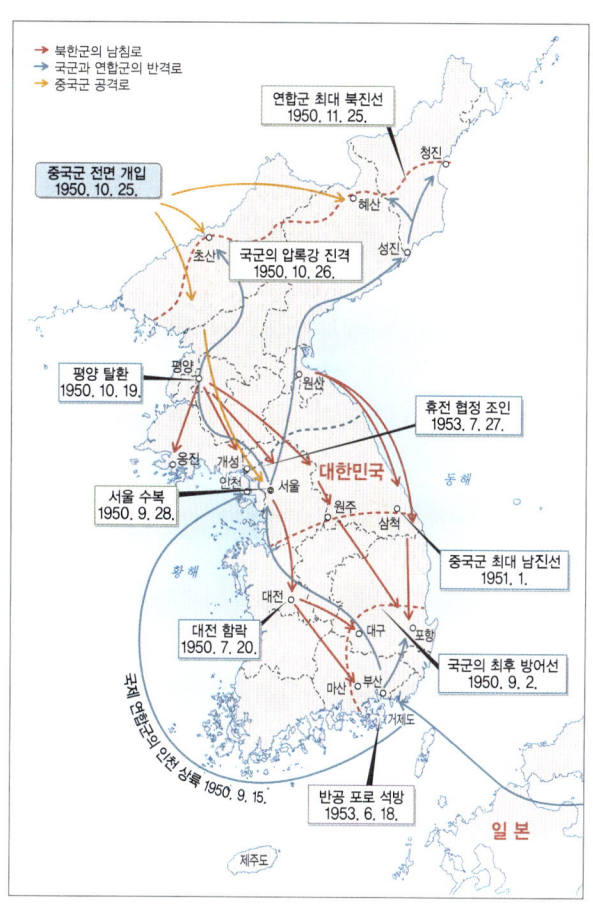
▲ 6.25 전쟁

국군과 연합군은 다시 반격하여 서울을 되찾았는데요. 그 이후엔 양쪽 사이에 **공방전**이 계속되었어요. 이러한 상황에서 전쟁을 멈출 것을 논의하는 휴전 협상 회의가 시작되었답니다. 회의는 2년 동안이나 지루하게 이어졌어요. 게다가 휴전 협상이 논의되는 동안에도 자잘한 전투들은 더 자주 벌어졌어요. 결국 1953년 7월 27일 양쪽 군대의 주둔 지역에 따라 휴전선이 그어지며 전쟁은 중단되었습니다.

이처럼 6.25 전쟁은 한반도 안에서 벌어진 민족 간의 전쟁이면서 자유주의 진영과 공산주의 진영이 대립한 세계전이기도 했지요.

공방전
서로 공격하고 방어하는 싸움

2 헤드라인 뉴스

생방송한국사

민족의 아픔이 되어 버린 6.25 전쟁

6.25 전쟁 휴전 이후 전후 처리 문제로 회의가 진행 중이지만 양쪽의 의견이 쉽게 좁혀지지 않고 있습니다. 이러다 한반도가 영원히 나뉘고 말 것 같다는 불안한 예감이 드는데요? 김역사 기자가 6.25 전쟁의 이모저모에 대해 정리해 주시죠.

6.25 전쟁의 피해 상황과 협상 결과에 대해 전해 드리겠습니다.

김역사 기자

우선 6.25 전쟁의 가장 큰 피해는 군인뿐만 아니라 민간인까지 수많은 사람들이 죽거나 다쳤다는 점이에요. 대략 500만 명이 넘는 사람이 죽었을 것으로 예상되고 있는데요. 이는 대한민국 전체 인구의 6분의 1, 즉 여섯 명 중 한 명이 죽은 셈이랍니다.

또한 전쟁으로 인해 고아가 된 아이들도 많았고, 피란길에 서로를 잃어버려 이산가족이 된 사람들도 많았어요. 이렇게 가족과 헤어진 사람들도 천만 명이나 될 거라고 합니다.

인명 피해뿐만이 아니었습니다. 나라의 경제와 산업을 뒷받침하는 공장, 철도, 항구 등 주요 시설들이 파괴된 것은 물론, 농지가 황폐해지면서 식량 생산량도 부족해졌어요. 평양과 서울 같은 주요 도시는 공습으로 파괴됐고, 여러 문화재와 역사 자료가 불에 타 버리기도 했지요.

전쟁 후에는 다양한 문제들을 놓고 **당사국**들이 모여 회의가 진행됐어요. 이때 중요한 문제가 전쟁 포로를 어떻게 하느냐는 것이었지요. 이를 둘러싸고 국제 연합과 공산군측이 대립하던 중 **반공 포로 석방 사건** 같은 일이 일어나기도 했어요.

전쟁이 끝난 후 소련은 북한에, 미국은 남한에 군대를 **주둔**시키고, 전쟁 피해를 복구할 자금을 원조해 줌으로써 더 큰 영향력을 행사하게 되지요.

전쟁은 끝났지만 남한과 북한의 지도자들은 서로에 대한 증오심을 정치에 이용해 자신의 권력을 더 강하게 만들었어요. 그로 인해 광복 후 민주적인 나라를 세우려고 했던 많은 사람들의 뜻이 좌절되고 말았지요.

그러나 무엇보다도 6.25 전쟁이 남긴 가장 큰 상처는 분단이 지금까지 이어지고 있다는 거예요. 게다가 민간인들이 자유롭게 왕래할 수 없을 정도로 두 나라의 사이는 아직도 적대적이기만 하지요.

일제 강점기 이후 곧바로 전쟁이라는 시련이 닥치면서 크나큰 어려움을 겪게 된 대한민국! 과연 대한민국이 민주적이고 합리적인 법과 질서를 갖춰 새로운 나라로 출발할 수 있을지 지켜봐 주시길 바랍니다!

당사국

사건에 직접 관련이 있는 나라

반공 포로 석방 사건

1953년 6월 18일에, 이승만 대통령이 남한 곳곳에 수용된 북한 출신의 반공 포로를 미국 몰래 석방해 버린 사건

주둔

군대가 어떤 장소에 일정 시간 동안 머무르는 일

스페셜뉴스 — 현장 브리핑

크리스마스의 기적, 흥남 철수 작전!

이곳은 함경남도 흥남의 부두입니다. 영하 27도의 추위 속에서 수십만 명의 피란민들은 오들오들 떨며 국제 연합군의 결정만을 기다리고 있습니다. 중국군의 공격을 피해 도망쳐 이곳 흥남으로 이동해 왔지만, 이들의 눈앞에 펼쳐진 것은 드넓은 바다뿐…. 더 이상 물러설 곳이 없는 상황인데요. 한편, 연합군 역시 병력과 장비를 잃지 말고 무사히 철수하라는 명령을 받아 고민하고 있는 모습입니다. 과연 이들은 다 함께 흥남 부두를 탈출할 수 있을까요?

함경도에 살고 있었던 피란민들은 중국군의 공격을 피해 이곳 흥남 부두에 오게 됐어요. 중국군이 육로였던 원산을 점령하는 바람에, 도망치려면 오직 배를 타고 바다로 빠져나가는 수밖에 없었어요. 12월의 추위는 참으로 매서웠지요. 하지만 흥남 부두에는 눈보라를 피할 천막 하나 없었습니다. 수십만 명의 피란민들은 그저 얼음판 위에서 발을 동동 구르며 밤을 지새울 수밖에 없었답니다.

"배를 못타면 우리 모두 죽을지도 몰라요. 중국군이 하루 뒤면 흥남까지 밀려올 거라고 하네요."

사람들은 그렇게 수군거리고 있었죠. 흥남 부두에는 피란민들뿐만 아니라 10만 명의 연합군도 함께 머물고 있었습니다. 연합군 역시 중국군이 쳐들어오면서 전세가 불리해진데다가 퇴로가 모두 막혀 흥남으로 올 수밖에 없었어요. 연합군은 배에 무기와 장비, 그리고 병력을 싣고 부산으로 철수하려고 하는 중이었지요.

"제발 우리도 함께 데려가 주세요! 우리들을 살려 주세요!"

피란민들은 답답한 마음에 소리쳤지만, 미 10군 단장 알몬드 장군은 수송선에 피란민을 태우는 것을 꺼리는 눈치였어요.

"피란민을 태우다가 시간이 많이 늦어져서 중국군과 맞닥뜨리기라도 하면 어쩔 텐가? 병력과 장비, 물자를 옮기는 것만으로도 수송선의 공간이 넉넉하지 않은 상황일세. 게다가 저 피란민들은 북한 주민들이 아닌가? 스파이가 있어서 배를 파괴한다면 피해는 더욱 커질 거야. 마음은 아프지만

6.25 전쟁 | 한 민족이 두 개의 이념으로 나뉘어 싸우다

그들을 두고 가는 편이 낫겠어."

그때 한국군 지휘관이었던 국군 제1군단장 김백일 장군, 현봉학 박사 등이 그를 설득하기 시작했죠.

"피란민을 버리고 가느니 차라리 우리가 걸어서 후퇴를 하겠습니다!"

국군의 강력한 설득에 결국 알몬드 장군은 피란민을 태우기로 허락했어요. 단, 병력과 장비를 싣고 남는 자리가 있을 경우에 한해서라고 했죠. 그렇게 흥남 철수 작전이 시작됐던 거예요.

▲ 흥남 철수 직후 폭파되는 흥남 부두의 모습

피란민을 태우는 것이 허락되자, 흥남 부두는 그야말로 아수라장이 됐어요. 수많은 피란민들이 부두 위로 쏟아져 나왔죠.

피란민들을 승선시키는 과정에서 몇몇 미군은 짐을 포기하고 피란민을 한 사람이라도 더 태우는 영웅적인 모습을 보이기도 했답니다. 이때 연합군은 5백 6십만 톤의 폭약, 무기 등을 포기했는데요. 혹여 전쟁 물자가 북한군에 넘어가지 않도록 그 자리에서 집중 사격을 해서 폭파시켜버렸어요.

배에 탄 피란민은 거의 10만 명이었다고 해요. 어떤 배에는 정원의 열 배가 넘는 5천 명이 탑승하기도 했고, 매러디스 빅토리호의 경우는 1만 4천 명을 태우기도 했어요. 매러디스 빅토리호는 '하나의 배로 가장 많은 사람들을 구조한 배'로 기네스북에 올랐다고 해요. 게다가 배 안에서 다섯 명의 새로운 생명이 태어나는 기적도 있었답니다.

마침내 흥남 철수 작전이 종료되어 마지막 배가 흥남을 떠났어요. 그날은 놀랍게도 12월 24일 크리스마스 이브였지요. 그리고 하루 뒤인 12월 25일에 중국군이 흥남을 점령했답니다. 간발의 차이로 철수에 성공했던 거예요. 193척의 배를 이용해 10만 명이 넘는 병력과 35만 톤이 넘는 전쟁 물자, 그리고 피란민 10만여 명이 철수한 대규모의 작전이었지요. 흥남 앞바다에는 수많은 기뢰가 설치되어 있었고, 도중에 중국군의 공격을 받을 수도 있었는데요. 다행히도 모든 배가 아무런 피해도 입지 않고 무사히 거제 장승포항까지 도착할 수 있었답니다.

이산가족을 찾습니다!

시청자 여러분, 오늘의 뉴스는 이산가족 특집 생방송으로 보내드립니다!
6.25 전쟁이 끝나고 가족을 다시 만나기 위해 너무나 오랜 시간을 기다렸지요? 지금 현재 다양한 이산가족의 사연들이 폭발적으로 접수되고 있습니다. 여러분, 채널 고정해 주시기 바랍니다. 혹시 화면 속에 나오는 이름이나, 얼굴을 아시는 분이 있다면 주저하지 말고 전화주세요.
혹시 전쟁 중에 피란을 가다가 가족을 잃게 된 분들이 있다면 '이산가족을 찾습니다!'에 사연을 제보 바랍니다.

이산가족

저는 피란을 가다가 딸의 손을 놓치고 말았습니다. 그리고 지금까지 딸을 그리워하며 살았습니다. 오늘 방송 덕분에 딸을 찾을 수 있었지만, 이미 딸은 70이 넘은 나이가 되어 있었습니다. 그동안 딸은 나를 무척 그리워했으면서도, 막상 나를 본 순간 지나간 세월이 야속해 원망스러운 마음이 들었나 봅니다. 딸이 저에게 "왜 나만 버렸어요? 왜 나만 찾지 않았냐고요!"라고 울부짖자 저는 충격에 빠져 정신을 잃기도 했습니다.

  딸은 너무 어린 나이에 가족들과 헤어졌기 때문에 성씨조차 기억이 안 날 정도였답니다. 그래서 자기가 '김'씨인 줄 알고 살고 있었어요. 다행히 운이 좋게도 아들이 딸을 알아봐서 다시 만날 수 있었어요. 저는 딸에게 "너는 김씨가 아니고, 허씨야! 자기 이름도 모르고 살아왔구나!"라면서 뜨거운 눈물을 흘렸어요.

이산가족

저는 제 한글 이름이 아예 기억이 안 나요. 그런데 일제 강점기 때 학교에서 썼던 일본식 이름은 기억이 나더라고요. 제가 살던 마을 앞에는 아주 커다란 나무가 있었어요. 그리고 외삼촌댁이 옆 마을에 있었어요. 전쟁 때 폭탄이 너무 가까이에서 터져서 한 쪽 귀가 잘 안 들리고, 왼쪽 팔에 길게 찢어진 흉터도 있습니다. 혹시 절 아시는 분이 있다면 방송국으로 꼭 좀 연락 주세요!

 모든 사연을 다 방송으로 내보낼 수 없자 지금 방송국 앞에는 직접 가족을 찾겠다며 찾아온 분들이 셀 수 없이 많습니다. 본관 벽과 바닥 모든 곳이 벽보로 도배가 된 상황이고요. 밤을 새워가며 소식을 기다리는 분들도 있습니다. 가족을 찾은 사연이 나올 때마다 방청객과 시청자 여러분들도 큰 박수로 환호해 주고 함께 눈물을 흘리고 계십니다. 수십 년의 세월을 뛰어 넘은 감동의 드라마는 지금도 실시간으로 중계되고 있습니다. 지금까지 '이산가족을 찾습니다'에서 보내 드렸습니다!

이것이 알고 싶다.

이산가족이란 본의 아니게 흩어짐으로써 서로 만날 수 없게 된 가족을 뜻하는 말입니다. 남과 북 사이에 휴전선이 생기고 자유롭게 왕래할 수 없게 되면서 영영 헤어지게 된 사람들이 대다수지요.

그동안 남북 정부가 문을 걸어 잠그기 바빠 이산가족이 다시 만나는 것은 무척 어렵고 힘든 일이었답니다. 1985년에서야 처음으로 서울과 평양을 오가는 고향 방문단이 결성되었는데요. 이때 65명의 이산가족이 서로를 만날 수 있었습니다. 그 후로 무장공비 침투 사건과 연평해전, 천안함 사건 등의 마찰이 생겨 남북 관계가 나빠질 때마다 이산가족이 만나는 일은 한참 뒤로 미뤄지곤 했어요. 남한의 대통령이 북한과의 관계를 강경히 할 때나, 정치·경제적인 이유로 북한과의 협상이 잘 이루어지지 않을 때에도 마찬가지였지요.

북한과의 화해 분위기가 조성되었던 김대중·노무현 대통령 시절에는 순조롭게 이산가족 상봉이 진행되던 때도 있었지만, 그 후로는 남한의 요청으로 몇 년에 한 번 꼴로 이산가족 상봉이 이어지고 있는 실정이에요.

그러나 이렇게 만난 이산가족은 추첨을 통해 당첨된 소수의 사람들에 불과해요. 무엇보다 전쟁이 끝난 지 오랜 시간이 흐른 바람에 이산가족들의 나이가 너무 많아졌다는 게 가장 큰 문제입니다. 그마저도 이제 못 보면 다시 언제 볼지 몰라 휠체어와 이동 침대에 의지해 만남을 하곤 한답니다. 오래전 돌아가신 부모님의 유언장을 가져오기도 하지요. 한반도의 분단이 계속 이어지고 있기 때문에 이산가족들이 자유롭게 다시 만나기란 어려울 것으로 예상되고 있습니다.

고종훈의 한국사 브리핑

사건 핵심 분석 ▶ 6.25 전쟁

QR 코드를 찍으면 고종훈 선생님의 강의를 볼 수 있어요.

- 시기 ▶ 1950년 6월 25일
- 당시 상황 ▶ 북한의 남침으로 전쟁이 시작됨
- 북한군의 스타일 ▶ 소련을 등에 업고 전진!
- 남한군의 대응 ▶ 미국, 헬프 미~
- 가장 기억이 남는 작전 ▶ 인천 상륙 작전
- 국민들의 반응 ▶ 평화로운 일요일에 무슨 일이람
- 역사적 중요도 ▶ ★★★★☆
- 시험 출제 빈도 ▶ 높음

1950년 6월 25일 북한은 기습적으로 남한을 쳐들어 왔어요.

1948년 남과 북에는 각각 두 개의 정부가 세워졌어요. 이때 북한의 지도자 김일성은 사회주의 정부를 세우기 위해 전쟁을 준비했어요. **전쟁은 1950년 6월 25일 시작되었고, 3일 만에 북한은 수도인 서울을 점령하고 무서운 기세로 남쪽을 향해 내려왔어요.**

사건 관계 분석

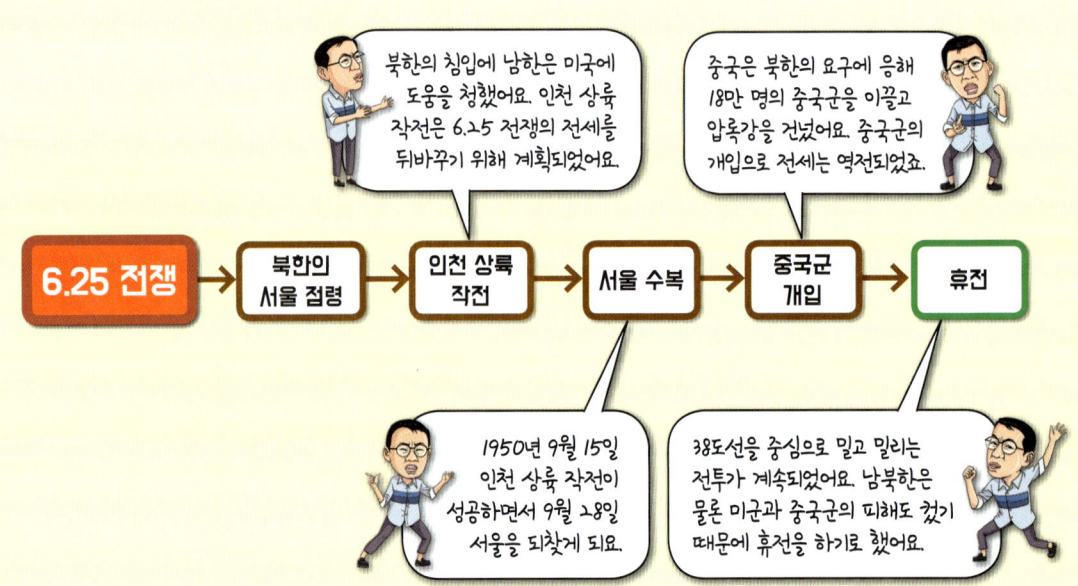

1 심층 취재

생방송 한국사

이승만의 독재 정권, 언제까지 계속될까?

1960년 3월 15일인 오늘 대통령 선거가 치러지고 있습니다. 그런데 투표장의 분위기가 어쩐지 심상치 않은데요? 이승만 대통령이 있는 자유당에서 부정 선거를 하고 있다는 소식입니다. 그 결과는 어떻게 될까요? 김역사 기자와 함께 알아봅시다!

김역사 기자

> 이승만과 자유당 정권은 민주주의 사회에서 도저히 있을 수 없는 일을 저질렀습니다.

6.25 전쟁을 치른 뒤 대한민국은 폐허가 됐어요. 하지만 국민들은 최선을 다해 나라를 일으켜 세우기 위해 노력했지요. 미국의 원조를 받으면서 공장을 가동하고, 시장에서는 다양한 물건을 생산해 판매하기 시작했어요. 또한 모든 국민이 **국민학교**를 의무적으로 졸업할 수 있도록 했지요. 대학생의 숫자도 훨씬 더 늘어났고요. 사회를 이끌어 갈 인재들이 생겨난 거예요.

그러나 대다수의 국민들은 아직 민주주의를 충분히 경험해 보지 못한 상황이었어요. 왕정의 역사가 길었고, 일제의 식민 지배를 벗어난 지도 얼마 안 된 상황이었으니까요.

초대 대통령인 이승만은 처음에는 국민들에게 인기가 많은 지도자였어요. 그러나 오랫동안 대통령을 하고 싶었던 이승만이 자신에게 유리

4.19 혁명 | 최초로 독재에 저항하여 민주주의의 새 역사를 열다

한 방식으로 헌법을 고치려고 하면서 국회 의원들의 반대를 받게 됐어요. 정부 수립 이후 우리나라는 국민을 대표하는 국회가 대신 투표를 하는 '간접 선거제' 국가였는데요. 이승만은 국민들이 직접 선거를 하는 '대통령 직선제'로 바꿔 버렸어요.

헌법은 민주주의를 보호하기 위해 존재해요. 그래서 함부로 바꿀 수 없도록 되어 있지요. 특히 한 사람이 권력을 독차지할 수 없도록 대통령의 임기를 정해 두고 있습니다. 당시 우리 헌법에는 대통령이 4년 동안 나라를 다스리고, 임기가 끝나면 한 번 더 **중임**하는 것까지만 허용됐어요.

8년 동안 1, 2대 대통령에 당선된 이승만 대통령은 3대 대통령 선거에 나올 수 없었어요. 그러나 이승만 대통령은 이 법안을 폐지해서 더 오래 대통령을 하려고 했지요. **사사오입 개헌**이라는 억지를 부린 끝에 겨우 이승만은 제3대 대통령 선거에 출마할 수 있었어요.

1956년 제3대 대통령 선거는 시작부터 치열했어요. 야당이었던 민주당이 "못 살겠다. 갈아 보자!"라는 선거 구호를 내걸고 자유당의 비리를 공격했지요. 대통령 후보에는 '신익희'를, 부통령에는 '장면'을 내세웠습니다. 그런데 선거 도중에 민주당의 신익희 후보가 심장마비로 세상을 떠나면서 이승만이 대통령에 당선됐지요.

반면에 부통령 선거에서는 민주당의 장면 후보가 승리했어요. 대통령과 부통령 당선자가 각각 다른 당에서 나오게 된 거예요. 그러자 이승만은 후보

국민학교
일제 강점기인 1941년에 만들어진 말로, 많은 논의 끝에 1996년에 초등학교로 이름을 바꾸었어요.

중임
먼저 일했던 자리에서 한 번 더 일하는 것

사사오입 개헌
당시 국회 재직 의원은 203명이었는데, 개헌안이 통과되기 위해서는 국회 의원의 2/3인 135.33명, 즉 136명의 찬성표가 필요했어요. 투표 결과 찬성이 135표가 나와 1표가 부족해 법안을 통과시킬 수 없게 됐죠. 그러자 자유당은 반올림이 안 되는 숫자인 0.33은 버려서 135명으로 봐야 한다고 주장해 법안을 통과시켰답니다.

▲ 제3대 대통령이 된 이승만

경쟁자들을 공산당이라는 누명을 씌워 사형시키는 등 정치적인 탄압을 계속 했답니다.

4년 뒤인 1960년 3월 15일에는 네 번째 대통령 선거를 하게 됐는데요. 이번 선거에서도 민주당의 조병옥 후보가 갑작스럽게 세상을 떠나는 바람에 이승만 후보가 또 다시 당선이 됐답니다. 그래서 부통령 선거의 경쟁이 더 치열해졌어요. 이승만은 저번 선거처럼 대통령과 부통령이 다른 당에서 나오는 걸 바라지 않았기 때문에 부통령을 자유당에서 당선시키고자 대대적인 부정 선거를 하게 됩니다.

부정 선거는 다양한 방법으로 진행됐습니다. 힘 있는 사람들이 마을 주민들에게 막걸리, 고무신 등을 사 주며 자유당을 찍게 하기도 하고, 3명 혹은 9명이 조를 이뤄 다른 당을 찍지 못하게 감시하며 투표하게 했습니다. 또한 미리 투표용지에 도장을 찍어 투표함에 넣어둔 뒤, 개표장에 있는 투표함과 바꿔치기를 하기도 했답니다. 아예 투표용지를 받지 못해 투표하지 못한 사람들도 있었어요. 최악의 부정 선거 앞에 민주당은 선거 포기를 선언했어요.

이렇게 이승만은 두 번이나 헌법을 바꿔 정권을 연장했고, 저항하는 국민들에게는 경찰, 깡패를 동원해 탄압했답니다. 그동안 이승만 독재 정권의 폭력에 침묵하던 국민들의 분노가 터져 나온 것은 바로 그때였지요. 민주주의를 회복하기 위한 우리 국민들의 모습을 지켜봐 주세요.

▲ 1960년 대통령 선거 당시의 벽보

2 인물 초대석

생방송한국사

독재를 무너뜨린 최초의 혁명! 4.19 혁명

1960년 4월 19일인 오늘 전국에서 최대 규모의 시위가 벌어졌다고 합니다. 시위대는 3.15 부정 선거는 무효이므로 재선거를 치러야 한다고 요구하고 있습니다. 한편, 이승만 정권은 경찰을 동원해 시위대를 향해 총격을 가하고 있어 논란이 되고 있습니다.

부정 선거가 있었던 3월 15일 이후 어떤 일이 있었는지 마산 시민들에게 들어보겠습니다.

우리는 부정 선거는 무효이므로 재선거를 하라고 시위를 하고 있었는데요. 경찰이 시민들을 향해 최루탄과 총을 발사하는 게 아니겠어요? 8명이나 죽고 80명이 부상을 입었지요. 김주열 군은 시위를 하는 도중에 실종됐는데요. 맙소사! 한 달 후 마산 앞바다에 시신이 떠오른 거예요. 알고 보니 경찰이 쏜 최루탄에 맞아 목숨을 잃었는데, 경찰이 학생을 죽인 사실을 감추기 위해 시신을 몰래 바다에 버렸다는군요. 우리 마산 시민들은 김주열 군을 죽게 만든 이승만 정권을 용서할 수 없습니다! 학생들과 시민들은 분노했습니다. 그러자 경찰은 또 다시 시위대에 총을 쏴서 사람들을 죽였습니다.

마산 시민

마침내 1960년 4월 19일 화요일에는 전국적인 시위가 일어났습니다. 시위에 참여하셨는데, 어떤 심정이십니까?

대학생
박군

우리들은 더 많이 공부한 사람으로서, 이승만 정권의 독재가 잘못되었음을 똑똑히 알고 있었어요. 게다가 우리보다 어린 고등학생인 김주열 군이 희생당한 것을 생각하면 가슴이 아팠죠. 국회 조사단이 무력 진압에 대해 추궁하자 이승만 대통령은 북한 간첩이 공산주의자들을 부추겨 시위를 벌인 것이라며 발뺌하고 말았습니다. 국민들은 더 이상 이승만 정권을 용서할 수 없어요. 지금 시위는 서울, 대구, 부산을 비롯한 전국에서 벌어지는 중이에요. 고려대를 시작으로 다른 대학교 학생들도 시위에 합류하는 중이고요.

중학생
김양

대학생 언니 오빠들뿐만이 아니에요. 고등학교 언니 오빠들, 우리 중학생들도 교실 밖으로 뛰쳐나와 시위 현장에 모였답니다. 그랬더니 이승만 대통령은 시위가 더 커지지 않게 **계엄령**을 선포하고 경찰과 군인 아저씨들에게 우리를 진압하게 했어요. 하지만 우리는 두려워하지 않고 계속 행진했어요.

계엄령
나라에 큰 일이 생겼을 때 각 지역을 군대가 맡아 다스리게 하는 것

수많은 학생과 시민이 희생된 4월 19일은 '피의 화요일'이라 불리게 됐습니다. 사건의 핵심인 이승만 대통령께서는 어떤 입장이신가요?

이승만
대통령

어쩔 수 없이 저는 자유당의 총재에서 사퇴하고 부통령 당선자를 사퇴시킬 것을 고려한다고 발표했어요. 이 정도면 넘어갈 수 있지 않겠습니까?

190 4.19 혁명 | 최초로 독재에 저항하여 민주주의의 새 역사를 열다

그러나 며칠 뒤인 4월 25일에는 대학 교수들이 모여 시위를 하였습니다. 교수님 한 분을 모셨는데요. 어떻게 참여하게 되셨나요?

대학교
유 교수

우리는 4월 19일에 수많은 학생들이 목숨을 잃게 된 것에 대해 큰 책임을 느꼈답니다. 그래서 어른들 역시 뭔가를 해야 한다는 생각이 들어 이렇게 시위에 나오게 됐습니다. 우리 교수들은 선거를 다시 치르는 것뿐만 아니라, 이승만이 대통령직에서 물러나야 한다고 생각합니다.

이번에는 시위에 참여한 국민학생을 만나 보겠습니다. 무섭지 않나요?

국민학생
강양

4월 19일 시위에서 국민학교 6학년 언니가 총에 맞아서 죽었어요. 수많은 언니 오빠들이 희생됐지요. 우리는 친구들과 언니 오빠들이 왜 죽었는지 알아요. 우리도 그 뒤를 따를 거예요.

시위의 결과는 어떻게 되었나요?

민주당
정치인

시위에 참여한 사람들은 부통령의 집을 부수고, 이승만 대통령의 동상을 끌어내렸습니다. 결국 이승만은 더 이상 버티지 못하고 대통령직에서 물러나 하와이로 망명을 떠났어요.

그 후 우리의 헌법은 대통령의 독재를 막을 수 있도록 바뀌었고, 새 헌법에 따라 선거도 실시됐습니다. 그 결과 이승만이 속해 있던 자유당은 무너지고 야당인 민주당이 승리했지요.

4.19 혁명을 둘러싼 말말말!

김역사 기자

수많은 사람이 민주주의를 위해 목숨을 바쳤던 4.19 혁명! 그 뜨거웠던 현장에서 사람들은 어떤 생각을 갖고 있었을까요? 각종 성명서와 유언장 등에 나타난 사람들의 생생한 목소리를 들어볼까요?

3.15 부정 선거에 대한 민주당 성명서

자유당은 국민들에게 부끄럽지도 않고, 하늘이 무섭지도 않습니까? 이번 3.15 선거를 할 때 부정, 폭력, 살인을 저질러 법을 멋대로 바꿨지요. 또한, 국민의 권리를 빼앗아 민주주의를 망가뜨렸습니다. 마산에서 학생과 시민들을 무차별 총격으로 죽게 만든 것을 모든 국민이 똑똑히 봤지요. 런던타임즈, 워싱턴 포스트 같은 외국 신문에서도 이승만 대통령의 선거를 비난하고 있습니다. 이승만 대통령은 그 사실을 알면서도 모른 척하고 있는 것입니까? 아니면 정말로 모르고 있는 겁니까? 어느 쪽이든 간에 대통령으로서 자격이 없는 사람이 아닐 수 없습니다.

역사상 유래를 찾아보기 힘든 부정 선거가 벌어졌던 날, 야당이었던 민주당에서는 부정 선거를 비판하며 다시 선거를 치르자는 성명서를 냈습니다. 하지만 이승만 대통령은 이를 외면하고 시위하는 국민들을 무력으로 탄압했지요.

"시간이 없는 관계로 어머니를 뵙지 못하고 떠나요. 어머니, 시위에 나간 저를 꾸지람하지 마세요. 우리들이 아니면 누가 시위를 하겠어요. 전 아직 철없는 학생이지만 국가와 민족을 위하는 길이 뭔지 알고 있답니다. 저는 목숨을 바쳐 싸울 거예요. 시위하다 죽어도 소원이 없을 것 같아요. 어머니가 저를 사랑해주시는 만큼 무척 슬퍼하실 것을 알아요. 하지만 민족의 앞날을 위해 기뻐해 주세요. 부디 몸 건강히 계세요. 다시 한 번 말씀드리지만 저는 이미 목숨을 바칠 결심을 했답니다."

— 한성 여중 2학년 진영숙 —

한성 여중 2학년 진영숙 양이 4.19 시위를 떠나기 전 어머니에게 남긴 마지막 편지예요. 진영숙 양은 시위에 참여했다가 그만 목숨을 잃고 말았답니다. 4.19 혁명을 이끌었던 사람들은 교실 밖으로 뛰쳐나온 어린 학생들이었어요. 죽음을 두려워하지 않은 학생들의 용감한 모습에 더 많은 시민들의 참여를 이끌어 낼 수 있었죠.

4.25 대학 교수단 성명

1. 다양한 지역에서 학생들의 시위가 벌어졌습니다. 학생들은 시위를 통해 순수한 정의감과 잘못된 일에 저항하는 민족정신을 보여줬습니다.
2. 그러니 이 시위를 북한 공산당이나 야당이 시켜서 한 일로 보는 것은 학생들을 모독하는 일입니다.
3. 평화적인 시위를 폭력으로 막은 경찰은, 자유당이 정치 권력을 지키기 위해 동원한 사적인 병사들이나 다를 게 없습니다.
4. 국민들과 학생들의 분노를 가라앉히기 위해서는 대통령은 물러나야 합니다.
5. 3.15 선거는 불법 선거입니다. 정, 부통령 선거를 다시 실시해야 합니다.

4.19 혁명 때 많은 학생들이 목숨을 잃게 되자, 이번에는 대학 교수들이 시위를 일으켰습니다. 대학 교수들은 재선거와 이승만 대통령의 하야를 직접적으로 요구했지요.

우리들은 남으로부터 싸워 올라가
마침내 사월 학생 혁명에
깃발을 높이 올렸습니다.
우리들은 그렇게 행동하면서
우리들의 영원한 사랑
조국의 자유와 독립
민주와 번영
생존의 평등 평화를 위하여

모든 지성 모든 생명 모든 사랑을
아낌없이 바쳤어요.
그 과정에서 여섯 명의
벗을 잃게 됐으니
아! 슬픕니다!
4월의 영광은
벗의 이름으로 끝나지 않을 것입니다.
– 중앙대학교 학생 일동 –

중앙대학교 학생들은 "의에 죽고 참에 살자."는 교훈을 걸고 시위에 참가했으나 하루 만에 6명이 사망했습니다.

아! 슬퍼요 (중략)
아침 하늘과 저녁노을
오빠와 언니들은 피로
물들였어요.(중략)
잊을 수 없는 4월 19일
(중략)
나는 알아요. 우리는 알아요.
엄마 아빠 아무 말 안 해도
오빠와 언니들이 왜 피를 흘렸는지를
오빠와 언니들이 배우다 남은 학교에서
배우다 남은 책상에서
우리는 오빠와 언니들의 뒤를 따르렵니다.
– 수송 국민학교 4학년 강명희의 동시, 「나는 알아요」 중에서

4.19 혁명에는 국민학생들도 참여했어요. 어린 학생들이 시로 슬픔을 표현할 만큼 많은 이들의 희생이 있었던 거지요.

고종훈의 한국사 브리핑

사건 핵심 분석 ▶ 4.19 혁명

QR 코드를 찍으면 고종훈 선생님의 강의를 볼 수 있어요.

시기 ▶ 1960년 4월 19일
사건을 한마디로 표현하자면 ▶ 연이은 부정 선거. 더 이상 참을 수 없는 국민들
국민들의 구호 ▶ 독재 NO. 민주주의 돌려놔!
외신의 보도 ▶ 독재에 맞선 피의 화요일.
시위 결과 ▶ 이승만의 사퇴. 새로운 선거 실시
역사적 중요도 ▶ ★★★★☆
시험 출제 빈도 ▶ 높음

이승만은 권력 연장을 위해 부정을 저질렀어요.

대한민국의 첫 대통령이었던 이승만은 12년에 걸쳐 3번이나 대통령을 계속하며 독재 정치를 이어갔어요. 이 과정에서 권력을 연장하기 위해 헌법을 두 차례나 바꾸었지요. 그리고 3월 15일 4번째 대통령 선거에서 이승만은 부통령을 자신이 속한 자유당에서 당선시키고자 대대적인 부정 선거를 했습니다.

국민들은 재선거를 위해 시위했어요.

3.15 부정 선거 이후, 시민들은 재선거를 하라고 시위를 했어요. 그러자 경찰들은 최루탄을 발사하며 시위를 진압하려 했어요. 그런데 4월 11일 시위에 참여했다가 행방불명된 고등학생 김주열 군의 시체가 마산 앞바다에 떠오른 사건이 있었어요. 이에 시민들의 분노는 폭발했어요.

마침내 1960년 4월 19일 전국적인 시위가 일어났어요.

1960년 4월 19일 서울, 대구, 부산을 비롯한 전국에서 벌어졌습니다. 그리고 며칠 뒤 4월 25일에는 대학 교수들이 모여 시위를 했어요. 결국 이승만은 더 이상 버티지 못하고 대통령직에서 물러나 하와이로 망명을 떠났고 자유당 정권도 무너졌습니다.

18 박정희 정부와 유신 체제

20년 가까이 독재 정치가 이어지다

타임라인 뉴스

1961 박정희가 5.16 군사 정변을 일으켜 정권을 잡다

1963 박정희가 윤보선을 누르고 대통령에 당선되다

1965 한일 국교 정상화를 담은 한일 협정을 체결하다

1972 유신 헌법을 선포하다

1979 박정희 대통령이 피살되다

1 심층 취재

생방송 한국사

민주주의에 찾아온 18년의 어둠

4.19 혁명이 일어나고 1년 뒤인 1961년 5월 16일 새벽, 서울 시내에 탱크가 밀고 들어왔습니다. 군인들은 현재 전화국과 방송국, 시청 건물 등을 점령 중인데요. 혹시 전쟁이 벌어진 걸까? 어떻게 된 일인지 알아볼까요?

4.19 혁명 이후 민주주의 사회가 올 것을 기대했던 많은 국민들은 크게 실망했다는군요.

김역사 기자

4.19 혁명 후 이승만 정권이 물러나고 장면 정부가 등장했습니다. 그 무렵 남한의 민주주의는 이제 막 싹트려 하고 있었습니다. 다양한 사회단체들이 생겨나 국민의 권리와 이익을 지키고자 목소리를 냈어요. 북한과의 통일 문제에 대해 고민하는 사람들도 등장했지요. 그러나 당시 장면 정부의 소극적인 일처리는 사람들의 기대에 부응하지 못하는 상황이었어요.

당시 군인이었던 박정희는 나라를 구하고 사회를 바로잡겠다며 정변을 준비했답니다. 그는 북한 공산주의자들을 반대하고, 미국에 협조하여 나라 경제를 되살리겠다는 명분을 내세웠지요.

1961년 5월 16일, 박정희는 군인들과 탱크를 동원해 서울 시내 주요 기관들을 손에 넣고 국민들에게 선전 포고를 했습니다.

박정희   우리 군사 혁명 위원회는 장면 정권의 모든 권력을 넘겨받았으며, 이제부터 무능한 정치인들을 대신해 정치를 하겠습니다. 대통령은 물론, 정당, 국회 위원, 사회단체의 정치 활동을 금지하며, 기존의 헌법 역시 무효입니다. 물론 사회가 안정되고 양심적인 정치인이 등장한다면, 그들에게 정권을 맡기고 다시 군인으로 돌아가겠습니다.

이는 민주적인 절차를 무시하고 무력으로 정권을 빼앗은 것이었어요. 군인들은 2년 6개월간 정치를 하면서 국민들에게 호응을 얻기 위해 농민들의 삶을 개선하는 정책을 내놓거나 3.15 부정 선거 관계자들을 과감하게 처벌하는 모습을 보이기도 했습니다. 그러면서 뒤로는 '중앙정보부'라는 기관을 만들어 정치 세력을 감시하고 탄압하였지요. 또한 신문과 잡지를 폐간하고 방송까지 장악했죠!

박정희와 군부 세력은 제5대 대통령 선거를 앞두고 민주공화당이라는 정당을 만들었어요. 박정희는 5.16 군사 정변을 일으키며 한 약속을 어기고, 직접 대통령이 되기로 결심한 거예요. 결국 박정희는 제5대 대통령에 당선됐습니다.

이후 박정희 대통령은 다양한 경제 발전 정책을 내놓으며 대한민국을 근대화시켜 국민들의 지지를 받게 됐습니다. 그 결과 제6대 대통령에 당선됐죠. 하지만 그 역시 이승만처럼 오랫동안 대통령을

▲ 1963년 대통령 당선 후 연설하는 박정희

3선 개헌

1969년 대통령 박정희의 3선을 목적으로 추진되었던 제6차 개헌이에요. 이 개헌안의 주요 내용은 대통령의 3선 연임을 허용하고, 대통령에 대한 탄핵 소추 결의의 요건을 강화하는 한편, 국회 의원의 행정부 장·차관의 겸직을 허용하는 것 등이에요.

유신

낡은 제도를 새롭게 고친다는 것

김재규와 박정희

김재규가 박정희를 죽인 이유에 대해서는 여전히 의견이 분분한 상황이에요. 하지만 대체로 '부마 항쟁을 어떻게 진압하느냐'에 대한 의견 차이로 인한 다툼 때문이라고 보고 있어요.

하고 싶다는 야망을 버리지 못했답니다. 박정희는 '**3선 개헌**'을 통해 대통령을 2번 이상 할 수 있도록 헌법을 바꾸고 말았죠. 그리고 제7대 대통령 후보에 나섰어요. 그러나 한 번 4.19 혁명을 겪었던 국민들은 그런 그를 곱게 보지 않았어요. 결국 박정희는 사람들에게 돈과 물건을 나눠 주며 표를 얻는 부정 선거를 한 끝에 제7대 대통령이 될 수 있었습니다.

그 후 박정희는 1972년에 '10월 **유신**'을 선포하고 '유신 헌법'을 통과시켰습니다. 유신 헌법의 내용에 따르면 대통령은 국회 의원과 법관을 임명할 수 있으며, 헌법조차 마음대로 바꿀 수 있었어요. 또한 대통령의 중임을 제한하는 법도 모두 폐지해서 영원히 대통령을 할 수도 있었지요.

유신 체제가 성립되자 국민들도 결국 참을 수 없었습니다. 결국 1979년 10월에 부산과 마산에서 학생과 지식인들, 그리고 노동자들이 유신 반대를 외치며 거세게 저항했어요. 이 시위를 부산과 마산에서 벌어졌다고 해서, '부마 항쟁'이라고 합니다.

그런데 뜻밖에도 박정희 정권을 무너뜨린 것은 내부의 배신이었어요. 그동안 박정희 대통령을 충실하게 따른 중앙정보부장 **김재규**는 박정희 대통령에게 총을 쏴 죽였어요. 이 사건을 1979년 10월 26일에 일어났다고 하여, 10.26 사태라고 해요.

이로 인해 박정희의 유신 독재 정치가 끝났습니다.

▲ 부마 항쟁(ⓒ부산민주항쟁기념사업회)

2 헤드라인 뉴스

경제 성장에 온 국민이 힘쓰자!

박정희 대통령은 재임 중에 다양한 경제 성장 정책을 추진한 것으로 알려져 있죠. 그러나 그것을 위해서는 많은 사람들의 희생과 노력이 뒷받침되어야만 했습니다. 김역사 기자와 함께 1960~1970년대의 경제 관련 소식을 알아보시죠.

박정희 정부가 경제 성장에 매달린 이유는 무엇일까요? 1960년대는 6.25 전쟁으로 인한 피해를 완전히 극복하지 못해 많은 국민이 굶주린 시대였어요. 온 국민의 관심은 오직 잘 먹고 잘 사는 것이었죠. 또한, 민주적인 절차를 무시하고 정권을 차지한 탓에 박정희 정부는 경제 발전의 확실한 성과를 통해 국민들에게 인정받길 원했지요.

경제 발전의 뒷면에 감춰진 이야기들을 만나보겠습니다!

김역사 기자

당시 대한민국은 노동력은 풍부했지만, 시설과 기술은 부족한 상황이었어요. 그래서 기본적인 산업 기반을 마련하기 위해 막대한 자금이 필요했지요. 이를 위해 박정희 정부는 미국과 일본 같은 나라들과 협정을 맺고 인력을 파견하는 식으로 돈을 마련하고자 했어요. 그중 첫 번째가 바로 1965년에 일본과 다시 국교를 맺고 **한일 협정**을 체결한 일입니다.

우리는 광복 이후 일본과 교류를 하지 않았지요. 일제 강점기의 시간

한·일 협정
협정 체결 후 한일 관계에서 독도나 '위안부' 같은 다양한 문젯거리를 남겼어요. 일본 정부는 협정을 맺었으니 더 갚을 게 없다는 식의 뻔뻔한 태도를 보이고 있어요.

파병
군대를 파견함

조선
배를 설계하여 만듦

들은 단순히 돈으로 보상받을 순 없었으니까요. 그러나 경제 발전 지원금을 마련하기 급급했던 정부는 국민들의 반대에도 불구하고 독립 축하금 몇 억 달러에 모든 피해를 보상받은 셈 치기로 하는 굴욕적인 한·일 협정을 맺었습니다.

한편, 박정희 정부는 미국의 요청으로 베트남에 국군을 보내기도 했는데요. 베트남이 공산주의 국가가 되는 것을 막아야 한다는 게 주된 이유였어요. 정부는 **파병** 요청에 응하는 조건으로 미국에게 경제 지원을 약속받았지요. 그밖에도 독일 지역에 광부와 간호사들을 파견해 수익금을 마련하기도 했어요. 이렇게 마련된 자금은 경제 발전 정책에 이용되었는데요. 처음에는 생활용품 위주의 단순한 제품들을 만들어 수출하다가 점차 기술이 발전함에 따라 철강, 자동차, **조선** 등 복잡하고 어려운 제품들을 수출할 수 있었어요. 또한 경부 고속 국도를 비롯한 교통망을 확장하였어요. 농촌의 환경을 개선하는 새마을 운동도 이때 시작됐습니다. 그로 인해 빠른 시간 안에 대한민국의 국민 총생산량은 급격하게 늘어나 이를 '한강의 기적'이라 부르기도 한답니다.

▲ 경부 고속국도 개통식

하지만 경제 발전이 외국의 자본과 수출을 중심으로 이루어진 탓에, 자립적인 경제를 이루지 못했다는 단점이 있어요. 또한 미국에서 받은 지원금 대부분을 대기업을 키우는 데 쓰느라, 정작 나라 발전을 위해 열심히 일했던 노동자들의 삶은 여전히 가난하고 어려웠답니다.

스페셜뉴스 - 문화계 소식

대중가요도, 짧은 치마도, 늦게 돌아다니는 것도 무조건 금지!

김역사 기자

박정희 정부 때에는 노래, 영화, 패션에 이르기까지 많은 것들이 금지되었는데요. 자유로운 문화를 꿈꾸는 가수 김건전 씨와 패션 리더 이예쁨 씨의 이야기를 들어보겠습니다!

가수 김건전

저는 대학생 때 통기타를 메고 노래를 부르다가 가수가 됐어요. 그런데 유신 정권은 1975년에 223곡이나 되는 대중가요를 금지곡으로 발표했지 뭡니까. 제 노래도 금지당했죠! 다른 인기 가요들도 금지곡이 됐습니다. 어떤 이유에서인지 한번 들어보실래요?

'아침 이슬'이라는 노래는 '태양은 묘지 위에 붉게 떠오르고'란 가사 때문에 금지곡이래요. '붉은 태양'이 북한의 지도자를 떠올리게 한다나요. '기러기 아빠'라는 노래는 베트남 파병을 떠난 아버지를 떠올리게 한다는 이유로 금지됐고요. 금지곡이 되면 텔레비전이나 라디오에 노래가 나올 수도 없을뿐더러 음반을 살 수도 없죠. 이러다 애국가 빼고 모든 노래가 금지곡이 되는 건 아닌지 몰라요!

이예쁨

노래도 금지됐지만, 영화도 마음대로 못 본답니다! 정부가 미리 영화의 내용을 살펴서 검사를 한 뒤 사회적으로 나쁜 영향을 줄 수 있는 장면이 나오면 전부 다 삭제해 버렸거든요. 심하면 아예 영화관에서 영화를 상영할 수조차 없게 했고요.

게다가 저는 패션에 관심이 많은데요. 서양 사람들이 멋 낸 모습을 보고 따라 해보고 싶었거든요! 그런데 제가 짧은 치마를 입고 거리에 나갔더니 경찰이 불러 세우는 거예요. 자로 치마 길이를 재더니 너무 짧다고 주의를 주더라고요. 맙소사! 또 다른 경찰들은 머리 긴 남자들을 모아 놓고 이발 기계로 머리카락을 밀어 버리는 거 있죠? 길바닥에 잘린 머리카락이 수북이 쌓여 있었지요. 경찰들은 밤 12시가 되면 거리에 있는 모든 사람들을 경찰서에 잡아 넣거나 강제로 귀가시킨답니다. 참나, 우리가 신데렐라도 아니고…. 이젠 정말 자유롭고 싶어요!

스페셜뉴스  취재 수첩

뒤처진 농촌 환경을 새마을 운동으로 바꿉시다!

김역사 기자

농촌 계몽 운동인 새마을 운동이 시작되면서 우리 농촌의 풍경이 하루가 다르게 변하고 있다고 합니다. 달라도 너무 달라진 농촌의 모습, 취재 수첩에서 만나 보시죠.

새마을 운동이란 무엇인가요?

박정희 정부가 시행한 농촌 계몽 운동이에요. 근면, 자조, 협동을 기본 정신으로 삼고, 농촌을 현대화시키는 게 목표예요. 농촌 사람들의 삶을 개선하기 위해 현대적인 환경을 갖추고 농업 시설들을 정비했지요. 또한 농촌 사람들의 의식을 새롭게 변화시켰습니다.

새마을 운동으로 무엇이 달라졌나요?

정부는 전국에 있는 모든 초가집을 없앨 예정입니다. 정부에서 나눠준 시멘트로 새로운 서양식 현대화 주택을 짓고 슬레이트 지붕을 올렸습니다. 집집마다 놓여 있는 담장도 튼튼하게 보수했지요.

흙길이 대부분이었던 마을 길을 아스팔트 길로 새롭게 포장했어요. 구불구불한 마을 진입로도 보기 좋게 반듯한 모양으로 정비했습니다. 덕분에 농촌의 물건들을 판매하거나 이웃 마을과 왕래하기 편해졌지요.

또 보다 과학적으로 농사를 지을 수 있도록 농기계 등의 첨단 장비를 보급했어요. 물을 댈 수 있는 수리 시설을 늘리고, 농경지를 넓혀 안정적인 농사를 가능하게 했지요.

처음으로 농촌에 전기가 들어왔고, 생활 환경 또한 깨끗하게 바뀌어 나가고 있습니다.

▲ 새마을 운동

박정희 정부와 유신 체제 | 20년 가까이 독재 정치가 이어지다

새마을 운동으로 얻은 것과 잃은 것은 무엇인가요?

전이득 우선 새마을 운동은 사람들에게 '잘 살 수 있다.'는 희망을 주어 농촌 사람들의 적극적인 참여를 이끌어 냈어요. 그 결과 단기간에 전국의 농촌을 빠르게 근대화시켰어요. 오래전부터 내려온 낡은 풍습 대신 새로운 문화를 받아들이게 해 농촌 사람들의 의식도 변화했어요.

나상실 하지만 정부에서 권위적으로 시킨 근대화 운동이었어요. 정부가 원하는 성과를 내기 위해 국민들을 동원하고 통제했으니까요. 결과적으로 농촌의 살림살이를 많이 나아지게 하진 못했어요. 농촌을 빠르게 근대화시키는 과정에서 우리의 전통문화를 잃게 된 경우도 많았어요.

새마을 노래는 무엇인가요?

'새마을 노래'는 1972년 박정희 대통령이 직접 작곡하고 가사를 만든 노래예요. 이 노래를 들으면서 모든 국민들이 아침 일찍 일어나야 했다고 합니다. 가사를 통해 모두가 잘 살게 될 수 있다는 희망을 심어 줘 더 많은 사람들이 적극적으로 새마을 운동에 참여하도록 한 거예요.

> **새마을 노래**
> 새벽종이 울렸네 새아침이 밝았네
> 너도나도 일어나 새마을을 가꾸세
> 살기 좋은 내 마을, 우리 힘으로 만드세

새마을 운동은 어떤 영향을 주었나요?

새마을 운동은 아프리카, 미얀마, 페루 등 세계 다른 나라들에게 영향을 줬어요. 1960~1970년대의 한국처럼 한창 근대화와 개발이 진행 중인 나라들은 새마을 운동이 어떤 방법으로 이루어졌는지 배우려고 노력하고 있어요. 아프리카에서는 '새천년 마을 계획'이 준비 중이에요.

새마을 운동의 의의는 무엇인가요?

2013년 6월 18일에 새마을 운동과 관련된 기록물이 세계 기록유산으로 지정되었답니다. 아직도 농촌에서는 '새마을 운동'의 성과를 잊지 못하고, 마을 회관 등에 깃발을 걸어 놓곤 한답니다. 새마을 운동이 농촌 사람들에게 큰 의미가 되었음을 알 수 있어요.

▲ 새마을 깃발

고종훈의 한국사 브리핑

사건 핵심 분석 ▶ 박정희 정부와 유신 체제

QR 코드를 찍으면 고종훈 선생님의 강의를 볼 수 있어요.

시기 ▶ 1961년~1979년
박정희 정부를 한마디로 표현하자면 ▶ 무력과 탄압으로 국민들을 다스리다
박정희 정부가 잘하는 것 ▶ 헌법 바꾸기, 계엄령 선포, 경제 발전
연관 검색어 ▶ 유신 독재, 새마을 운동, 한강의 기적
역사적 중요도 ▶ ★★★★☆
시험 출제 빈도 ▶ 높음

4.19 혁명 후 1년이 지나 군사 정변이 일어났어요.

1961년 5월 16일 박정희는 나라를 바로 잡겠다면서 **군사 정변을 일으켰어요.** 박정희의 정변은 성공했고, 2년 6개월간 정치를 하면서 백성들의 지지를 받아 제6대 대통령이 되었습니다. 이후 박정희는 부정 선거를 통해 제7대 대통령도 될 수 있었어요.

박정희는 유신 헌법을 만들었어요.

박정희는 1972년에 '10월 유신'을 선포하고 유신 헌법을 통과시켰어요. **대통령의 권한을 견제할 수 없게 해 놓고, 독재 정치를 펼쳤지요.** 또한 대통령의 중임을 제한하는 법도 폐지해서 계속 대통령을 할 수 있게 만들었어요. 박정희는 총격으로 사망하기까지 18년 동안 독재 정치를 펼쳤답니다.

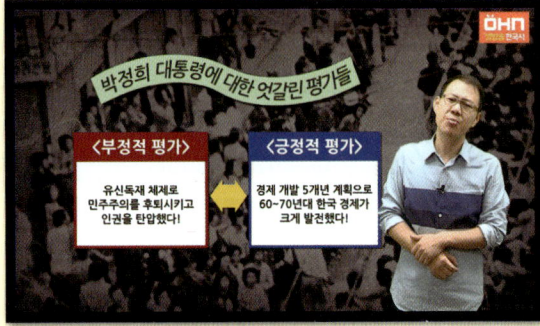

박정희 정부는 다양한 경제 성장 정책을 추진했어요.

박정희 정부는 6.25 전쟁으로 인한 피해를 극복하기 위해 다양한 경제 성장 정책을 폈어요. 처음에는 생활용품을 만들다가 철강, 자동차, 선박 등을 만들어 수출했습니다. 또 농촌의 환경을 개선하는 새마을 운동도 벌였어요.

19. 5.18 민주화 운동

광주 시민들의 희생이 민주화 운동의 불씨가 되다

시기 1980년

타임라인 뉴스

- **1979.10.** 10.26 사태로 박정희가 피살되다
- **1979.12.** 12.12 사태로 전두환이 권력을 잡다
- **1980.5.18.** 전남대학교에 학생들이 모여 시위를 시작하다
- **1980.5.21.** 계엄군이 시민들에게 총을 쏘기 시작하다
- **1980.5.27** 계엄군이 전남도청을 점령하다

1 헤드라인 뉴스

군사 독재를 막기 위한 광주 시민들의 저항

1980년 5월 21일 정오 광주에 있는 전남도청 앞에서 시민군과 계엄군이 대치하고 있다고 합니다. 대체 광주에서는 어떤 일이 벌어지고 있는 걸까요? 광주 지역의 언론 통제가 극심한 가운데 겨우 현장으로 투입된 김역사 기자를 연결해 보겠습니다.

광주에서 일어난 일을 알기 위해서는 먼저 전두환 정권이 어떻게 새롭게 권력을 잡게 됐나 알아봐야 합니다!

김역사 기자

10.26 사태로 박정희 대통령이 목숨을 잃고 난 후 드디어 기나긴 유신 독재가 막을 내렸습니다. 그러나 대한민국이 민주주의 사회가 되길 기대하는 사람들의 희망과 달리, 또 다시 권력을 차지한 것은 군인이었습니다. 1979년 12월 12일에 국군 보안 사령관 전두환의 신군부 세력은 계엄 사령관을 내쫓고 정권을 차지하고 말았죠. 이것을 12.12 사태라고 합니다.

그러자 연말부터 이듬해 봄까지 군부 정권을 반대하는 시위가 계속됐는데요. 이 시기를 '서울의 봄'이라고 불러요. 1980년 5월 15일에는 대학생과 시민들은 서울역 앞에 모였습니다. 10만여 명이나 되는 대규모 인원이었지요. 이들은 전두환의 사퇴와 **계엄령**을 해제 등을 요구했지요.

5.18 민주화 운동 | 광주 시민들의 희생이 민주화 운동의 불씨가 되다

이후에도 시민들이 저항을 계속하자, 신군부 세력은 계엄령을 전국적으로 확대해서 실시하겠다고 밝혔습니다.

전두환
이제부터 우리 군인들이 전국의 주요 도시와 대학에 머물며 사회를 어지럽히는 사람들을 체포할 겁니다. 멋대로 그렇게 하는 법이 어디있냐고요? 이미 국회는 계엄군이 장악한 상태고, 권력은 신군부에게 모조리 넘어온 상태라고요. 하하하. 특히 우리를 피곤하게 하는 광주의 대학교 학생들에게는 **공수 부대**를 보내 혼쭐을 낼 작정입니다.

공수 부대원들의 작전명은 '화려한 휴가'였습니다. 이들이 광주에 투입되면서 열흘간 끔찍한 폭력과 살상이 벌어지게 됩니다.

전남대학교에서는 5월 18일에 학생들이 모여 계엄 해제를 요구하며 시위를 했어요. 그런데 학교에 공수 부대가 들이닥치더니 학생들을 죽도록 때리는 게 아니겠어요? 그래도 학생들은 광주 시내로 뛰쳐나가 계속 시위를 했어요.

군인들은 광주 시내 곳곳을 돌아다니며 학생들뿐만 아니라 시민들한테까지 폭력을 휘둘렀어요. 광주 시민들은 계엄군의 폭력에 분노하여 다 함께 싸울 것을 결심했습니다.

분노한 학생과 시민들의 시위가

10.26 사태
박정희 대통령이 중앙정보부장 김재규에 의해 살해된 사건을 말해요. 이 사건으로 유신 체제는 막을 내리게 되었지요.

계엄령
대통령이 일부 지역을 병력으로 경계함을 선포하는 명령

공수 부대
전투 지역 또는 적 후방에 투입하여 작전을 수행하게 할 목적으로 편성한 부대

▲ 계엄군의 폭력으로 쓰러진 시민들(ⓒ5.18 기념재단)

광주 전 지역으로 퍼져가는 가운데, 계엄군은 헬기에서 기관총을 쏘기도 하고, 옥상에서 조준 사격을 하기도 했어요. 심지어 탱크에 화염 방사기까지 동원했지요. 성난 시민들은 더는 참지 못하고 방송국이나 파출소를 파괴하기도 하고 군용 트럭에 불을 질렀지요. 광주는 전쟁터나 다름없는 상태가 되었어요.

계엄군은 체포한 시위대의 옷을 벗겨 굴욕을 주기도 하고 개를 끌고 가듯 거칠게 시민들을 트럭에 태워 연행했습니다. 시외버스 터미널에서 시체 일곱 구가 발견됐다는 소식이 들려오자 시민들은 "살인마 전두환 물러가라."라고 소리치기도 했어요.

유혈 사태
사상자가 발생할 정도로 큰 싸움이나 충돌이 있는 경우를 뜻해요.

그런데 이렇게 광주에서 대규모의 **유혈 사태**가 발생했는데도 다른 지역에서는 아무것도 모르고 있다고 합니다. 신군부가 광주로 왕래할 수 있는 교통편을 모두 막고 전화 연결도 차단했거든요. 또한 신문사와 방송사를 장악해 어떤 보도도 할 수 없게 했습니다. 그러다가 신군부는 5월 21일에 처음 광주에 대한 보도를 하게 됩니다.

> "광주 폭동 사태!" 광주에 북한 간첩이 잠입하여 시민들을 선동했습니다. 이들은 소총으로 무장한 채 군인과 경찰을 향해 무차별 사격을 했습니다. 그로 인해 경찰 5명이 숨지는 등 피해를 입었습니다. 본 당국은 폭동을 일으킨 광주 시민들을 무사히 제압할 것이니 다른 지역 주민들은 걱정하지 않아도 됩니다.

이 무렵 광주 시민들은 계엄군에 대항하기 위한 부대를 만들었습니다. '시민군'이 만들어진 거예요. 시민군은 예비군 무기고를 열어 무기

208   5.18 민주화 운동 | 광주 시민들의 희생이 민주화 운동의 불씨가 되다

를 들고, 계엄군의 장갑차를 빼앗기도 했지요. 시민군의 거센 저항에 계엄군도 잠시 주춤하는 듯 했어요. 그러나 그건 큰 착각이었습니다.

▲ 전라남도 도청 앞 광장에 모인 광주 시민들(ⓒ5.18 기념재단)

5월 21일 낮 광주시 도청 앞에서는 시민군과 계엄군이 서로 팽팽히 맞서고 있었습니다. 그때 도청에서 12시를 알리는 애국가가 울려 퍼졌는데요, 그걸 신호로 계엄군이 무차별 총격을 가하기 시작한 거예요. 시위대 맨 앞줄의 사람들이 일제히 쓰러지고 온 거리가 피로 물들었어요.

시민들은 시체를 수레에 실은 채 마지막 저항을 이어 나갔습니다. 그러나 10일 째인 5월 27일 계엄군이 최후의 진압 작전을 펼침으로써 5.18 민주화 운동은 막을 내리게 됐습니다.

그때 광주에서는 시위 현장 밖에서도 **무고한** 시민들이 죽임을 당했어요. 남편을 기다리던 만삭의 임산부를 총을 쏴서 사살한 경우도 있었고, 매복한 군인들이 학생들이 탄 버스를 향해 무차별 총격을 가해 열 명 넘게 죽기도 했지요.

5.18 민주화 운동은 신군부 세력에 의해 무자비하게 진압되었으나 그로 인해 대한민국의 민주화 열기는 더욱 뜨거워져 이후 민주화 운동의 밑거름이 되었답니다.

무고한
아무런 죄나 잘못이 없는

2 인물 초대석

생방송 한국사

다양한 정책으로 국민의 눈과 귀를 막다

신군부 세력을 이끈 전두환이 대한민국의 제 11대, 12대 대통령의 자리에 올랐습니다. 오늘 인물 초대석에서는 전두환 대통령을 모시고 그의 정책을 소개하는 자리를 마련해 볼까 합니다.

어떻게 대통령이 되신 거죠?

전두환

전 이래 봬도 정당한 절차를 걸쳐 대통령이 됐다고요. 민주정의당이라는 정당을 새롭게 만들었고, 새롭게 개정된 헌법에 따라 12대 대통령에 당선된 거니까요. 물론 체육관에서 신군부를 따르는 소수의 사람들만 모아 놓고 한 간접 선거였지만 말이죠.

대통령이 된 후 사회를 통제하는 다양한 정책을 내놓으셨던데요?

우선 민주화를 부르짖는 정치인들을 탄압했고 다른 정당들의 활동을 막았습니다. 학교 안에 전투 경찰을 배치해 학생들을 감시했죠. 또한 언론사들을 하나로 통합하고 기자들한테는 매일 어떤 내용의 기사를 쓸지 보도 지침을 내려주었죠.

시청자 제보에 따르면 죄 없는 시민들이 행방불명되거나 끌려가서 고문을 당하는 일도 많았다는데요?

그게 다 사회의 질서를 바로 세우기 위한 겁니다. 불량배들을 가두고 교육시켜 말 잘 듣는 국민으로 만들기 위해 삼청교육대를 만들었죠. 거리의 노숙자나 거지, 고아들을 부산 형제 복지원에 데려가 일을 시키기도 하였지요. 비록 강압적이긴 했지만, 덕분에 사회가 깨끗해지지 않았습니까? 또한 저는 정치적으로 대립하는 세력들을 간첩으로 몰아세워 사형을 시키기도 했고, 학생 운동에 참여한 학생들을 군대에 강제로 입대시켜 구타나 고문을 가하기도 했습니다.

독재와 억압 정책이 이어지자 학생들과 시민들의 불만이 높아지는 상황인데요. 이 문제를 어떻게 해결하실 작정인가요?

저는 우리 국민들에게 자부심을 심어 주기 위해 1986년에 서울 아시안 게임, 1988년에 서울 올림픽을 개최했습니다. 가난했던 대한민국이 이렇게 발전했다는 걸 전 세계에 과시했다고나 할까요. 프로 야구 리그 등 스포츠를 발전시킨 것도 다 제가 한 일이지요. 또한 컬러 텔레비전이 일반 가정에 보급되기도 했죠. 자자, 다들 골치 아픈 정치 문제에는 관심 끄시고, 재미있는 볼거리들을 즐기시길 바랍니다.

말씀 감사합니다. 그러나 전두환 대통령의 의도와 달리, 민주주의를 갈망하는 사람들의 열정은 쉽게 사라지지 않았다고 합니다.

스페셜뉴스 인물 인터뷰

진실을 알린 푸른 눈의 목격자, 위르겐 힌츠페터

김역사 기자

3.1 운동과 제암리 학살 사건의 실상을 널리 알린 캐나다인 선교사 스코필드를 기억하시나요? 여기 또 한 사람, 1980년 5월 광주에서 벌어진 참상을 전 세계에 알린 외국인이 있습니다. 독일인 기자 위르겐 힌츠페터의 이야기를 만나 보시죠.

5.18 민주화 운동이 있기 전에는 어디서 어떤 일을 하셨나요?

위르겐 힌츠페터

저는 북부 독일 방송 소속 기자고, 일본 도쿄에서 17년 동안 특파원으로 일했습니다. 그러다 보니 일본과 가까운 나라인 대한민국을 방문해 여러 사건을 취재할 기회가 있었지요. 5.18 민주화 운동이 있기 전에는 박정희 정권 때 있었던 사건들을 기록하거나, 민주화 운동을 하다가 가택 연금을 당한 김영삼 씨의 인터뷰를 담는 등 다양한 취재를 하고 있었습니다.

왜 광주를 취재하게 된 건가요?

제가 처음 광주에 대한 소식을 들은 것은 5월 18일 일본에서였어요. 한국군이 계엄령을 선포하고 광주에서 어떤 일들이 벌어지고 있다는 내용이었죠. 저는 그런 상황들이 예사롭지 않게 느껴졌습니다. 그래서 다음 날 바로 대한민국으로 향했습니다.

당시 계엄군이 삼엄하게 경계 중이었던 광주에 들어오는 게 쉽지 않았을 것 같은데요?

저희 일행이 광주에 도착하자 검문소의 군인들이 저를 안으로 들여보내 주지 않더군요. 그래서 저는 기자가 아니라 외국 회사를 다니는 사람처럼 변장을 했습니다. 제 가족들을 데려와야 한다며 군인들을 설득했고 다행히 광주로 진입할 수 있었습니다.

힌츠페터 씨의 노력 덕분에 끔찍했던 광주의 모습이 카메라에 담길 수 있었다죠?

어쩌면 운이 좋았던 것 같기도 해요. 외국인 신분인 덕분에 다른 한국의 기자들과 달리 언론 탄압에서 조금 더 자유로울 수 있었으니까요. 아마도 제가 아니었다면 광주 민주화 운동을 컬러 영상으로 담아낼 수는 없었을 거예요. 저는 계엄군에게 취재한 필름을 압수당하지 않기 위해 과자통에 필름을 숨겨 도쿄로 돌아갔습니다.

212 | **5.18 민주화 운동** | 광주 시민들의 희생이 민주화 운동의 불씨가 되다

일본으로 돌아가고 난 후 한 번 더 광주를 찾았다고 들었습니다.

저는 계엄군이 잠시 퇴각한 틈을 타 다시 광주로 잠입했습니다. 이때 제가 촬영한 영상 역시 광주의 실상을 밝히는 중요한 근거가 되었는데요. 그 무렵 광주는 외부와 고립된 채 혼란 속에 방치되어 있었거든요. 그런데 시민들은 시위를 빼고는 질서를 지켜가며 일상생활을 하고 있더라고요. 시민들을 난폭한 폭도로 몰아붙인 신군부의 주장과는 전혀 달랐던 겁니다.

힌츠페터씨가 촬영한 영상은 그 후 어떻게 됐나요?

저는 두 차례에 걸쳐 촬영한 영상들을 제가 소속된 북부 독일 방송의 저녁 뉴스로 내보냈습니다. 이후에는 〈기로에 선 한국〉이란 제목의 다큐멘터리를 제작했지요. 훗날 이 다큐멘터리가 한국으로 다시 흘러들어 가면서 한국인들에게 광주의 진실을 알릴 수 있었다고 해요.

5.18 민주화 운동 25주년 기념식에 참석하고 다양한 글을 쓰는 등 이후에도 많은 활동을 하셨는데요, 죽어서도 광주에 묻히게 해달라는 말을 남기셨다고요?

그건 광주와 저의 각별한 인연 때문이었지요. 5.18 민주화 운동 관련 단체들도 저에게 명예 시민증을 주어서라도 국립묘지에 함께 묻히는 것이 어떻겠냐는 의견을 모아주셨어요. 외국인이 국립묘지에 묻히는 경우는 몹시 드물고 예외적인 일이지만, 광주 시청에서도 저의 바람을 들어주기로 했답니다.

힌츠페터씨의 투철한 기자 정신으로 하마터면 파묻혔을지도 모를 소중한 진실이 전해질 수 있었습니다! 한국 방송 기자 협의회 등 한국의 언론 단체에서는 그에게 언론상을 수여하며 그의 공로를 널리 기렸습니다. 힌츠페터씨와의 인터뷰를 마칩니다!

고종훈의 한국사 브리핑

사건 핵심 분석 ▶ 5.18 민주화 운동

QR 코드를 찍으면 고종훈 선생님의 강의를 볼 수 있어요.

시기 ▶ 1980년 5월 18일
주요 인물 ▶ 광주와 전라남도 시민
사건 현장 ▶ 전남도청 앞
시민들의 구호 ▶ 새로운 독재, 전두환 정권 물러가라!
전두환 정권의 작전 ▶ 수단 방법 가리지 말고 막자.
연관 검색어 ▶ 계엄령, 화려한 휴가, 광주, 시민군.
역사적 중요도 ▶ ★★★★☆
시험 출제 빈도 ▶ 높음

1979년 전두환의 신군부 세력이 정권을 차지했어요.

박정희 대통령이 죽고 난 후 유신 독재는 막을 내렸어요. 하지만 **전두환이 1979년 12월 12일 다시 군사 정변을 일으켜 정권을 차지했어요.** 그러자 연말부터 시민들은 정권을 반대하는 시위를 벌였고, 그 다음해 5월까지 이어졌어요.

전두환 정권은 시민들을 향해 총칼을 겨누었어요.

광주 학생들은 전두환 정권에 반대해 5월 18일에 모여 시위를 했어요. 그러자 군인들은 학생과 시민들에게 무자비하게 폭력을 휘둘렀습니다. 심지어 총을 쏘기도 했답니다. 이 모습에 화가 난 광주 시민들은 함께 싸울 것을 결심하고 '시민군' 부대를 만들었어요.

시민들의 시위는 전 시가지로 확대되었어요.

시민군은 예비군 무기고를 열어 무기를 들고 계엄군에 대항했어요. 시위대는 전남도청을 중심으로 마지막 저항을 했지만 5.18 민주화 운동 10일째인 5월 27일 새벽 계엄군의 기습 공격으로 결국 막을 내리게 되었습니다.

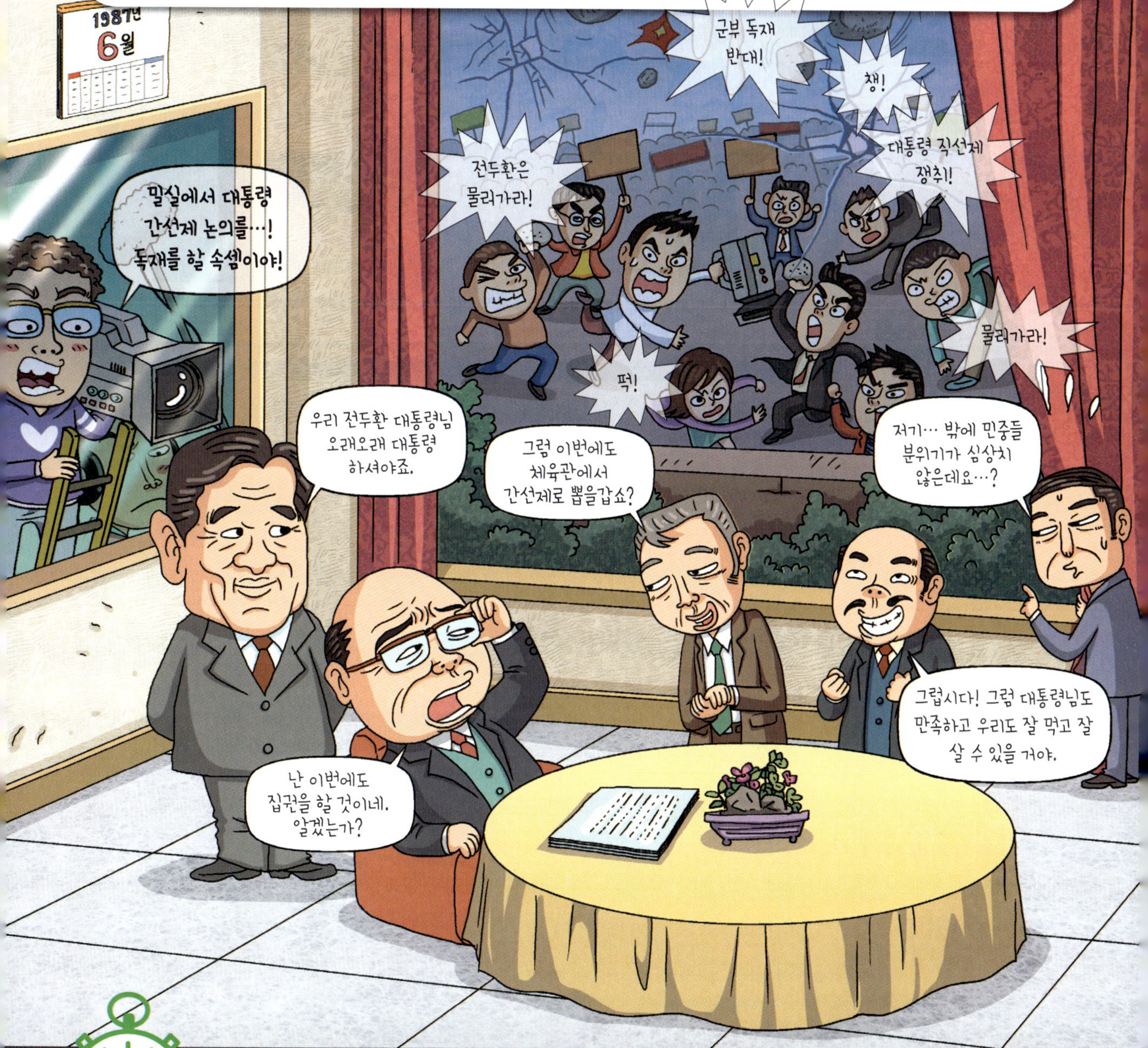

1 헤드라인 뉴스

민주화를 실현시킨 6월 민주 항쟁!

1987년 6월, 전두환의 강압적인 통치에 맞서 전국적인 시위가 벌어졌습니다. 시민들은 대학생 박종철과 이한열 열사의 죽음을 애도하며 대통령을 직접 뽑게 해 달라고 소리치고 있습니다. 김역사 기자와 함께 6월 민주 항쟁의 그 뜨거운 열기를 느껴 보시죠!

1987년, 대한민국에서는 전두환 대통령의 강압 정치에 대한 불만이 높아지고 있었습니다!

김역사 기자

전두환은 겉으로는 정의롭고 깨끗한 사회를 만들겠다고 큰소리쳤습니다. 하지만 실상은 민주적인 사회를 만들고자 하는 국민의 요구를 잔인하게 짓밟았어요. 또한 부정부패와 비리를 일삼으면서도 언론을 통제하여 국민들의 눈을 속였어요. 무엇보다도 가장 큰 문제였던 것은 민주화 운동을 하는 학생들이나 정치적 반대 세력의 사람들이 영문도 모르는 채 끌려가 고문을 당하거나 의문의 죽임을 당했다는 거예요.

이승만, 박정희 대통령에 이어 전두환 정권까지 독재 체제가 계속 이어졌지만, 국민들은 민주주의를 이루기 위한 싸움을 포기하지 않았어요. 특히 체육관에서 간접 선거로 대통령의 자리를 차지한 전두환에 대한 불만 탓에, '대통령 **직선제**'에 대한 요구가 높아진 상황이었어요.

그때 국민들을 몹시 분노하게 만든 사건이 일어나게 되는데요. 서울

대학교를 다니던 박종철 군이 경찰서에서 심문을 받은 지 하루 만에 죽은 채 발견된 거예요. 경찰은 "책상을 '탁'하고 치자, 박종철 군이 '억'하는 소리를 내며 죽었다."라는 말도 안 되는 주장을 펼치며 사건의 진실을 감추려고 했어요. 그러나 그 후 여러 사람들의 증언으로 박종철 군이 죽게 된 원인이 경찰의 고문 때문이라는 사실이 밝혀졌지요. 결국 시민들은 죄 없는 대학생을 죽게 만들고, 사건을 덮으려고 한 전두환 정권에 대해 비난의 목소리를 높였습니다.

그런데 이런 상황 속에서 전두환 대통령은 국민의 뜻을 거스르고 대통령을 간접적으로 뽑는 '간선제'를 유지하겠다는 발표를 했어요.

그동안 전두환 대통령은 7년의 임기가 끝나면 대통령 자리에서 물러나겠다고 약속했습니다. 하지만 사실은 퇴임하고 난 후에도 계속 정권을 유지하고 싶어 했어요. 그래서 함께 12.12 사태를 일으킨 동지 노태우를 다음 대통령으로 선출시켜 자신의 권력을 유지할 생각이었지요.

1987년 4월 13일 전두환 대통령은 대통령 간선제를 그대로 이어 가겠다는 내용의 '**호헌 조치**'를 발표했습니다. 자신이 그랬던 것처럼 체육관에 지지자들을 모아 놓고 간접 선거를 하면 대통령의 자리를 노태우에게 손쉽게 물려줄 수 있을 거라고 생각한 거예요.

그러자 '직선제'를 통해 다음 대통령을 직접 결정하길 바랐던 국민들은 무척 화가 났습니다. 전국적으로 수백만 명의 사람들이 모여 전두환 정권의 독재와 대통령 간선제에 반대하는 시위를 벌였지요. 급기야 전두환 대통령이 새로운 대통령 후보를 발표하기로 예정됐던 6월 10일에는 대대적인 집회가 있을 예정이었습니다.

직선제
'직접 선거 제도'의 준말로, 국민이 직접 선거를 통하여 대표를 선출하는 제도예요.

간선제
'간접 선거 제도'의 준말로, 일반 선거인이 중간 선거인을 대표로 뽑아 그들로 하여금 선거를 치르도록 하는 제도예요.

호헌 조치
보'호'한다는 뜻에서 '호'를, '헌'법에서 '헌'을 따서 호헌 조치라고 합니다. 기존의 헌법을 계속 보호하고 지키겠다는 거지요.

▲ 쓰러지는 이한열 열사의 모습(왼쪽 ⓒ정태원_로이터 통신_이한열기념사업회)과 이한열 열사의 영정 사진(오른쪽 ⓒ이한열기념사업회)

전국의 대학생들은 6월 10일 집회를 하루 앞두고 미리 각 대학 안에서 사전 집회를 준비했습니다. 이때 학교 밖으로 진출하려던 연세 대학교 학생들을 경찰이 거칠게 진압하면서 비극적인 사건이 벌어졌어요. 경찰들은 시민들에게 최루탄을 직접 발사해서는 안 된다는 규정을 어겼고, 그 과정에서 이한열 군이 뒤통수에 최루탄을 맞아 희생됐답니다. 피를 흘리며 쓰러지는 이한열 군과 그를 부축하는 친구의 모습이 담긴 사진 한 장이 전 세계적으로 공개되면서 이 사건은 크나큰 파장을 불러일으켰습니다.

6.10 국민 대회를 막기 위해 정부는 온갖 방법을 동원했습니다. 우선 정부는 국민들이 선언문을 발표하기로 했던 성당문을 걸어 잠그고 사전 집회를 열었던 사람들을 진압하며 주동자들을 체포했어요. 또한 사람들이 많이 모일 수 없도록 하기 위해 학교나 회사를 일찍 끝내고 집으로 돌아가도록 조치했으며, 수도권을 통과하는 지하철 운행을 중단하거나, 시내를 멈추지 않고 통과하게 했습니다. 또한 시내버스와 택시가 빵빵 소리를 내며 시위에 참여할 수 없도록 경적 장치를 제거하기도 했죠.

그런데 오히려 정부의 조치 덕분에 더 많은 사람들이 시위에 참여할 수 있었다고 합니다. 특히 **넥타이 부대**가 많았습니다. 정부가 회사에서 강제로 일찍 퇴근시킨 데다가, 지하철 통행이 어려워지자 집으로 돌아

6.10 국민 대회

6.10 국민 대회는 다음의 힘찬 선언문과 함께 시작됐어요. "오늘 우리는 전 세계 사람들이 지켜보는 가운데, 40년 동안 이어진 독재 정치를 깨끗이 씻어내고 희망찬 민주 국가를 건설할 겁니다. 전두환 정권은 국가의 미래이자 소망인 꽃다운 젊은이를 야만적인 고문으로 죽여 놓고, 그것도 모자라서 뻔뻔스럽게 국민을 속이려 했습니다. 우리는 국민의 분노가 무엇인지 분명히 보여 줄 겁니다. 또한 4월 13일의 호헌조치를 취소시키고, 대통령 직선제로 헌법을 바꿀 겁니다!"

갈 수도 없게 된 이들은 도시에 머물러 있다가 너나 할 것 없이 시위에 참여하게 됐답니다.

넥타이 부대

대학교를 졸업한 후 도시에 있는 회사에 다니던 직장인들을 말해요. 이들은 배운 것도 많았고, 사회에 대한 의식도 깨어 있는 사람들이었어요.

넥타이 부대뿐만 아니라 온 국민이 하나가 되어 참여를 했는데요. 주부들은 김밥을 싸서 시위대에게 나눠 주었고, 일부 아파트에서는 일제히 불을 꺼서 정부에게 항의의 뜻을 밝히기도 했습니다. 상인들과 농민들, 부자와 가난한 사람들, 전 지역의 남녀노소 가리지 않고 모든 국민이 함께 시위에 가담했지요. 명동성당에 몸을 숨긴 일부 시위대를 경찰이 성당 안으로 진입해 연행하려고 하자 김수환 추기경이 막아 시민들을 보호해 주기도 했지요.

미국은 전두환 정권이 5.18 민주화 운동과 같은 비극을 다시 일으킬 것을 우려했어요. 많은 시민들이 죽거나 다치는 비극을 막기 위해 군대를 투입할 수 없도록 경고하였어요.

국민들의 불같은 저항에 전두환 정권 역시 물러설 수밖에 없었습니다. 6월 29일 노태우 후보는 대통령 직선제로 헌법을 바꿔야 한다는 국민의 요구를 받아들였어요. 그리고 마침내 1987년 10월 27일 국민 투표를 통해 새로운 헌법이 결정되었고, 대한민국은 새로운 시대를 맞이하게 됩니다.

▲ 6.26 평화 대행진

2 심층 취재

*생방송 한국사

드디어 대통령 직선제가 실시되다!

1987년 10월 27일, 국민 투표를 통해 대한민국 헌법이 대통령 직선제로 바뀌었습니다. 이에 따라 대통령 선거가 치러졌는데요. 16년 만에 직접 투표장에 나간 시민들의 표정이 밝아 보이죠? 한편, 노동자들 역시 활발한 활동을 하고 있다는 소식입니다.

마침내 대한민국이 민주화를 이룰 수 있게 됐습니다!

김역사 기자

헌법이 대통령 직선제로 개정되고 대한민국의 정치는 상당히 안정적으로 운영되었습니다. 1987년에 마련된 헌법이 한국의 정치와 법률의 튼튼한 뿌리가 되어 지금에 이르기까지 계속 이어지고 있거든요. 법과 제도를 통해 민주주의가 보장되고, 국민들의 의식이 성장한 대한민국에서 더 이상의 군부 독재나 장기 독재는 불가능하게 됐지요.

1987년 12월, 16년 만에 되찾은 대통령 직선제로 대통령 선거가 실시되었습니다. 과연 선거를 통해 대통령으로 당선된 사람은 누구였을까요? 놀랍게도 그 사람은 바로 전두환의 동지이자, 12.12 사태를 함께 일으킨 노태우였습니다. 어떻게 노태우 후보가 국민들의 선택을 받아 다음 대통령이 될 수 있었을까요?

그 이유는 **야당**이었던 통일민주당의 김영삼 후보와 평화민주당의 김대중 후보가 각각 선거에 출마하는 바람에 국민들의 표가 양쪽으로 나뉘고 말았기 때문이에요. 덕분에 노태우 후보는 **어부지리**로 대통령의 자리에 앉을 수 있었죠. 당시 전두환 전(前) 대통령과 연결된 인물인 노태우가 또 다시 대통령에 당선된 것을 아쉽게 여기는 사람들이 많았지요.

그러나 어쨌든 이번 선거는 대한민국 최초로 국민 투표를 통해 정권을 교체했다는 데 그 의의가 있었어요. 국민들은 곧바로 이어진 국회 의원 선거에서는 야당 의원들을 더 많이 뽑았어요. 이로써 노태우, 전두환 후보를 심판했다고도 볼 수 있지요. 전두환은 전직 대통령임에도 불구하고 자신이 개최한 1988년 서울 올림픽에 공식적으로 참석할 수 없었고, 청문회를 통해 독재 정치에 대한 비판이 계속 이어졌지요.

노태우 대통령의 뒤를 이어, 김영삼 대통령의 **문민정부**가 들어서면서 대한민국의 민주주의 발전은 본격적으로 박차를 가하였어요.

대한민국 사회는 다양한 의견을 자유롭게 발언할 수 있는 진정한 민주주의 국가로 거듭났어요. 북한 공산당이나 간첩이라는 누명을 씌워 반대 편의 정치인들을 체포하는 일도 사라졌고, 사회 각계각층에서 국민의 주권을 보장받기 위해 **노조**를 결성하고 활발한 운동을 펼치게 됐지요. 그동안 소외받았던 농민들과 여성들, 가난한 사람들 역시 단체를 만들어 자신들의 목소리를 냈습니다.

이들은 6월 민주 항쟁을 통해 정치적인 민주화를 이루었으니, 이제 경제와 생활 속에서도 민주화를 이룰 수 있길 바랐어요. 그러나 여전히 이 문제는 완전히 해결되지 못한 대한민국의 숙제로 남아 있답니다.

야당
야당은 현재 정권을 잡고 있지 아니한 정당을 말해요. 그 반대로 여당은 현재 정권을 잡고 있는 정당을 말합니다.

어부지리
두 사람이 다투는 동안 제3의 사람이 특별히 애쓰지 않고도 이득을 가로챘음을 뜻해요.

문민정부
김영삼 정부는 박정희 정부 이후 군인 출신 대통령이 아닌 최초의 민간 정부라는 의미로 쓰입니다.

노조
노동조합의 줄임말이에요. 여러 사람이 힘을 모아 권리를 보장받기 위한 단체를 만드는 것이랍니다.

 인물 포커스

민주화 운동의 불씨가 되었던 사람들

김역사 기자

6월 민주 항쟁은 많은 국민들의 슬픔과 분노 속에 시작됐습니다. 꽃다운 청년들의 억울한 죽음 때문이었죠. 이들은 끔찍한 탄압 속에서도 독재 정권에 맞서, 나라를 위하는 길이 무엇인지 고민했답니다. 그것은 무척 위험한 일이었고, 또 목숨을 걸어야만 하는 일이었죠. 또 한 사람, 민주화 운동을 하는 시민들에게 피신처를 마련해 주고 정신적 지주가 되어준 이가 있습니다. 그들의 이야기를 만나 보시죠!

박종철

박종철은 서울대학교 언어학과 3학년 학생이었어요. 1987년 1월 13일, 그는 아무 영문도 모르는 채 자신이 살고 있던 하숙집에 들이닥친 경찰들에게 끌려가게 됩니다. 그리고 다음 날인 1월 14일, 박종철은 싸늘한 시체가 되었지요. 이때 경찰이 발표한 박종철의 사망 원인은 정말로 황당했답니다.

"책상을 '탁!' 하고 쳤더니 '억!' 하고 죽었습니다."

그러나 박종철의 시신을 부검한 의사는 그의 몸에서 수많은 고문의 흔적을 발견했습니다. 경찰은 이 사실을 숨기기 위해 경찰관들을 시켜서 담당 의사를 감시하게 했어요. 그때 의사는 경찰의 감시를 피해 기자를 만나 박종철이 죽게 된 진짜 이유를 밝혔어요.

'박종철 고문 치사 사건'은 그야말로 대한민국을 충격에 빠뜨렸어요. 정부가 뒤늦게 '보도 지침'을 들먹이며 언론사를 압박했지만, 이미 신문은 빠르게 팔려 나간 상태였죠. 성난 민심은 폭발하기 직전이었지요. 그제야 정부는 고문이 있었던 건 사실이지만, 경찰들의 의욕이 너무 앞섰을 뿐이라는 식으로 변명했습니다.

그러나 이미 잔인한 정부의 폭력 앞에 죄 없는 어린 학생이 죽게 되었다는 사실은 온 국민의 가슴을 뜨겁게 달궜답니다. 이 사건으로 6월 민주 항쟁의 불씨가 더욱 활활 지펴질 수 있었던 거예요.

이한열

이한열은 연세대학교 경영학과를 다니던 학생이었어요. 그는 박종철 고문 치사 사건과 정부의 호헌 조치에 분노하여 1987년 6월 9일 시위에 참가하였어요. 이때 학교 밖으로 나가려던 연세대학교 학생들에게 경찰은 무차별적으로 최루탄을 쐈어요. 그러다 그만 최루탄이 이한열의 뒤통수에 맞게 됐죠. 그 자리에서 이한열은 머리에 피를 흘리며 쓰러졌고, 같은 학교 친구인 이종창이 슬픔을 감추지 못한 채 그를 부축했어요.

병원으로 옮겨진 이한열은 이미 뇌사 판정을 받아 생사를 오가는 중이었어요. 결국 이한열이 22세의 나이로 세상을 떠나자, 국민들은 정부를 향해 분노를 표했어요.

7월 9일 이한열의 장례식에서는 전국적으로 160만 명의 사람들이 몰려나와 추모 시위를 했어요. 이한열 군의 죽음은 6월 민주 항쟁이 거세게 일어나는 계기가 되었습니다.

김수환

김수환 추기경은 가톨릭 교회의 대표자로, 박정희 정권이 유신 체제를 이어갈 때도 대통령을 비판하며 국가의 미래를 걱정하곤 했지요.

그 후 전두환과 신군부 세력이 또 다시 군사 독재 체제를 이어가자, 김수환 추기경이 있는 명동 성당은 민주화 운동의 중심적인 역할을 하였어요. 6월 민주 항쟁 당시 김수환 추기경은 명동 성당으로 숨어들어 온 시위대를 지키기 위해 발 벗고 나섰습니다. 그는 성당 안으로 경찰이 투입되는 것을 거부하며 이렇게 말했어요.

"경찰이 성당에 들어온다면 제일 먼저 나를 만나게 될 것입니다. 그 다음 농성 중인 신부님들을 보게 될 것이고, 그 뒤에는 수녀님들이 있습니다. 학생들은 수녀님들 뒤에 있습니다. 그들을 체포하려면 나와 신부님들과 수녀님들을 짓밟고 가십시오."

고종훈의 한국사 브리핑

사건 핵심 분석 ▶ 6월 민주 항쟁

QR 코드를 찍으면 고종훈 선생님의 강의를 볼 수 있어요.

- 시기 ▶ 1987년 6월
- 참여자들 ▶ 대한민국 전 국민
- 장소 ▶ 전국 방방곡곡
- 시민들의 구호 ▶ 40년 독재 정치를 완전히 씻어내자!
- 특징 ▶ 넥타이 부대들의 물결
- 사건의 결과 ▶ 전두환 항복, 직선제 실시
- 역사적 중요도 ▶ ★★★★☆
- 시험 출제 빈도 ▶ 높음

대통령 직선제를 요구하며 6월 민주 항쟁이 일어났어요.

박정희 정권에 이어 독재 정치가 계속되자 **국민들은 대통령을 직접 뽑는 직선제로 법을 바꾸자고 요구했어요.** 하지만 받아들여지지 않았어요. 화가 난 국민들은 1987년 6월 10일부터 날마다 시위를 벌였어요. 전두환은 결국 헌법 개정과 대통령 직선제를 약속했어요.

사건 관계 분석

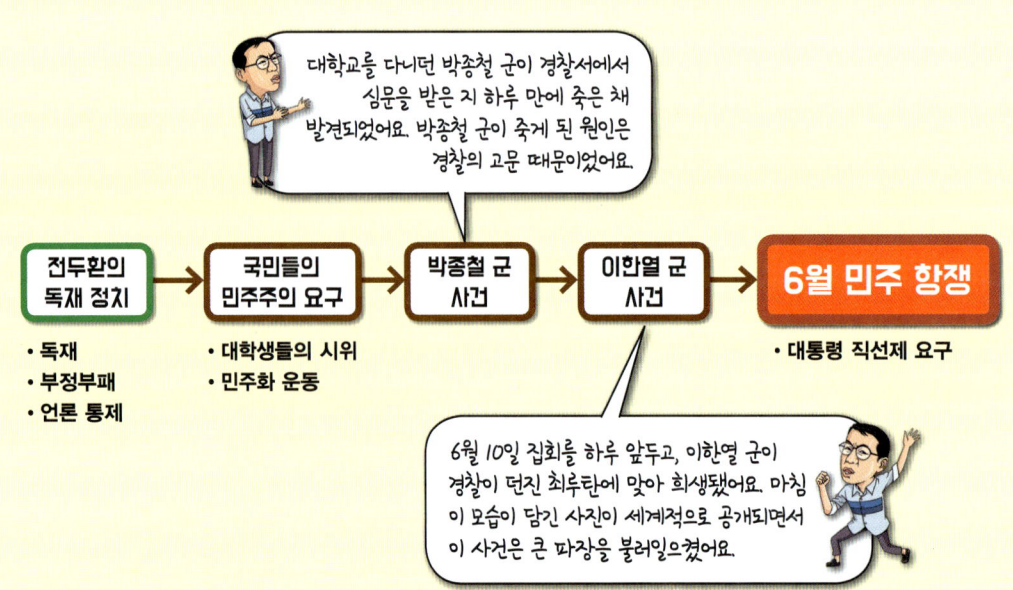

1 인물 초대석

생방송 한국사

대한민국의 전직 대통령들을 만나다!

오늘은 한자리에 모시기 어려운 분들을 초대하였습니다. 각각 5년을 임기로 대한민국의 1990년대와 2000년대를 이끈 대통령 네 분을 스튜디오에 모시고 인터뷰를 진행하겠습니다. 대한민국 현대사의 다양한 사건들과 변화를 생생한 목소리로 들어보시죠!

김영삼

저는 김대중 대통령과 함께 민주화 운동에 제 인생을 바쳤습니다. 야당 의원으로서 이승만의 장기 독재와 박정희, 전두환의 군사 정권을 비판하며 투쟁을 펼쳤지요. 그 과정에서 군인들의 감시를 받으며 정치 활동을 금지 당한 적도 있답니다.

김영삼 대통령 재임 시기를 '문민정부'라 부르는 이유가 뭔가요?

최초로 군인 출신이 아닌 민간인 출신의 대통령이 당선됐기 때문이에요. 문민정부는 초기에 수많은 개혁을 단행해 국민들에게 지지를 얻었습니다. 그중 대표적인 것이 바로, 우리나라의 모든 금융 거래를 자신의 실제 이름으로 해야 하는 '금융 실명제'입니다. 금융 실명제는 불법 자금 거래와 부정부패를 막는 데 도움이 됐죠. 또한 자기 고장의 대표를 고장 사람들이 직접 선출하는 '지방 자치제'를 실시했어요. 이로 인해 민주주의는 우리 사회에 더 깊이 뿌리내릴 수 있게 됐답니다.

특히 문민정부는 그동안 잘못됐던 역사를 바로 세우기 위해 전두환, 노태우 두 전직 대통령을 구속하는 과감한 결단을 내리기도 했습니다.

임기 마지막 무렵에는 국가 경영에 실패해 경제를 파산하게 했다는 비난을 듣기도 했는데요?

물론 제가 위기에 잘 대처하지 못한 탓이 큽니다만 우리 경제가 지나치게 외국에 의존적이었던 탓도 있었어요. 경제 성장의 거품이 빠지면서 기업들이 무너지자 해외 투자자들이 우리나라에 투자했던 돈을 모두 회수해가고 말았죠. 결국 1997년, 대한민국 정부는 **국제 통화 기금(IMF)**에 돈을 빌릴 수밖에 없었습니다. 이때 국내 부실 기업들을 정리하는 과정에서 수많은 사람들이 일자리를 잃기도 했지요. 그렇게 어려운 때에도 국민들께서 '**금모으기 운동**'에 참여해 나라를 위해 헌신한 모습은 정말 대단하다고 볼 수 있을 것 같습니다.

국제 통화 기금(IMF)
세계 무역의 안정을 위해 설립된 국제 금융 기구

금모으기 운동
국민들이 집 안에 있는 금붙이를 모아 나라의 빚을 갚는 데 보탬이 되고자 했던 운동이에요. 이러한 국민들의 헌신 덕분에 대한민국이 좀 더 빨리 외환 위기를 극복할 수 있었지요.

말씀 잘 들었습니다. 다음은 김영삼 대통령과 더불어 대한민국의 민주주의를 위해 힘쓴 분이죠. 김대중 대통령을 만나 보시겠습니다.

김대중

저는 제7대 대통령 선거에서 박정희 후보에 맞서 높은 지지율을 얻는 등 군사 정권과 끝없이 싸워왔습니다. 그로 인해 납치를 당하고 집에 감금당하거나 조작 재판으로 사형을 선고받는 등 정치 탄압을 받았지요. 그러나 야당 의원으로서 끝없이 여당을 견제해왔

구조 조정

기업의 불필요한 부서나 과정들을 새롭게 바꾸거나 줄이는 것을 말해요. 그 과정에서 직장을 잃는 사람들이 발생해 사회적인 문제가 되기도 했답니다.

햇볕 정책

어떤 사람들은 김대중 대통령의 햇볕 정책 기간 동안 북한이 뒤에서 핵 미사일 개발이나 무력 도발을 계속한 점을 들어, 실패한 정책이라고 평가하기도 해요.

부림 사건

1981년 9월에, 사회·과학 독서 모임을 하던 학생, 교사 등 22명을 영장없이 체포하여 고문하고 공산주의자로 조작한 사건이에요.

고, 경제 발전과 통일 문제에 대한 연구도 게을리하지 않았답니다. 덕분에 헌정 사상 최초로 야당 출신으로서 제15대 대통령에 당선됐지요.

대한민국을 발전시키기 위해 특별히 어떤 점을 신경 쓰셨나요?

 무엇보다 외환 위기를 극복하는 것이 가장 큰 관심사였습니다. 과감한 **구조 조정**으로 3년 8개월이라는 빠른 시간 안에 국제 통화 기금의 빚을 갚을 수 있었습니다.

2000년 6월, 최초로 평양에서 김정일 국방 위원장을 만나 남북 정상 회담을 열었다지요? 그 결과 한국인 최초로 노벨평화상도 수상했고요.

저의 대북 화해 정책을 '**햇볕 정책**'이라고도 부른답니다. 6.15 남북 공동 선언을 통해 남북은 오랜 대립에서 벗어나 더불어 살아가기 위한 대화를 시작하게 됐습니다. 평화 통일을 위해 한 걸음 더 나아가게 된 것이죠.

이번에는 인권 변호사 출신인 노무현 대통령의 이야기를 들어볼까요?

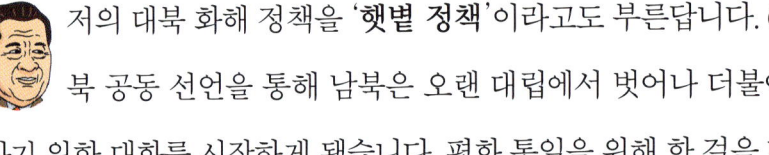

노무현

저는 우연히 **부림 사건** 재판의 변호를 맡았다가 전두환 정권 아래에서 벌어진 불법 고문, 인권 침해 등에 분노하게 됐습니다. 그 후 인권 변호사의 길로 들어섰고 민주화 운동에도 참여했지요. 국회 의원 시절에는 부정을 저지른 정치인들이나 기업인들을 청문회에서 비판해 국민들의 지지를 얻었습니다. 이를 바탕으로 우리나라 제16대 대통령에 당선되었어요.

국민들의 참여와 소통을 강조하는 '참여정부'를 내세우셨죠? 참여정부는 무엇을 가장 중요하게 여겼나요?

 저는 언론의 자유를 보장하고, 대통령의 권위를 내려놓으면서 국민들에게 좀 더 친근하게 다가가고자 했습니다.

'참여정부'는 서울에만 집중된 모든 기관들을 지방으로 옮겨 모든 지역을 균형 있게 발전시키고자 했습니다. **비례 대표제**를 도입해 당원 수가 적은 정당도 국회에 진출할 수 있는 계기가 마련됐지요. 또한 오랜 시간 동안 유지되어온 **호주제**를 폐지했답니다.

마지막으로 경제 살리기를 목표로 했던 이명박 정부는 어떨까요?

 저는 서울 시장 재임 당시 불편한 버스 교통 체제를 정비하여 시민들의 인기를 끌었고, 제17대 대통령에까지 당선됐습니다.
이명박 어려워진 대한민국 경제를 살리기 위해 **기간 사업**을 벌이고, 이를 통해 **내수**를 진작하고자 했지요. 그러나 시대에 맞지 않은 사업으로 큰 빚을 지게 되어 비판을 받기도 합니다.

말씀 잘 들었습니다. 지난 대통령들의 사례를 교훈삼아 앞으로의 대통령들은 대한민국이 더욱 발전할 수 있도록 해야 하겠습니다.

비례 대표제
각 정당의 득표수에 비례하여 의원을 선출하는 선거 제도를 말해요.

호주제
아버지를 중심으로 가족의 호적을 기록하고, 아버지의 성씨를 물려받는 제도예요. 남녀평등을 침해하고 이혼 가정 등의 다양한 가족 형태를 반영하지 못한다는 이유로 2008년에 폐지됐어요.

기간 산업
산업의 토대가 되는 사업

내수
국내에서의 수요

청년 전태일, 노동 운동의 영원한 불꽃이 되다!

전태일은 어떤 사람이었나?

전태일은 매우 가난한 집에서 태어났다고 해요. 집안 형편이 어렵다보니 국민학교를 끝까지 다니지 못한 채 학업을 중단해야 했습니다. 17세 어린 나이에 무작정 서울로 올라와 동대문 청계천의 평화 시장 봉제 공장에서 재봉사로 일하게 됐답니다. 그는 아침 8시부터 저녁 11시까지 하루 15시간을 칼질과 다림질을 하며 지내야 했는데요. 고된 노동에 비해 급여는 아주 형편없었어요. 이렇듯 전태일이 일했던 1960년대는 노동자들에게는 무척 어둡고 힘든 시기

였습니다. 온 나라를 산업화하고 경제를 성장시키기 급급해 국민들의 희생은 당연시되는 분위기였거든요. 전태일은 하루 일과가 끝나면 고단한 삶의 괴로움, 언젠가 자신만의 업체를 차리고 싶다는 꿈을 일기장에 하소연하듯 적곤했답니다.

전태일, 노동자들의 인권 문제에 눈을 뜨다!

그러던 그가 노동자의 인권이라는 문제에 눈을 뜨게 된 것은 악덕 공장주 밑에서 고통 받는 어린 여공들의 비참한 현실을 알게 되고 나서부터였어요. 평균 연령이 15세 남짓한 어린 여공들은 과도한 노동과 배고픔으로 폐렴이나 결핵 같은 질병에 시달렸지요. 정의롭고 인간적인 성격이었던 전태일은 이런 현실을 극복하기 위해 '근로 기준법'이라는 것이 대체 무엇인지 공부하기로 결심해요. 국민학교조차 제대로 졸업하지 못했던 그가 어려운 한자투성이의 법전을 이해하기란 무척 어려웠어요. 그러나 그는 밤새도록 법전의 해설서들을 찾아 읽으며, 근로 기준법에 적혀 있는 내용과 실제 현실이 너무도 다르다는 사실을 조금씩 깨닫게 돼요. 결국 전태일은 평화시장 최초의 노동 운동 조직인 '바보회'를 만들어 노동자들의 근로 현실이 얼마나 열악한지 알리기 위해 노력합니다.

노동 운동의 불꽃으로 사라져간 22세 청년 전태일

전태일은 근로 환경을 개선하기 위해 노력했어요. 그러나 그 누구도 전태일의 목소리에 귀기울여주지 않았답니다. 결국 근로 기준법이란 있으나 마나했고, 공장주와 나라에서는 법을 지킬 의지가 전혀 없었던 거지요. 결국 전태일은 죽음을 통해서라도 이 사실을 알려야겠다는 결심을 하게 돼요.

1970년 11월 13일 청계천 평화시장 뒷골목에서 그는 22세의 나이로 근로 기준법 법전과 함께 몸에 불을 붙여 자살하고 맙니다. 그때 그는 "근로 기준법을 준수하라! 우리는 기계가 아니다! 일요일은 쉬게 하라! 노동자들을 혹사하지 말라! 내 죽음을 헛되이 하지 말라!"라고 외쳤다고 해요.

수많은 사람들이 노동자들의 현실에 대해 각성하게 되다!

젊은 청년 재단사의 죽음으로 한국 사회는 충격에 휩싸였어요. 그동안 독재에 저항하고 민주화를 이룩하는 데에만 관심이 있던 대학생들은 노동자들의 현실에 주목하게 됐죠. 같은 노동자들 역시 스스로 노동 조합을 세워 현실을 바꾸기 위한 저항을 시작했고, 노동 운동은 급격히 성장하였답니다. 선거에 나선 대통령 후보들 역시 전태일이 요구했던 내용을 제도에 반영하겠다고 약속하지 않을 수 없었죠. 노태우 정권 이후에는 노동자들의 임금이 상승하고 근로 환경이 변화할 수 있게 됐어요. 그의 값진 희생으로 근로 기준법이 인간다운 삶을 추구하기 위해 존재한다는 것을 많은 사람들이 알게 된 거예요.

▶ 청계천 8가에 있는 전태일 흉상

고종훈의 한국사 브리핑

사건 핵심 분석 ▶ 민주주의의 발전

QR 코드를 찍으면 고종훈 선생님의 강의를 볼 수 있어요.

시기 ▶ 1990년대~2000년대
주요 인물 ▶ 민주주의를 이끈 전직 대통령들과 국민
민주주의가 싫어하는 것 ▶ 독재. 군사 정권. 탄압 등
민주주의가 좋아하는 것 ▶ 직접 선거. 언론의 자유 등
국민들의 말 ▶ 피흘려 이룩한 민주주의 지켜내자!
연관검색어 ▶ 문민정부. 외환 위기 극복. 참여정부.
역사적 중요도 ▶ ★★★☆☆
시험 출제 빈도 ▶ 보통

김영삼 대통령은 문민정부를 출범시켰어요.

김영삼 대통령의 재임 시기를 '문민정부'라고 불렀어요. 최초로 군인 출신이 아닌 민간인 출신의 대통령이 당선됐기 때문이에요. 문민정부는 모든 금융거래는 자신의 이름으로 해야 하는 금융 실명제와, 지역 대표를 지역 주민이 직접 선출하는 지방 자치제를 실시했어요.

김대중 대통령은 남북 평화를 위해 힘썼어요.

김대중 대통령은 **외환 위기를 빠른 시간 안에 극복**해 국제 통화 기금의 빚을 갚았어요. 그리고 2000년 6월 김정일 국방 위원장을 만나 남북 정상 회담을 열었습니다. 그 결과 한국인 최초로 노벨 평화상을 수상했답니다.

노무현 대통령은 국민의 참여와 소통을 강조했어요.

노무현 대통령은 **언론의 자유를 보장**하면서, 국민들의 말에 귀기울였어요. 또한 비례 대표제를 도입했고, 오랜 시간 유지되어온 호주제도 폐지했답니다. 노무현 대통령의 뒤를 이은 이명박 대통령은 우리나라 경제를 살리기 위해 기간 사업을 벌였습니다.

22 통일을 위한 노력

한반도의 평화를 위한 협력의 길

타임라인 뉴스

1989 문익환 목사와 임수경이 평양을 방문하다

1991 남북 기본 합의서를 채택하고, 남북한이 동시에 국제 연합에 가입하다

1994 김일성이 사망하다

2000 6.15 공동 선언을 발표하다

1 헤드라인 뉴스

가깝고도 먼 나라, 북한 이야기

6.25 전쟁 이후 북한은 가장 가까우면서도 먼 나라가 되어 버렸습니다. 그동안 북한 사회 역시 다양한 변화가 있었다고 하는데요. 남한과는 다른 체제인 사회주의를 내세웠던 북한의 모습은 어떨까요? 북한에서 특파원이 취재했습니다!

남한에서는 1948년 8월 15일에 대한민국 정부가, 북한에서는 1948년 9월 9일에 조선 민주주의 인민 공화국이 수립되었습니다.

김역사 기자

남한과 북한은 각각 자본주의와 사회주의라는 서로 다른 체제를 택해 나라를 세웠는데요. 전쟁 직후의 모습은 의외로 서로 비슷했답니다. 남한의 지도자들이 정치적으로 반대 세력을 제거하고 민주주의를 바라는 시민들의 시위를 탄압하였는데요. 북한도 마찬가지였어요. 지도자 김일성은 반대 세력을 모조리 제거한 뒤 독재 정치를 시작했지요. 단, 남한과 차이가 있다면 북한에서는 수령 김일성을 신처럼 떠받들고 시민들이 저항을 하지 않았다는 점이지요.

북한은 국민들이 지도자에 반대할 수 없기 때문에, 선거 때마다 결과는 늘 100% 찬성이랍니다. 또한 김일성이 죽고 난 뒤 아들 김정일, 손자 김정은에게 지도자의 자리가 세습되었다는 것 역시 민주주의 국가의 모습이라고 보기 어렵지요.

이러한 정치적인 배경 탓에 북한 주민들은 엄격하게 자유를 통제당하며 살고 있어요. 각각의 마을은 정보를 주고받을 수 없도록 격리되어 있으며, 함부로 이사를 갈 수도 없지요. 특히 북한의 사회주의 체제나 지도자들에 대한 비판을 할 경우에는 재판 없이 그 자리에서 공개 처형을 당할 수도 있습니다. 정치범 수용소나 노동 시설에 끌려갈 수도 있죠. 또한 주민들은 9세 무렵부터 소년단과 같은 조직에 의무적으로 가입해야 해요. 이곳에서 조직원들끼리 서로를 감시하며 세뇌 교육을 받습니다.

령도자
앞장서서 이끌고 지도하는 사람을 뜻하는 북한말

처음에 북한은 남한보다 경제적으로 훨씬 더 앞서 나갔어요. 그러나 미국의 원조를 받은 남한이 산업화와 민주화에 성공하며 눈부신 경제 발전을 이루는 동안, 북한은 점점 내리막길을 걷기 시작했어요. 게다가 1980년대에 사회주의 국가들이 무너지면서 더 이상 소련이 북한을 지원해 줄 수 없게 되었죠. 그동안 북한은 국고를 털어 미사일과 핵 실험 등 군사력을 키우는 데에만 매달리다 보니 다른 산업들을 균형 있게 발전시키지 못했어요.

지금도 북한 정부는 체제와 권력을 존속하기 위해 국가의 문을 걸어 잠그고 어떤 개혁도 받아들이지 않고 있어요. 핵 실험을 포기하지 않겠다고 선언하고 남한을 향해 포격하는 등 국제 사회에서 물의를 일으키고 있지요. 실제로는 농지 부족에 자연재해가 겹쳐 심각한 식량난을 겪고 있어요.

어느덧 북한은 가난한 인민들에 대한 수탈을 멈추고 사회의 모든 계급을 없애고자 했던 사회주의의 가장 중요한 목표를 잃어버린 것일지도 모릅니다.

2 헤드라인 뉴스

민족의 오랜 과제, 평화 통일

2000년 6월 15일 평양에서 분단 이후 최초로 남북 정상 회담이 열렸습니다! 그동안 서로를 적대시하며 대화조차 거부했던 두 나라가 화해와 협력의 시대로 나아갈 수 있을까요? 지금 판문점에 나가 있는 김역사 기자를 연결해 보도록 하겠습니다.

> 광복 후 남쪽과 북쪽에 임시로 정했던 북위 38도선이 오랜 세월 남북을 가르는 경계선이 되었습니다.

김역사 기자

남북 관계처럼 복잡한 애증의 관계가 또 있을까요? 두 나라는 한민족이면서도 정치와 이념의 문제로 서로를 적대시했지요. 특히 분단 직후에는 언제 다시 전쟁이 터질지 모르는 긴장 속에 지내야 했답니다.

그러나 수십 년의 시간이 흘러 자유주의 진영과 사회주의 진영 사이의 오랜 갈등도 막을 내리게 됐습니다. 소련과 동유럽의 사회주의 국가들이 무너지고, 동독과 서독 역시 베를린 장벽을 무너뜨리고 통일을 하게 됐지요. 달라진 시대의 분위기 속에서 국내에서도 다양한 통일 운동이 진행됐습니다. 비록 1988년 서울 올림픽에 북한이 참여하진 못했지만, 다음 해인 1989년에는 문익환 목사와 대학생 대표 임수경이 평양을 찾아가기도 했어요. 그러나 그 후 노태우 정부가 문익환 목사와 임수경을 구속하는 등 여전히 개방적인 분위기는 아니었답니다.

그러던 중 1991년에는 남북 총리가 서울과 평양을 오가며 협상한 끝에 **남북 기본 합의서**를 채택하였습니다. 양국은 나란히 국제 연합에 가입하며, 서로의 정부를 인정하는 중요한 첫 발을 내딛었어요.

본격적인 화해 분위기가 조성됐던 것은 김대중 정부가 햇볕 정책이라 불리는 대북 화해·협력 정책을 시행하고 나서부터입니다. 1998년에 정주영 회장은 5백 마리의 소를 끌고 육로를 통해 북한을 방문했으며, 금강산 관광과 개성 공단 등이 구체적인 사업으로 실현되면서 민간인 교류의 길이 열렸어요. 2000년 6월 15일에는 분단 이후 최초로 남북 정상 회담이 열려 김대중 대통령과 김정일 국방 위원장이 만나 6.15 남북 공동 선언을 했고, 같은 해 9월 시드니 올림픽 개막식에서 남북 선수단이 동시 입장하기도 하였지요. 노무현 정권기에도 햇볕 정책이 이어졌어요.

그러나 2002년 **연평 해전**을 비롯해, 2008년 금강산 **박왕자 씨 피격 사건**, 2010년 **천안함 사건** 등이 일어나면서 남북 관계는 또 다시 급격하게 얼어붙고 말았어요. 이에 이명박 정부와 박근혜 정부는 북한이 핵을 완전히 포기하고 개방하겠다는 약속을 지킬 경우에만 경제적인 지원을 하겠다고 밝혔어요. 철저하게 조건을 내건 대북 정책을 펼치는 셈이에요.

그렇다면 우리는 어떻게 통일을 이뤄야 할까요? 우리 민족이 주체가 된 통일이어야 해요. 또한 남북한이 오랜 시간 다양한 방법을 통해 교류와 협력을 실현해야 합니다. 당연히 서로를 향한 무력 침략과 충돌을 멈춰야 하겠죠. 남북한 경제 규모의 차이를 극복하기 위한 경제 협력이 꾸준히 이어져야 합니다. 우리 모두 평화 통일의 날을 꿈꿔 봅시다.

남북 기본 합의서
분단 이후 최초로 양쪽 정부의 당사자가 공식 합의를 통해 발표한 '남북 사이의 화해와 상호 불가침 및 남북한 교류·협력에 관한 협의서' 예요.

연평 해전
1999년 6월 15일과 2002년 6월 29일, 2차례에 걸쳐 북방 한계선(NLL) 남쪽의 연평도 인근에서 대한민국 해군 함정과 북한 경비정 간에 발생한 해상 전투예요.

박왕자 씨 피격 사건
2008년 7월 11일 금강산 관광에 나섰던 민간인 50대 여성이었던 박왕자 씨가 북한군의 총격에 의해 피살된 사건이에요.

천안함 사건
2010년 3월 26일에 백령도 근처 해상에서 대한민국 해군의 초계함인 천안함이 북한의 어뢰 공격으로 침몰한 사건이에요.

 스페셜뉴스 비하인드 뉴스

독도를 지켜 주세요!

통일과 더불어 대한민국이 해결해야 할 중요한 과제 중 하나죠. 바로 우리나라를 둘러싼 주요 영토 분쟁 지역인 독도에 대해 소개하고자 합니다. 원래부터 우리 땅이었으니까 우리 땅인 게 당연하지 않냐고요? 영토 문제는 여러 나라들의 이해 관계가 얽혀 있는 예민한 문제이기 때문에, 다른 나라들의 왜곡에 맞서 치밀하게 역사적인 근거를 준비할 필요가 있답니다. 여러분도 이제 우리땅 지킴이가 되어 볼까요?

일본이 자기 땅이라 우기는 이유를 각자 말씀해 주세요.

마츠시마
조선 시대 태종 때 울릉도에 있는 주민들을 육지로 이주시키고 450여 년 동안 섬을 비웠습니다. 이때 우리 일본인이 울릉도와 독도를 일본의 땅으로 만들었어요.

우기기데쓰
1905년, '시마네 현 고시 제40호'를 통해 독도를 일본 시마네 현으로 편입시켰어요. 문서로 명백히 남아 있다고요!

일본의 주장에 대한 우리의 반박은 무엇인가요?

김삼봉
신라 지증왕 때 이사부 장군이 울릉도를 점령한 후, 조선 시대까지 사람을 보내 울릉도와 독도 지역을 살폈다는 기록이 있지요. 고려 말부터 왜구의 침입이 잦아지자 때로는 울릉도 지역에 주민들을 이주시키기도 하고, 때로는 섬을 비워 주민 안전에 힘썼지요.

한독도
1900년 고종 황제는 '대한 제국 칙령 제41호'를 발표했는데요. 울릉도의 군수에게 독도를 관리하도록 명하고 있어 독도가 우리 영토임을 밝히고 있어요. 이는 시마네 현 고시보다 5년이나 앞선 공식 문서입니다. 게다가 일본은 1905년 러·일 전쟁 중에 독도를 '다케시마'라는 이름으로 시네마 현에 불법으로 편입한 거예요. 그마저도 제2차 세계 대전이 끝나고 연합국에 의해 우리나라로 반환되었고요!

찾아보기

ㄱ
강우규 68, 146
공출 127
광복 161
광주 학생 항일 운동 78, 94, 96
교통국 50
국가 총동원법 117, 126
궁성 요배 119
근우회 89
김구 99, 140, 150, 156, 164, 168
김대중 183, 227
김원봉 136, 138, 151
김용환 122
김익상 138
김일성 169, 175, 234
김좌진 102, 105, 111

ㄴ
나석주 139
남북 기본 합의서 237
남북 정상 회담 228, 237
노동 쟁의 86, 88
노무현 183, 228, 237
노태우 217, 220

ㄷ
대조선 국민군단 52
대통령 직선제 187, 216, 220
대한 광복회 30
대한 독립군 31, 102
대한민국 임시 정부 32, 40, 46, 136, 140, 150

독립 선언서 37, 38, 60
동양 척식 주식회사 27, 139

ㅁ
무단 통치 18, 29, 39
물산 장려 운동 72
미소 공동 위원회 167
민립 대학 설립 운동 74
민족 말살 통치 117
민족 자결주의 36

ㅂ
박정희 196, 206
반민족 행위 처벌법 170
병참 기지화 정책 126
봉오동 전투 102, 104
북로 군정서군 102, 105, 111
북한 168, 174, 179, 234

ㅅ
산미 증식 계획 64, 86
삼균주의 163
새마을 운동 200, 202
소작 쟁의 67, 85, 87
식민 사관 76
신간회 82, 93
신탁 통치 157, 167
실력 양성 운동 72

ㅇ
여운형 161, 167
연통제 50
유관순 43, 144

유신 헌법 198
윤봉길 51, 142, 157
을사늑약 15, 32, 144, 156
의열단 78, 98, 136
이봉창 51, 141, 157
이승만 69, 186, 189, 192
이시영 31, 32
이육사 77, 78
일본군 '위안부' 128, 132
일본식 성명 강요 120

ㅈ
자유당 187, 190
자유시 참변 109, 110
장면 정부 196
전두환 206, 210, 216
전태일 230
제암리 사건 42
조선 건국 준비 위원회 162
조선 민주주의 인민 공화국 234
조선어 학회 75, 76
조선 총독부 17, 18, 22
좌우 합작 운동 167

ㅊ
청산리 대첩 31, 104, 107
치안 유지법 58

ㅌ
태형 19
토지 조사 사업 26, 40, 86

ㅎ
한국 광복군 48, 150, 157
한용운 39, 61, 77
한인 애국단 51, 140, 150, 157
햇볕 정책 228, 237
홍범도 102, 105, 110
회사령 28, 67

1920~ 민족 분열 통치
3.1 운동에 깜짝 놀란 일제는 교묘히 친일파를 키우는 민족 분열 통치를 앞세워 우리 민족을 이간질시키기 시작했어요. 이 시기에는 쌀도 많이 빼앗아 갔어요.

1920 봉오동 전투 • 청산리 대첩
홍범도가 이끄는 독립군 부대는 봉오동에서 일제를 상대로 큰 승리를 거두었어요. 일제에 비해 턱없이 부족한 군인과 무기로 뜻깊은 승리를 거두었지요. 봉오동 전투에서 진 일제는 독립군 부대에게 복수하기 위해 칼을 갈았어요. 하지만 김좌진과 홍범도는 또 한 번 일제를 청산리에서 처참히 짓밟아 주었죠.

1923 물산 장려 운동
무너져 가는 조선 경제를 되살리기 위해 국산품 애용 운동인 물산 장려 운동이 시작되었어요.

1931~ 한인 애국단
이봉창 의사, 윤봉길 의사 등은 김구가 만든 한인 애국단에서 활동하며 일본의 주요 인물들을 암살했어요. 의거 활동을 통해 우리의 독립 의지를 전 세계에 알렸지요.

1940 한국 광복군
임시 정부 내에 우리나라를 지키기 위한 군대가 만들어졌어요. 바로 한국 광복군이지요. 한국 광복군은 연합군의 일원이 되어 여러 전투에 참여하며 국내로 진격할 계획을 세웠지만 아쉽게도 일본의 항복으로 계획을 실천에 옮기지는 못했어요.

1945 광복
우리나라는 일본의 무조건 항복으로 1945년 8월 15일 광복을 맞이했어요. 일본의 항복 뒤에는 우리의 애국지사들의 목숨을 건 활동이 있었다는 걸 잊지 말아야 해요.

1972 유신 체제
박정희 대통령은 자신의 대통령직을 연장하기 위해 국회를 해산하고 계엄령을 선포해 버렸어요. 이런 내용을 담은 헌법이 바로 유신 헌법이랍니다.

1980 5.18 민주화 운동
박정희 대통령이 부하의 총에 맞아 죽은 후 또다시 군 출신의 전두환이 정권을 장악하고 독재 정치를 시작했어요. 광주에서는 독재 정권에 저항하는 민주화 운동을 일으켰지만 수많은 피를 흘릴 수밖에 없었지요. 하지만 우리 민주주의는 한 단계 발전할 수 있었어요.

1987 6월 민주 항쟁
전두환 대통령이 몇몇 사람들을 모아 놓고 그들에 의해 또 다시 정권을 연장하려고 하자 1987년 6월 전국의 시민들이 민주주의를 외치며 거리로 뛰쳐나왔어요. 시민의 힘으로 대통령 직선제를 일구어 냈답니다.

사건 연표 근대·현대

1910~ 무단 통치
일제는 1910년 우리 주권을 빼앗고 헌병 경찰을 이용해 강압적으로 통치했어요. 이 시기에 토지 조사 사업을 벌여 땅도 빼앗아 갔지요.

1919 3.1 운동
일제에 억눌려 있던 우리 민족은 태극기를 들고 평화적인 시위를 벌이며 전 세계에 독립 의지를 알렸어요.

1919 대한민국 임시 정부
3.1 운동으로 독립운동의 힘을 한곳에 모을 필요를 느낀 민족 지도자들은 중국 상하이에 임시 정부를 세웠어요.

1919~ 의열단
김원봉이 세운 의열단은 주로 일제의 주요 인물을 암살하고 중요 건물을 파괴하는 활동을 했지요.

1923 민립 대학 설립 운동
고등 교육을 받지 못하는 우리 민족의 청년들을 위해 민립 대학 설립 운동이 일어났어요.

1927 신간회
비타협적 민족주의 세력과 사회주의 세력이 민족의 독립을 위해 손을 잡기로 하고 함께 뜻을 모아 신간회를 세웠어요.

1929 광주 학생 항일 운동
광주에서 시작된 학생들의 항일 운동은 전국으로 번져 나가 3.1 운동 이후 최대의 독립운동이 되었어요.

1931~ 민족 말살 통치
일제는 우리 민족의 혼과 정신을 없애버리기 위해 민족 말살 통치를 시작했어요. 이 시기에 연합국을 상대로 전쟁을 하게 된 일제는 우리나라를 군수품 보급처로 만드는 병참 기지화 정책을 펼쳤어요.

1948 대한민국 정부 수립
독립을 이루었지만 우리나라는 이념 때문에 남과 북으로 갈리게 되었어요. 결국 1948년 이승만을 초대 대통령으로 하여 남한에서 대한민국 정부가 세워졌어요.

1950 6.25 전쟁
소련을 등에 업은 북한은 1950년 6월 25일 남한을 향해 총을 쏘며 쳐들어왔어요. 이념 때문에 같은 민족의 가슴에 총을 들이댄 안타까운 사건이에요.

1960 4.19 혁명
이승만 정부가 권력 연장을 위해 무리하게 부정 선거까지 하게 되자 더 이상 사람들은 참을 수 없었어요. 전국의 학생들과 시민들이 일어나 4.19 혁명을 일으켜 부정 선거에 항의하자 이승만은 대통령직에서 물러났지요.

1960~1979 박정희 정부
4.19 혁명 이후 어수선한 사회 분위기를 틈타 박정희는 군사 정변을 일으켜 권력을 장악했어요. 박정희 정권은 우리나라의 근대화를 이루고 경제 성장에 큰 공을 남겼지만 독재 정치를 해 역사에 오점을 남겼어요.

고종훈의 한국사 브리핑

사건 핵심 분석 ▶ 통일을 위한 노력

QR 코드를 찍으면 고종훈 선생님의 강의를 볼 수 있어요.

시기 ▶ 현재 진행형
주요 인물 ▶ 남북한 지도자와 국민들
주제가 ▶ 우리의 소원은 통일~. 꿈에도 소원은 통일~.
통일을 위한 활동 ▶ 남북 정상 회담, 이산가족 상봉 등
연관 검색어 ▶ 이산가족, 개성 공단, 38도선, 평화 통일, 평양
역사적 중요도 ▶ ★★★☆☆
시험 출제 빈도 ▶ 보통

달라진 시대의 분위기 속에서 국내에서는 다양한 통일 운동이 일어났어요.

남북한은 과거 사회주의와 자유주의 사상 대결을 하는 시절이 있었어요. 하지만 이제 시대가 바뀌었어요. 1980년대 들어서 다양한 통일 운동이 진행되었습니다. 1989년 문익환 목사와 대학생 대표 임수경이 평양을 찾아가는 것을 계기로 남북한의 교류가 시작되었어요.

사건 관계 분석

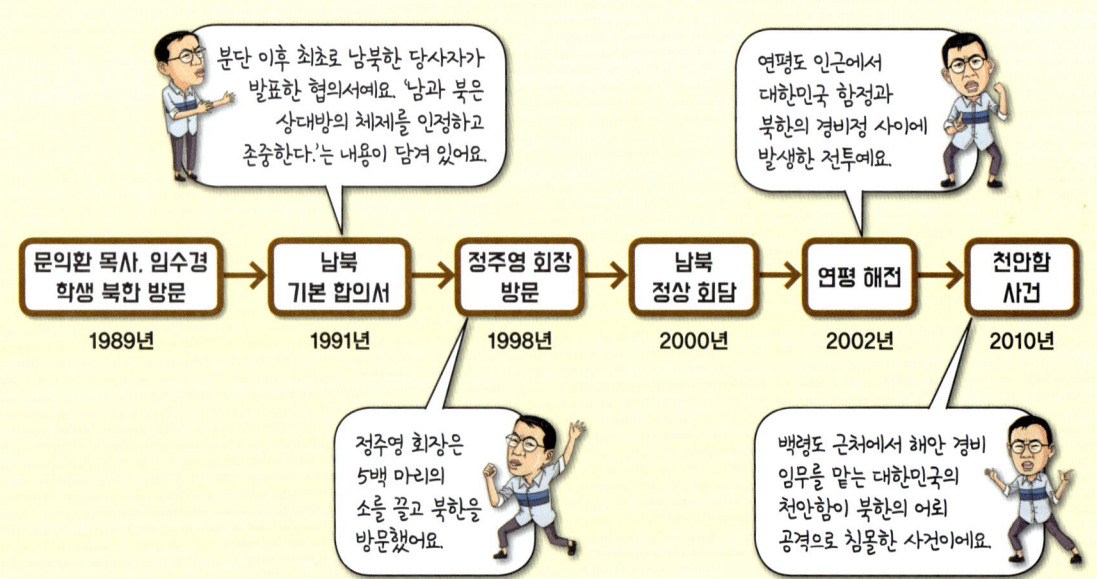

생방송 한국사 시리즈는
이런 내용으로 구성되어 있어요.

01 선사 시대, 고조선

우리 역사의 시작! 한반도에는 사람들이 언제부터 살기 시작했을까?

02 삼국 시대, 가야

고구려, 백제, 신라의 물러날 수 없는 대결! 그리고 홀로 고고히 풍요를 누리던 가야의 이야기

03 남북국 시대

천년 왕국 신라의 시작과 끝! 신라의 저력과, 광활한 영토를 차지했던 발해의 모습

04 고려

드높은 고려의 자긍심! 수많은 외적의 침략을 물리치고 나라를 지켜낸 고려의 이야기

05 조선 전기

유교의 나라, 백성의 나라. 드디어 조선이 시작됐다!

06 조선 후기

조선의 위기! 임진왜란 이후 조선의 운명이 달라지기 시작했다.

07 근대

일본과 서양 열강이 조선을 노린다! 어떻게든 조선을 지키고자 했던 우리의 슬픈 역사

08 근대, 현대

지금의 대한민국이 있기까지! 우리의 민주주의의 모습

09 용어 편
역사적 흐름 속에서 이해할 수 있도록 구성된 600개의 용어 정리

10 문제 편
개념 정리부터 한국사능력검정시험 문제까지 총정리

한국사, 더 쉽고, 재밌고, 생생하게!

생방송 한국사 시리즈

총 10권

〈생방송 한국사〉에서 생생한 뉴스로 전해드립니다.

시대별 8권
선사 시대·고조선 | 삼국·가야 | 남북국 시대 | 고려
조선 전기 | 조선 후기 | 근대 | 근대·현대

종합편 2권
용어 편 (600개 어휘 정리)
문제 편 (한국사능력검정시험대비 문제 수록)

한국사 대표 강사 고종훈!!

**수능한국사 강의 1인자 고종훈 선생님과 함께!
〈생방송 한국사〉로 한국사 완전 정복!!**

- 수능 한국사 강의 독보적 1인자!
- 메가스터디 13년, 누적 유료 수강생 70만 명 돌파!
- 9년 연속 유료 수강생 1위!
- 한국사능력검정시험 고급 합격자 최다 배출!
- 〈생방송 한국사〉 시리즈 감수 및 동영상 강의

1. 역사 인물의 이야기를 통해 역사를 쉽고 재미있게 이해해요.
2. 다양한 방송 프로그램 형식으로 시대와 사건의 배경을 알아봐요.
3. 고종훈 선생님의 동영상 강의로 다시 한번 개념을 정리해요.
4. 용어 편, 문제 편으로 한국사능력검정시험까지 완벽하게 준비해요.

한국사 완전 정복

아울북